项目编号：TD2011-17
中央高校基本科研业务费专项资助
supported by the Fundamental Research Funds for the Central Universities

药品专利保护与公共健康

Protection of Pharmaceutical Patent and Public Health

韦贵红 著

知识产权出版社
全国百佳图书出版单位

责任编辑：王金之　　　　　责任校对：韩秀天
封面设计：刘　伟　　　　　责任出版：卢运霞

图书在版编目（CIP）数据

药品专利保护与公共健康／韦贵红著. —北京：知识产权出版社，2012.11
ISBN 978 – 7 – 5130 – 1631 – 5
Ⅰ.①药… Ⅱ.①韦… Ⅲ.①药品 – 专利 – 知识产权保护 – 研究 – 中国　Ⅳ.①D923.424
中国版本图书馆 CIP 数据核字（2012）第 250496 号

药品专利保护与公共健康
YAOPIN ZHUANLI BAOHU YU GONGGONG JIANKANG
韦贵红　著

出版发行：知识产权出版社
社　　址：北京市海淀区马甸南村 1 号　　　邮　编：100088
网　　址：http：//www.ipph.cn　　　　　　邮　箱：bjb@cnipr.com
发行电话：010 – 82000860 转 8101/8102　　传　真：010 – 82005070/82000893
责编电话：010 – 82000860 转 8112　　　　　责编邮箱：wangjinzhi@cnipr.com
印　　刷：知识产权出版社电子制印中心　　经　销：新华书店及相关销售网点
开　　本：880mm×1230mm　1/32　　　　　印　张：8.5
版　　次：2013 年 4 月第 1 版　　　　　　　印　次：2013 年 4 月第 1 次印刷
字　　数：207 千字　　　　　　　　　　　　定　价：29.00 元
ISBN 978 – 7 – 5130 – 1631 – 5/D·1614（4479）

出版权专有　　侵权必究
如有印装质量问题，本社负责调换。

序

知识产权制度起源于西方国家，1893 年《保护工业产权巴黎公约》秘书处与《保护文学艺术作品伯尔尼公约》秘书处合并在一起，命名为"保护知识产权国际局"。1967 年斯德哥尔摩会议上缔结了《建立世界知识产权组织公约》，1973 年世界知识产权组织正式成立，后来成为联合国的专门机构。乌拉圭回合谈判后，1994 年达成了《世界贸易组织协定》，包括《与贸易有关的知识产权协议》，知识产权日益被人们所熟悉和关心。《与贸易有关的知识产权协议》为知识产权保护规定了最低的国际标准。发达国家和发展中国家签订的贸易和投资协议、备忘录等法律文件往往包含高于 TRIPs 协议最低标准的知识产权保护的条款。全球对知识产权保护的加强，给发展中国家和最不发达国家的患者获得必要的药品带来了极大的障碍。在全球化的背景下，从 SARS、禽流感的爆发和艾滋病的全球流行可以看出，公共健康问题从国内事件演变成了全球公共健康危机，药品专利保护与公共健康的问题越来越受到社会的关注。

面对公共健康危机，各国对于药品专利制度更加关注。药品的取得对于健康权的保障尤为重要，专利保护激励着新药的研发，但是专利药品所形成的市场垄断，使发展中国家和最不发达国家的疾病患者难以及时、充分获得急需药品，公共健康受到严重的威胁。韦贵红博士深入研究了在经济利益与健康权发生冲突时，如何平衡保护知识产权与保障健康权二者的关系；从国际法的角度，系统地分析了健康权与公共健康的法理基础，探讨了健康权与药品取得的关系。作者很好地把握了 TRIPs 协议、《多哈宣言》及其第 6 段的执行这条线索，对药品专利保护与公共健康进行深入、系统的研究。梳理了 TRIPs 协议中关于药品专利保护的规定和《多哈宣言》的具体内容。正如作者所述，虽然 TRIPs 协议规定了发展中国家和最不发达国家可以采取强制许可的方式解决公共健康的问题，但此项规定缺乏可操作性。《多哈宣言》支持世界贸易组织成员保护公共健康的权利，促进药品的取得，进一步明确成员方有权充分利用 TRIPs 协议为了实现公共健康的目的所制定的弹性规定。《多哈宣言》第 6 段的执行旨在解决不具备制药能力或制药能力不足的发展中国家或最不发达国家存在的问题。

作者多层次、多角度地探讨了专利制度与药品可及性的关系，论述了专利制度对医药产业的重要性以及对发展中国家药品取得的影响，探讨如何解决药品取得问题。客观地分析了研发型制药产业、学名药制药产业和非政府组织的观点。用实证方法辨析了不同类型的药物政策，讨论了中国的医疗体制改革和药物政策的制定，分析了中国药品专利保护的状况以及存在的问题，讨论了中国实施药品强制许可的障碍和风险。提出中国要从根本上解决公共健康问题，医药产业必须走创新之路，需要充分运用 TRIPs 协议和《多哈宣言》的各种灵活性措施，引入 Bolar 例外，加快仿制药的上市，与跨国公司谈判和整合国内制药行业。

韦贵红是我指导的博士研究生，本科阶段学习化学，硕士、博士阶段研习法律，曾经在化学研究所从事药品专利的研究和药物成分的分析。2002 年在我的指导下，从事知识产权的研究。结合她的教育背景和研究兴趣，选择了药品专利保护与公共健康问题作为博士论文的选题。多年的勤奋学习和刻苦钻研，使她具备了扎实的理论功底和较强的学术研究能力。在攻读博士期间，和我一起在《专利法研究》杂志上发表了学术论文《药品专利与发展中国家公共健康问题》。博士论文顺利通过了答辩，并获得了很好的评价。工作之后，她对博士论文进行了认真的补充、修改和完善，最终将此专著呈现在读者面前。看到学生取得的进步和成绩，我由衷地感到高兴和欣慰。借此书付梓之际，祝愿她在今后的研究中取得丰硕的成果。

中国人民大学法学院教授、博士生导师　郭寿康

2013年1月18日

目 录

导论 ……………………………………………………… (1)
 一、研究背景 ……………………………………………… (1)
 二、研究目的 ……………………………………………… (5)
 三、主要内容 ……………………………………………… (8)
第一章 健康权 ……………………………………………… (10)
 第一节 健康权概述 …………………………………… (10)
  一、健康权的内涵 ………………………………………… (10)
  二、健康权的发展 ………………………………………… (12)
  三、健康权的法源 ………………………………………… (13)
  四、健康权的内容 ………………………………………… (15)
  五、健康权的实现 ………………………………………… (16)
 第二节 健康权与国际人权 …………………………… (18)
  一、现代国际人权概况 …………………………………… (18)
  二、健康权与人权的关系 ………………………………… (19)
  三、保障公共健康与限制其他权利 ……………………… (21)
 第三节 国家义务与国际合作 ………………………… (23)
  一、健康权的国家义务 …………………………………… (23)
  二、全球性公共健康事件 ………………………………… (25)
  三、国际合作保障健康权的实现 ………………………… (28)
第二章 **TRIPs 协议关于药品专利的规范** ……………… (30)
 第一节 TRIPs 协议概述 ……………………………… (30)
  一、TRIPs 协议的产生背景 ……………………………… (30)

目 录

  二、TRIPs 协议的基本原则 ……………………………… (33)
 第二节　TRIPs 协议中专利保护的规定 ………………… (44)
  一、专利要件 ……………………………………………… (44)
  二、不授予专利的例外 …………………………………… (46)
  三、专利的权利范围 ……………………………………… (50)
  四、专利保护期限 ………………………………………… (51)
  五、发展中国家与不发达国家的过渡性安排 ………… (53)

第三章　TRIPs 协议与公共健康议题 …………………… (58)
 第一节　《多哈宣言》概述 ………………………………… (58)
  一、产生背景 ……………………………………………… (58)
  二、TRIPs 协议提供采取公共健康措施的基础 ……… (61)
  三、《多哈宣言》回应发展中国家之需求 ……………… (62)
  四、解决药品取得问题需要多方位的思考 …………… (64)
 第二节　《多哈宣言》内容分析 …………………………… (69)
  一、适用范围 ……………………………………………… (69)
  二、TRIPs 协议与知识产权的关系 …………………… (70)
  三、为维护公共健康可采取的措施 …………………… (71)
  四、TRIPs 协议的弹性空间 …………………………… (72)
  五、欠缺制药能力国家的问题 ………………………… (78)
  六、技术转让与过渡安排 ……………………………… (81)
 第三节　《多哈宣言》的法律地位 ………………………… (85)
  一、《多哈宣言》为 TRIPs 协议的补充 ……………… (85)
  二、《多哈宣言》的法律拘束力 ………………………… (89)
 第四节　《多哈宣言》的主要争议 ………………………… (92)
  一、廉价药品进口方问题 ……………………………… (92)
  二、《多哈宣言》所涉及的药品问题 …………………… (94)
  三、出口方问题 ………………………………………… (95)

四、采取强制许可的保障措施 …………………………（96）
　　五、采取灵活性机制的法律形式 …………………………（98）
　　六、疾病范围问题 …………………………………………（100）
　第五节 《多哈宣言》存在的法律问题与意义 ……………（103）
　　一、《多哈宣言》存在的法律问题 ………………………（104）
　　二、《多哈宣言》的意义 …………………………………（108）

第四章 专利制度与药品的可及性 ……………………………（112）
　第一节 专利制度与制药产业 ………………………………（112）
　　一、对专利制度的不同看法 ………………………………（112）
　　二、专利制度对医药产业的重要性 ………………………（113）
　　三、专利保护对药品价格的实质影响 ……………………（116）
　第二节 专利制度影响发展中国家药品取得 ………………（120）
　　一、发展中国家面临的药品取得问题 ……………………（120）
　　二、专利、药价与药品取得的关系 ………………………（121）
　　三、学名药对于发展中国家药品取得的影响 ……………（125）
　第三节 如何解决药品取得问题 ……………………………（126）
　　一、通过第31条修正案 …………………………………（129）
　　二、通过TRIPs协议第30条的解释 ……………………（130）
　　三、应避免提出争端 ………………………………………（132）
　　四、义务免除 ………………………………………………（132）
　　五、药品取得是公共健康的保障 …………………………（133）
　第四节 相关产业和非政府组织的观点 ……………………（134）
　　一、研发型制药产业的观点 ………………………………（135）
　　二、学名药制药产业的观点 ………………………………（136）
　　三、非政府组织的观点 ……………………………………（137）

第五章 药物政策与公共健康 …………………………………（139）
　第一节 药物政策的制定 ……………………………………（139）

目　录

　　一、正确认识药品专利的保护 …………………（139）
　　二、药物政策的主要类型 ………………………（141）
　第二节　向经济利益倾斜的药物政策 ……………（143）
　　一、经济发展状况 ………………………………（143）
　　二、美国药物政策分析 …………………………（144）
　　三、初步结论 ……………………………………（151）
　第三节　寻求平衡的药物政策 ……………………（152）
　　一、经济发展状况 ………………………………（152）
　　二、加拿大药物政策分析 ………………………（152）
　　三、初步结论 ……………………………………（155）
　第四节　向公共健康倾斜的药物政策 ……………（156）
　　一、经济发展状况 ………………………………（156）
　　二、印度药物政策分析 …………………………（156）
　　三、初步结论 ……………………………………（160）
　第五节　中国药物政策 ……………………………（161）
　　一、药品专利保护的目标 ………………………（161）
　　二、利益平衡体现公平与正义 …………………（162）
　　三、中国药物政策的分析 ………………………（163）

第六章　存在的问题与对策 …………………………（172）
　第一节　中国药品专利保护 ………………………（172）
　　一、目前状况 ……………………………………（172）
　　二、造成现状的原因 ……………………………（173）
　第二节　中药领域知识产权的保护问题 …………（174）
　　一、中药专利保护的现状及原因 ………………（176）
　　二、国内市场存在无序竞争 ……………………（179）
　　三、现行法律不完善 ……………………………（180）
　　四、中药的知识产权保护对策 …………………（180）

第三节 药品的强制许可 …………………………… (188)
- 一、强制许可的功能 ………………………………… (189)
- 二、强制许可再次受到重视 ………………………… (190)
- 三、难以解决的现实障碍 …………………………… (193)
- 四、强制许可的授权目的 …………………………… (200)
- 五、有效执行强制许可的条件 ……………………… (202)
- 六、实施强制许可的风险 …………………………… (211)

第四节 中国医药的发展 …………………………… (214)
- 一、前途命运不容乐观 ……………………………… (214)
- 二、印度制药业发展的经验 ………………………… (215)
- 三、力图创新与发展 ………………………………… (218)
- 四、扬长避短积极应对 ……………………………… (220)

第五节 公共健康问题的应对策略 ………………… (221)
- 一、我国的药品法律制度 …………………………… (221)
- 二、我国公共健康概况 ……………………………… (222)
- 三、如何解决公共健康所需药品 …………………… (227)

结束语 ……………………………………………………… (233)

参考文献 …………………………………………………… (235)

附录 ………………………………………………………… (250)
- 附件1：TRIPs协议与公众健康宣言 ………………… (250)
- 附件2："TRIPs协议与公众健康宣言"第6段的执行 ………………………………………………… (252)

后记 ………………………………………………………… (257)

导 论

一、研究背景

世界贸易组织（World Trade Organization，WTO）是全球贸易架构下的代表产物。WTO 的前身是关税暨贸易总协定（The General Agreement on Tariff and Trade，GATT），由于 GATT 的贸易量涵盖世界贸易总值的 90%，在随后的几十年间通过各国不断的谈判协商，于 1986 年由美英等发达国家为主导，在有效解决贸易争端、避免全球经济景气衰退、抑制新保护主义与贸易摩擦的前提下，在乌拉圭展开部长级的多边贸易谈判，即所谓的乌拉圭回合谈判（Uruguay Round Negotiations，1989~1994 年），WTO 的成立以及日后许多规则的基础都在此得到确立。1995 年 1 月 1 日，WTO 于瑞士日内瓦成立，WTO 通过完整的架构和规范的运行，使各成员能够依循解决其贸易问题，并确保 WTO 的各种协定能够被有效地履行，其中包括强制性的多边贸易协定（Multilateral Trade Agreement，MTA）和有选择性的复边贸易协定（Plurilateral Trade Agreement，PTA）。中国于 2001 年 12 月 11 日正式入世，标志着中国已成为全球化的国际社会中的一员。

全球化对人类的生活产生了极为深刻的影响。一方面，全球化促进了经济的快速增长，为改善公众健康奠定了良好的物质基础；另一方面，全球对知识产权保护力度的增加，给发展中国家，特别是最不发达国家的人民获得药品造成了巨大的障碍。全球化也引起世界各地不同的声音与反响，发达国家、发展中国家以及最不发达国家对于 WTO 的成立与期望原本就有相当大的差距，这从谈判过程中各国让步的内容中可略见一斑。❶ 发展中国家在贸易自由化过程中，对于美国挟其经贸优势和贸易制裁所行使的威逼利诱印象深刻，中国在过去的十几年中曾被列为 301 条款的重点观察名单、337 条款的调查对象，其中不乏知识产权侵权的案例。在有关发达国家与发展中国家对经济差异所引起的诸多议题中，药品专利的保护与公共健康的议题具有相当的代表性，受到全球瞩目。

WTO 多边贸易协定中，《与贸易有关的知识产权协议》（以下简称 TRIPs 协议）规定各成员国对于知识产权都予以保护的义务，药品专利的保护也就是在这样的规范基础上，成为 WTO 成员国应该负起的责任。引起争议的原因是，制药工业九成以上的技术和利润都掌握在美欧等先进国家❷，而且由于医药产品的特性，专利可谓是新药研发的命脉。因此，从乌拉圭回合谈判开始，便处处可见美国制药产业的影子，他们从事对知识产权保护的推动。❸ 虽然 TRIPs 协议对于发展中国家专利保护与公共利益留有弹性空间与过渡措施，但仍有许多国家治疗疾病所造成的巨额药费负担十分沉重，于是不得不挑战 TRIPs 协议。

2000 年 7 月，在南非首次举行的对抗艾滋会议开幕式传递出一些令人痛心的信息。撒哈拉沙漠以南的非洲国家至少有

---

❶ Finger JM: *Unbalance Uruguay Round*, The World Bank Develop Research Group, 2001, (12), pp. 7 – 11.

❷ Balance R, Pogany J, Forstner H. *The World's Pharmaceutical Industries: An International Perspective on Innovation, Competition and Policy.* United Nations Industrial Development Organization 1992.

❸ Long C: *International Property Rights in Emerging.* Washington: The AEI Press, 2000, pp. 3 – 7.

2 000万人以上死于艾滋病，因此死亡的人数是战争死亡人数的10倍，而非洲大陆每年负担的外债增加幅度接近70亿美元，预防及治疗艾滋病的费用据估计需要30亿美元。❶ 艾滋病足以对非洲大陆国家造成亡国灭种的危机。

2001年6月20日，WTO下的TRIPs理事会（TRIPs Council）举办知识产权与医药可及性（Intellectual Property and Access to Medicines）特别研究会，重点讨论知识产权的保护与公共健康之相关议题中对于医药专利的授予，各国有着不同的政策与看法，发展中国家要求各国政府可使用强制许可、平行进口等方式获得便宜的医药，发达国家代表则认为没有专利的保护，则无创新医药的产生，对于专利保护的看法成为南北半球国家争议的重要议题。❷

公共健康议题在2001年11月9日至14日于卡塔尔首都多哈（Doha）举行的WTO部长级会议中扮演了相当重要的角色。WTO成员国除在部长宣言（Ministerial Declaration）第17项中❸强调以拥护公共健康的方式解释并执行TRIPs协议外，针对

---

❶ Working Group 2 of the Commission on Macroeconomics and Health. 2001. "*Global Public Goods for Health: New Strategi for the 21st Century*," Synthesis Paper. Available at http://www.cid.harvard.edu (visited on April 28, 2004).

❷ TRIPs Council's discussion on "Intellectual Property and Access to Medicines" On June 20, 2001, the TRIPS Council held a special discussion on intellectual property and access to medicines, as part of its week-long regular meeting. This subject was put on the agenda at the request of the African Group-i. e. the African members of the WTO. http://www.wto.org/english/tratop_ e/trips_ e/counciljun01_ e. htm. visited on April 29, 2004.

❸ 部长宣言第17项原文为：We stress the importance we attach to implementation and interpretation of the Agreement on Trade-related Aspect of Intellectual Property Rights in a manner supportive of public health, by promoting both access to existing medicines and research and development into new medicines and, in this connection, are adopting a separate declaration.

TRIPs 协议与公共健康的关系通过一项特别宣言——《TRIPs 协议与公共健康宣言》(Declaration on the TRIPs Agreement and Public Health，以下简称《多哈宣言》)。

根据《多哈宣言》，WTO 就公共健康开始谈判，计划于 2002 年 12 月 31 日前就实施专利药品强制许可制度、解决发展中国家成员的公共健康危机达成一致意见。TRIPs 协议中写入"强制许可"的灵活性条款——政府可以不经专利权人同意行使强制许可，允许其他公司生产某种专利药品或使用某种专利方法，但是又规定只能在某些情况且保护专利权人合法利益的情况下才能适用本款的规定。此外，TRIPs 协议第 31 条（f）项的表述是强制许可情况下生产的药品必须主要用于国内市场，这在很大程度上限制了药品出口数量。因此，无生产能力且需进口药品的国家很难获得按照强制许可生产的药品。

由于发达国家成员方与发展中国家成员方在公共健康议题上存在严重分歧，谈判期限延长了 8 个月。2003 年 8 月 30 日，经过 20 个月的艰苦谈判，WTO 总理事会终于打破僵局，成员方政府一致通过了关于实施专利药品强制许可制度的最后文件，达成《多哈宣言第六段的执行决议》。该协议在法律上作出了一定的修改，使在药物领域生产能力不足或没有生产能力的较贫穷国家能更容易进口到较便宜的、在强制许可制度下生产的未注册类药品。❶

随着全球化时代的来临，全球化风险也随之而来，美国民众在"9·11"之后对于炭疽热的恐慌，以及最近两年出现的严重急性呼吸道症候群（Severe Acute Respiratory Syndrome，SARS）、禽流感等，都说明疾病无国界，维护公共健康是各国政府责无旁

---

❶ 参见：http://www.sipo.gov.cn/sipo/ywdt/gyzscqxx/t20030922_19650.htm，2004 年 4 月 29 日访问。

贷的义务。对于药品专利的保护所引起的药品可及性议题，乃至公共健康的问题，都值得认真深入地研究。

二、研究目的

自人类有史以来，传染病的横行常常跨越国界，严重影响着社会民生，中世纪晚期发生的黑死病，造成了欧洲民众的极大恐慌。随着医药科技的发展，人们努力寻求对抗疾病的良方，不断地成功研发出新的治疗药物，有效地延长了人类的平均寿命。在全球化的今日，交通的便利与跨国贸易的盛行，又形成某些疾病大规模传染的隐患。

WTO为世界上解决贸易争端、加强国际合作最为重要的国际性组织。该组织的基本原则和宗旨是通过实施市场开放、非歧视和公平贸易等原则，来达到推动和实现世界贸易自由化的目标。WTO致使贸易全球化，全球化时代所带来的公共健康问题，对自由贸易的进一步发展形成阻碍，艾滋病的流行就是一个典型的示例。

艾滋病的全称为后天性免疫不全症（Acquired Immunodeficiency Syndrome，AIDS），是由人类免疫不全病毒所引起的致命性传染疾病（Human Immunodeficiency Virus，HIV，是造成后天性免疫不全症的致病原，以下简称艾滋病毒）。据统计，仅在2002年间艾滋病就夺走了310万人的生命，其中绝大多数是撒哈拉沙漠以南的非洲国家，约有240万人。❶ 联合国艾滋病规划署2011年11月21日发布了《2011年全球艾滋病疫情报告》。

---

❶ 非洲是世界上艾滋病流行最严重的地区，平均约8.8%的非洲人已经感染艾滋病。其中撒哈拉沙漠以南的非洲国家更为严重，其中有四个国家约每三个国民就有一位艾滋病带原者，Bostwana 38.8%，Zimbabwe 33.7%，Swaziland 33.4%，Lesotho 31%。

该报告称,2010年全球大约有3 400万艾滋病毒携带者,新增病毒携带者约270万。全球疫情最严重的地区为撒哈拉以南非洲地区,约68%的艾滋病毒携带者生活在这里。❶艾滋病在非洲的流行,不仅造成人命的丧失,也对社会经济产生剧烈的负面冲击。2011年中国新发艾滋病病毒感染者约4.8万人,2011年艾滋病相关死亡2.8万人。❷以公共健康而言,数以百万计的艾滋病患者因无法获得有效的治疗而失去生命,可谓是人类历史上的一场浩劫,因此,艾滋病被称为"二十世纪的黑死病"。

对于发展中国家,特别是非洲与中南美洲国家,有效地治疗艾滋病药物的研发本是一件好事,然而事实上却无法带来太多的帮助。首先,此类药物的开发成本极其高昂,发展中国家的财政状况根本无力支付;其次,这些新药的开发需要高水平的生物医学科技与优秀的研发人员,发展中国家远不及发达国家,开发出有效药品的可能性微乎其微。再者,发达国家的跨国性大型制药企业,拥有雄厚的资金与强大的高技术研发团队,几乎垄断了艾滋病治疗药物的全球性市场。这些由发达国家研发的新药,其价格之昂贵,对发展中国家来讲如同天价,无力负担。因此,真正亟需艾滋病新药的贫穷国家,根本无法取得有效的治疗药物。

WTO本质并非为解决人权与健康问题所设,对求取贸易发展与公共健康平衡问题上缺乏规定。依TRIPs协议,发展中国家有权不对某些基本药物提供专利保护,但适用此专利权保护例外所需前提条件和程序,缺乏明确的规定。WTO第四届部长级会

---

❶ http://forum.china.com.cn/thread-1572604-1-1.html,2012年2月8日访问。

❷ http://www.unaids.org.cn/cn/index/topic.asp?id=818&classname=Media%20Reporting&class=2,2012年2月8日访问。

议宣言第 17 条宣示调和 TRIPs 与公共健康的冲突，《多哈宣言》对专利权保护与公共健康间的关系表明了清楚的立场。

知识产权与公共健康的冲突、发展中国家与发达国家的利益冲突，在这些冲突间许多生命却因无法得到有效的治疗药物而不断消逝。致命传染病的防治有赖于新药的研发，而研发的成果有赖于专利权的保护，以提供继续研发的动力。专利权的保护结果反而致使公共健康受到威胁，在这之间怎样找到一个平衡支点，置于知识产权与公共健康两大领域之间，使得药品的研发与传染病防治能够积极互动。

是专利制度阻碍了保护公共健康，还是保护公共健康抑制了医药的技术创新？目前已成为一个世界性的问题。在专利权人的经济利益与人类的健康权发生冲突时，保护知识产权与尊重健康权并举的规则如何制定？专利制度的目的与公共健康关系的深刻内涵是什么？我们面临的这些问题，必须得到妥善解决。《多哈宣言第六段的执行决议》应是解决问题的良好开端。在此时空背景下，可谓是一个研究契机，促成了笔者的研究动机。

TRIPs 协议明确了知识产权应受到各成员国的保护，发达国家强力推动促成 TRIPs 协议成为多边贸易协定之一。发展中国家多持反对态度，但最终在发达国家的政治与经济的双重压力下妥协。观念上的差异，致使发展中国家与发达国家冲突不断，从药品专利的保护与公共健康而言，就有 1998 年南非与跨国药厂艾滋药品的纷争，以及 2001 年巴西与美国的药品专利纠纷。因此，本书的研究目的在于探讨药品专利的保护与公共健康平衡问题的起源与本质，探求在 WTO 知识产权保障机制下，如何解决经济实力较弱的成员国所遇到的公共健康的威胁，使国际社会成员在经济发展上的差异能有正面的改善，达到双赢态势。

三、主要内容

第一章"健康权"主要论述健康权的内涵与核心内容、健康权的发展与实现；国际人权法规定了对健康权的尊重与保护；药品的取得是保障健康权的关键。从国际人权法的角度论述健康权的法理基础，探究健康权与药品取得之间的关系，提出保障人民健康权是国家政府的义务。对一些公共健康事件进行分析，论述国际合作对于公共健康的重要性。

第二章"TRIPs 协议关于药品专利的规范"主要介绍 TRIPs 协议产生的背景和基本原则；讨论专利要件、专利效力的例外情形、专利的权利范围和保护期限以及对发展中国家和最不发达国家的过渡性安排的具体内容；对 TRIPs 协议关于药品专利的规范进行了系统的梳理。

第三章"TRIPs 协议与公共健康议题"主要分析 TRIPs 协议对药品专利的保护及药品可及性问题的规定，由于一些条款过于原则化，难以操作，药品取得问题难以得到解决。阐述多哈宣言产生背景、主要内容和法律地位及其作用；讨论多哈宣言的主要争议；说明《多哈宣言第六段的执行决议》的新发展。

第四章"专利制度与药品的可及性"分析专利制度对医药产业的重要性，说明专利、药价与药品取得的关系；用实证分析证明专利制度影响了一些国家和地区的药品取得，阐释不同类型的制药产业和非政府组织的观点，提出解决药品取得的一些方法。

第五章"药物政策与公共健康"说明药物政策是解决公共健康问题的重要措施，确保及时取得安全而有效的药物，是各国政府必须认真考虑的问题。决策者要利用有限的资源去兼顾药品市场上供应和需求双方的利益。药物政策与国家经济发展的水平密切相关，对分别向经济利益倾斜、寻求利益平衡和向公共健康倾斜的三种药物政策进行分析，根据目前的现实状况，探讨中国的药物政策。

第六章"我国药品专利保护与公共健康存在的问题与对策"首先介绍我国药品专利保护的存在的问题，分析问题产生的原因，说明实施药品强制许可存在的困难与风险。提出中国医药必须走创新之路，对解决公共健康的问题提出建议。

第一章 健康权

第一节 健康权概述

一、健康权的内涵

联合国 1948 年通过了《世界人权宣言》（Universal Declaration of World Human Rights）。❶ 通常而言，人权被视为人类生存不可缺少的、基本的、不可剥夺的权利。在国际法中关于保障健康权的规范见于《世界人权宣言》第 25 条，在宣言中，各国政府承认人人有权享受其本人及其家属健康与幸福所需之生活水平，包括衣、食、住、医药及必要的社会服务。为落实《世界人权宣言》的《经济、社会与文化权利国际公约》（the International Covenant on Economic, Social and Culture Rights）第 12 条第 1 项规定，本公约缔约各国承认人人有权享有身体与心理健康所能达到的最高标准。第 2 项规定，本公约缔约国为充分实现此权利应采取为达到下列目标所需的四个途径：（1）降低死胎率与婴儿死亡率，以及使儿童得到健康的教育；（2）全面改善环境卫生和工业卫生；（3）预防、治疗、控制传染病、地方病（endemic）、职业病以及其他疾病；（4）创造保证人人在患病时得到医疗照顾环境。此外，在《消除一切形式歧视妇女公约》

---

❶ 1948 年 12 月 10 日第 217A（3）号联合国大会决议通过。

（Convention on the Elimination of All Forms of Discrimination against Women）第12条特别强调对妇女健康权的保障。❶

健康权的内涵是十分丰富的，除了享有医疗卫生服务的权利外，同时享有安全饮用水、适当的卫生设备、环境卫生和职业卫生等许多健康的基本前提条件的权利。❷ 现代公共健康理念认为决定健康因素不仅仅是病毒、细菌等生物因素，贫穷、不平等、性别歧视等社会因素也会影响人类的健康水平，进而延伸到影响健康的潜在因素，例如食品、营养、住房、安全饮用水、安全且健康的工作条件和健康的环境。❸ 因此，健康权涉及的范围可分为两个方面，一方面是卫生保健领域（Health Care），包括医药保健、卫生保健预防、儿童预防、家庭节育服务、孕前孕后卫生保健、精神保健服务等；另一方面是卫生条件领域（Preconditions for Health），包括清洁用水、充分营养食品、环境卫生、职业卫生、与健康有关的信息等。❹ 健康权包含四个相互关联的因素：第一，可用性（Availability），是指在成员方范围内，有效的公共健康和健康保健设施、货物和服务取决于成员方的发展水平，但是健康的潜在决定因素，如安全饮用水、充足的卫生设

---

❶ 《消除一切形式歧视妇女公约》第12条规定，缔约各国应采取一切适当措施，以消除在保健方面对妇女之歧视，保障其在男女平等基础上取得各种包括有关计划生育的保健服务。尽管有本条第1项的规定，各缔约国应保证为妇女提供有关怀孕、分娩和产后期间的适当服务，必要时以免费，并保证其在怀孕和哺乳期间得到充分营养。

❷ 中国人权研究室编译：《经济、社会、文化权利教程》，四川人民出版社2004年版，第141页。

❸ 参见经济、社会和文化权利委员会，《健康权》14号一般性意见第4条、第11条。

❹ 夏立安："健康与人权"，见斯科特·伯里斯、申卫星主编：《中国卫生法前沿问题研究》，北京大学出版社2005年版，第360页。

施、医院、门诊与其他卫生有关的建筑、受过专业训练的医疗救护人员、必要的药物等也必须被提供。第二，可获得性（Accessibility），是指在成员方管辖权范围内每个人都可平等地获得健康设施、货物和服务。第三，可接受性（Acceptability），是指所有卫生设施、货物和服务必须尊重当地文化和医学伦理。第四，质量（Quality），是指卫生设施、货物和服务在科学和医学上必须是合适的，具备好的质量。❶ 总之，健康权可以定义为人人有权享有的可用的、可获得的、可接受的和高品质的与健康有关的医疗设施、服务、货物以及与健康有潜在关联的卫生条件，以实现身体与心理的健康。

二、健康权的发展

健康权作为一项重要的人权，其发展与公共健康发展和人权发展息息相关。在工业革命中，人口大量涌入城市，给社会带来了卫生问题，特别在人员密集的行业情况尤为严重，政府必须采取公共健康保障措施。英国曾经发生了一场重要的公共健康运动，在埃德温·查德威克的推动下，1948年英国议会通过了《公共健康法》（Public Health Act）。欧洲在19世纪下半叶召开了一系列国际健康大会，目的在于对传染病的预防进行国际层面的协调，保护欧洲国家免受外来疾病的侵袭。

健康权受人权发展的影响，"二战"之后人权被纳入联合国框架内是国际人权发展的重要转折点，表明人权开始在战后国际新秩序中占有重要地位。❷ 1941年，美国总统富兰克林·罗斯福

---

❶ 参见经济、社会和文化权利委员会，《健康权》14号一般性意见第12条。

❷ ［美］路易斯·亨金：《权利的时代》，信春鹰等译，知识出版社1997年版，第21页。

提出建立四项基本人权自由，即言论和表达自由、信仰自由、免于匮乏自由和免于恐惧自由，促进了对公民和政治权利之外的社会权利的承认，为国际社会承认经济、社会和文化权利奠定了基础。《联合国宪章》第1条的规定表明联合国将经济、社会和文化领域的国家合作视为达到对人类基本人权和基本自由尊重的有效途径，为国际条约承认经济、社会和文化权利建立了法律基础。❶《联合国宪章》第55条明确了健康领域的国际合作已成为联合国的重要任务。❷ 世界卫生组织给出的健康定义更加宽泛，健康不仅仅是指没有疾病或病痛，而且还是躯体上、精神上和社会上的完全良好的状态。享受可能获得的最高健康标准是每个人的基本权利之一。健康权被写入了《世界卫生组织法》、《世界人权宣言》、《经济、社会与文化权利国际公约》、《儿童权利公约》和《欧洲社会宪章》等法律文件之中。

三、健康权的法源

《经济、社会与文化权利国际公约》是健康权最重要的国际法法源之一。就公约内容所产生的国际法义务而言，国际条约的签约当事国，应当负有履行条约的义务❸，此为国家在国际法上

---

❶ 《联合国宪章》第1条第3款规定联合国的宗旨之一是促进国际合作，以解决国际间属于经济、社会、文化以及人类福利性质的国际问题，不分种族、性别、语言或宗教，增进并激励对全体人类的人权及基本自由之尊重。

❷ 《联合国宪章》第55条规定：为促成国际间以尊重人民平等权利及自决原则为根据的和平友好关系所必要的安定及福利条件，联合国应促进国际间经济、社会与健康及有关问题的解决，国际健康及教育合作。

❸ 1969年《维也纳条约法公约》（Vienna Convention on the Law of Treaties）第26条规定：Every treaty in force is binding upon the parties to it and must be performed by them in good faith.

的基本义务。从《世界人权宣言》❶加以分析，普遍认为《世界人权宣言》对于联合国成员具有约束力是基于以下几点理由：

第一，《联合国宪章》第55条、第56条规定，会员国应采取共同或个别行动以促进全人类之人权与基本自由的尊重与遵守。第55条第3款的内容在《世界人权宣言》中得到补充。因此，基于签订《联合国宪章》所产生的条约义务，应及于事后基于此义务为法源所通过的人权宣言。

第二，根据国际法的一般原则，条约的解释需要考虑事后在条约适用方面确定各当事国对条约解释的任何惯例。

第三，1968年联合国在德黑兰的国际人权会议中，检讨《世界人权宣言》通过以来的进展以及制订未来的计划，有84个国家的代表通过宣言，表示世界人权宣言中规定的不可剥夺与不可侵犯的人类家庭所有成员的权利构成国际社会所有国家的义务。❷

因此，即使《世界人权宣言》在过去未产生国际法义务，但在德黑兰宣言之后，可以认为已产生国际法义务。该项义务并不因国家是否为《经济、社会与文化权利国际公约》的缔约国而产生不同的效果。国家对于基本人权之一的健康权的保障义务，在性质上已是一种普遍的国际法义务。

---

❶ 《世界人权宣言》是《经济、社会与文化权利国际公约》、《公民权利与政治权利国际公约》的基础。

❷ P. Sieghart, *The International Law of Human Rights*, Oxford University Press, 1983, pp. 53–55.

此外，《欧洲社会宪章》（European Social Charter）第 11 条❶、《欧洲联盟基本权宪章》（Charter of Fundamental Rights of the European Union）第 35 条❷、《非洲人类及民族权利宪章》（Africa Charter on Human and People's Rights），这些区域性人权公约均揭示了对健康权的保障。

四、健康权的内容

从健康权的定义可以看出，健康权的构成要素包括两个方面，一方面是与疾病的治疗和预防保健等有关的要素，另一方面是与健康权有关的基本条件。由于各国发展水平、自然资源和政治体制的差异，经济、社会和文化权利的具体内容也各不相同。对健康权核心内容的确定也存在一定风险，对这项权利的其他方面的内容会被认为不重要，甚至会被忽视。在确认核心内容的同时，也应当提出采取循序渐进的方法实现健康权所包含的所有内容。因此，确定健康权的核心内容，要求各国政府实现健康权的最低标准。

经济、社会、文化权利委员会《健康权》第 14 号一般性意见第 43 条规定：成员方在任何情况下，都必须遵守保障健康权的核心义务，并不得减损。各国政府对于健康权所负有的核心义务包括下列六项：第一，在不歧视的基础上，确保适用医疗设

---

❶ 该条规定，为保证有效地行使享受健康保护之权利，各缔约国保证直接地或是与公共或私人机构进行合作采取适当措施，以达到下列各项目标：（1）尽可能根除不健康的根源；（2）为了增进健康，提供咨询和教育便利，并鼓励个人增强在健康方面责任的意识；（3）尽可能地防治流行病、地方病及其他疾病。

❷ 该条规定，每个人都有获得预防性健康照顾的权利，以及依国内法及实践所建立的医疗待遇的权利。高水准的人类健康保障，应由所有联盟政策和行为为之定义并确保实施。

施、产品、接受服务的权利，特别是弱势族群和边缘团体；第二，确保人民取得安全、适当的营养、最低维持生计所需粮食，使人民免受饥饿；第三，确保人民享有基本避难场所、居住、公共卫生的权利，以及安全饮用水的供应；第四，依照世界卫生组织规定的必要药品行动计划提供药品；第五，确保卫生设施、物品及服务的公平分配；第六，根据传染病的流行区域，采纳和执行国家公共健康战略和行动计划，解决全民关注的健康问题。❶根据权利和义务相对应的原则，民众享有健康权的核心内容与政府对健康权负有的核心义务相一致。

五、健康权的实现

除《经济、社会与文化权利国际公约》之外，其他国际法律文件也将药品取得的问题视为健康权的一部分。

联合国人权事务健康公署（UN Office of the High Commissioner of Human Rights）与UNAIDS在1998年通过的《艾滋病与人权国际指导方针》（The International Guidelines on HIV/AIDS and Human Rights），是1996年国际专家咨商会议的产物。❷ 该指导方针第6条规定，国家应立法制定与HIV病毒相关产品、服务与资讯的规定，以确保人民能广泛取得良好预防措施、适当的HIV病毒防治与医疗资讯，以及具有可负担药价的安全有效的药品。此指导方针虽不具有法律拘束力，但联合国人权委员会对该规定再三提及，并请求（Invite）各国采取所有必要步骤，以尊重、保障、实现指导方针内所包含的HIV相关人权；敦促

---

❶ Henery Drabowski and John Vernon, Effective Patent Life in Pharmaceutical, *International Journal of Technology Management*, 2000 (19), pp. 98 – 120.

❷ 相关资料参见 www.unaids.org（visited on April 23, 2004）.

（Urge）各国确保其法令、政策、实践均能促进有效保健支援方案，包含安全有效药品的公正取得，以治疗 HIV 感染或艾滋病。❶

近年来，联合国与 WTO 对此议题均有重大进展，指出"国家必须增进治疗艾滋病等流行病的药品取得途径"，此义务逐渐受到国际法的肯定和认可。联合国人权委员会在 2001 年、2002 年分别通过两项决议案，声明"在诸如艾滋病等流行病的威胁下，药品取得是实现健康权的基本要件之一"。❷ 决议内容进一步要求各国制定足以促进药品与医疗技术可取得性与可负担性的政策，并确保国际条约的适用均能支援公共健康政策，促进安全、有效、可负担的药品与技术的广泛取得。❸ 其中，2002 年获无异议通过的决议中，逐字重申 WTO 在 2001 年 11 月通过的《多哈宣言》的前四段内容。

2001 年 6 月，联合国会员大会（General Assembly）以决议形式通过《关于艾滋病承诺的宣言》（Declaration of Commitment on HIV/AIDS）中，也使用了相似的文字。会员于宣言中确认，"在诸如艾滋病等流行病的威胁下，药品取得是实现健康权的基本要素之一，以求逐步实现每人享有最高可得标准之身心健康的权利"；并承诺"应当尽快尽一切努力逐步、可持续地提供可行

---

❶ 参见 UN Commission on Human Right, Resolution 2001/51. www.unhchr.ch (visited on April 23, 2004).

❷ 参见 UN Commission on Human Right, Resolution 2001/33, April 23, 2001, 以及 UN Commission on Human Right, Resolution 2002/32, April 22, 2002. www.unhchr.ch (visited on April 23, 2004).

❸ 原文为：To pursue policies which would promote the availability and affordability of medicines and medical technologies, to ensure that the application of international agreements is supportive of public health policies promoting broad access to safe, effective and affordable pharmaceuticals and technologies.

的艾滋病毒/艾滋病最高标准,包括预防和治疗机会性感染,谨慎地在监测之下有效使用品质管制的抗逆转录病毒疗法,提供坚持率和有效性,减少抗性的产生;建设性地合作加强药品政策和措施,包括适用于非专利药品和知识产权制度,以便进一步促进革新,发展与国际法相符的国内制药业"。❶ 严格来讲,该宣言并无实质上的法律效力,但在促使药品取得成为人权的一部分而具有法律约束力的层面而言,的确为相关国际规范的产生提供了证明,也使国际法与国内法对该权利的执行逐渐取得法理基础。

第二节 健康权与国际人权

一、现代国际人权概况

人权是我们时代的观念,是唯一被普遍接受的政治与道德观念。❷ "二战"之前,人权问题被当做国内管辖的事项,人权受国际保护尚未被许多国家接受。"二战"中,纳粹对人权的践

---

❶ 原文为:Recognizing that access to medication in the context of pandemics such as HIV/AIDS is one of the fundamental elements to achieve progressively the full realization of the right of everyone to the enjoyment of the highest attainable standard of physical and mental health; Also, in an urgent manner make every effort to: provide progressively and in a sustainable manner, the highest attainable standard of treatment for HIV/AIDS, including the prevention and treatment of opportunistic infections, and effectiveness and reduce the risk of developing resistance; to cooperate constructively in strengthening pharmaceutical policies and practices, including those applicable to generic drugs and intellectual property regimes, in order further to promote innovation and the development of domestic industries consistent with international law.

❷ [美]路易斯·亨金:《权利的时代》,信春鹰等译,知识出版社1997年版,第3页。

踏，使人们认识到保护人权对于国际和平、安全与发展的重要性。在世界范围内建立保护人权的法律制度成为战后国际社会的共识，1945年6月26日，来自50个国家的代表在美国旧金山签署了《联合国宪章》。"二战"之后，国际人权法得以迅速发展。1948年10月联合国大会通过的《世界人权宣言》，内容包括第一阶段的公民和政治权利以及第二阶段的经济、社会和文化权利，奠定了现代人权的基础。1966年通过的《公民权利与政治权利国际公约》，是联合国在《世界人权宣言》的基础上通过的一项公约。1966年12月16日第21届联合国大会通过了《经济、社会与文化权利国际公约》，第一次以法律形式对经济、社会及文化权利加以确认，是一项具有积极意义的国际人权文书。

在国际人权的发展上，人权分为三类，即第一代、第二代、第三代权利。公民权与政治权是第一代权利；经济、社会与文化权构成第二代权利；性质上异于前两代权利而属于团体权利的为第三代权利，如发展权与自主权为第三代权利之主要权利。[1]

二、健康权与人权的关系

在上述的国际法律文件中，曾多次提到人权涉及人类的健康问题，但二者的关系并不明确。随着传染病的流行，特别是艾滋病、炭疽热、严重急性呼吸道综合症（SARS）的全球性蔓延，国际社会开始认识到健康权与人权的关系。

艾滋病是人类历史上出现的最为严重的流行病之一。早期由于对艾滋病的传播途径认识不足，对艾滋病患者和病毒携带者往往采取强制隔离、强制体检的措施，使他们的个人自由、隐私甚

---

[1] D. J. Harris, *Case and Material on International Law*, 3rd ed., Blackstone Press Ltd., 1998, pp. 624 – 625.

至名誉遭受到严重的侵害,其接受教育、医疗和社会福利的权利也遭受严重的影响。随着对艾滋病研究的深入进行,发现艾滋病的传播和流行具有以下两个特点:第一,其病毒主要通过个人行为传播,而且病毒的传播不容易以强制性的方式得到有效的控制。如果仅强调对少数人实施强制性隔离措施,不但不能阻止未受感染者继续他们可能受感染的危险行为,反而创造了易受感染的社会环境。在这种环境中,他们无法得到社会的教育、鼓励以及正确认识艾滋病的危险性,反而会逃避检测,拒绝获得公共健康服务,不接受相关信息以及预防艾滋病病毒感染的咨询。其后果可能使病毒的传播速度更快,传播方式变得更加隐秘。第二,影响艾滋病病毒流行的主要因素已经远远超出了个人行为方式的范围。这些因素通常与一个社会的人群结构之间的关系密切,但往往是这种人群结构阻碍了对艾滋病病毒和艾滋病的有效预防和治疗。❶

艾滋病的防治与保护人权关系密切。联合国艾滋病规划署《1996~2000年战略规划》指出:"如果不以人权为基础开展艾滋病的防治工作,那么,艾滋病的影响及感染艾滋病病毒的可能性将会增加,并且会损害社区防治艾滋病的能力。"1996年9月23日至25日在瑞士日内瓦召开的第二次艾滋病人权问题国际协商会议通过了《艾滋病与人权国际准则》,规定了12条与防治艾滋病有关的人权准则。1998年通过的《各国议会联盟、艾滋病、法律和人权立法者手册》,认为各国议会有职责建议通过有关个人权利和义务方面的立法,敦促各国政府充分保护人权,切实落实《艾滋病与人权国际准则》。联合国《关于艾滋病毒/艾

---

❶ 黎作恒:"艾滋病立法与国际人权保障",载《西南政法大学学报》2005年第3期。

滋病问题的承诺宣言》，认识到"实现人人享有人权和基本自由，对减少受艾滋病毒/艾滋病感染的伤害至关重要。尊重感染者的权利可推动采取有效对策"。因此，宣言提出"到2003年，酌情制定、加强或执行立法、规章和其他措施，以保护艾滋病毒/艾滋病感染者和脆弱群体的所有人权和基本自由，消除一切形式歧视"。

可见，人权与健康权之间有密切的关系，对人权的侵犯可能会对健康造成不良影响。因此，用人权的角度看待健康不仅要认识到卫生干预措施的技术和运作方面，也要考虑到围绕这些措施的政治、文化和社会因素。

三、保障公共健康与限制其他权利

任何权利与自由都不是绝对的，往往是有条件或受到限制的。限制的目的在于为个人或群体行使人权设定范围或界限，以免行使人权不适当或滥用人权而损害到其他个人或群体的权利或某些公共利益。公共健康是一种重要的公共利益，很多人权公约都承认公共健康保护是限制某些人权的重要原因。基于公共健康原因对某些权利进行限制的正当性根源是个人利益对公共利益服从之必要性与可能性的存在。❶ 各国传染病防治法对某些传染病人实施隔离措施就是一个典型的事例。

国家在公共紧急状态下，可暂停或中止其承担的与某项人权有关的国际法律义务。《公民权利与政治权利国际公约》第4条第1款规定："在社会紧急状态威胁到国家的生存并经正式宣布，本公约缔约国可以采取措施克减其在本公约下所承担的义

---

❶ 胡肖华等："论公民基本权利的限制的正当性和限制原则"，载《法学评论》2006年第6期。

务。"传染病的爆发和流行导致的突发公共健康事件，严重威胁公众的生命健康，可构成社会紧急状态。

某种特殊情况下，对权利进行限制是允许的，但要有明确的依据和条件。这种限制的条件是：（1）限制的提出和实施应根据法律（正当程序）；（2）限制符合大众的合法利益（公共利益）；（3）限制是民主社会为了达到目的的十分必要的措施（必要性）；（4）尽量不采取过于侵犯性的限制措施（相称性）；（5）限制不能没有任何原因或者以歧视的方式武断地制定和强制执行（非歧视）。❶ 其中，必要性和相称性是比较有争议的，问题在于如何判断符合必要性和相称性。必要性原则又称最小损害原则，在多种可供选择的公民基本权利限制手段时，应当适用对公民利益限制或损害最小，又为实现公共利益所绝对必需的方式。对公民基本权利的限制不得超过所追求的公共利益，二者应相称。在实施权利限制时，根据《国际卫生条例》，缔约国的决定应考虑以下因素：（1）科学原则；（2）现有的关于人类健康危险的科学证据，或者此类证据不足时，现有信息包括来自世界卫生组织和其他相关政府间组织和国际机构的信息；（3）世界卫生组织的任何有针对性的指导或建议。因此，采取限制权利的措施时，应当充分考虑上述原则和因素。

---

❶ 参见《关于公民权利与政治权利国际公约的限制和克减条款的锡拉库扎原则》（UN Doc. E/CN.4/1985/4）。

第三节 国家义务与国际合作

一、健康权的国家义务

健康权的主要法源来自《经济、社会与文化权利国际公约》，其中国家的具体义务从联合国经济暨社会理事会针对该公约第 12 条有关可获得的最高的健康标准（the Highest Attainable Standard of Health）所作的评论可得知。❶

健康权的内涵包括自由（Freedom）与权利（Entitlement）两部分。就自由而言，包含个人对于自己身体及健康的控制权，以及免于干扰的权利，如免于受虐待、未经同意的医药治疗和试验的权利；就权利而言，包括享受卫生保障制度，此制度是对所有人提供平等的享受而获得的最高健康标准。

国家所负担的健康权的义务，在性质上并非是一种绝对与立即的义务（Absolute and Immediate Obligations），而是一种限定与渐进的义务（Qualified and Progressive Obligations）。所谓"限定"是指国家义务限于最大能力（to the maximum of its available resource）的范围；而渐进、非立即的义务则指要求国家采取步骤以逐渐达到本公约所承认之权利的充分实现。渐进性质的义务，最主要的原因在于属于社会权的健康与政府的财政状况有密切的关系，而由于每个国家的经济环境、自然条件各不相同，要求所有国家对于健康权的保障达到一个共同境界实属不可能。因此，国家在国际法下所负担的健康权保障义务是一项持续发展的

---

❶ UNESO, CESCR General Comment 14: The Right to the Highest Attainable Standard of Health, E/C.12/2000/4, 8 November, 2000.

义务。

　　健康权与其他人权类似，课以国家三个层次的义务，即尊重的义务、保障的义务与实现的义务。尊重的义务是国家必须避免干涉健康权直接或间接的享受。例如，避免拒绝或限制人民获得任何预防性、治疗性、缓和性医疗服务的机会，以及不得实施任何有歧视性的国家健康卫生政策。保障的义务是国家应采取所有可能措施以阻止第三人对于健康权的干扰。例如，国家应立法或采取其他措施，确保取得由第三人所提供的与健康有关的服务；确保卫生产业部门的私有化，不构成对健康设备、产品、服务平等取得的威胁；确保医疗事业从业人员，符合相当的教育、专业及伦理标准。实现的义务是国家必须针对健康权的完全实现，采取适当行政、立法、司法、预算上的必要措施，即要求国家对于健康权在内的政治及法律制度上给予充分的肯定。❶

　　中国政府作为《经济、社会与文化权利国际公约》的缔约国（1997年签署），应当保障全体国民平等地享有健康权。我国先后颁布了《传染病防治法》、《突发公共卫生事件应急条例》、《艾滋病防治条例》等法律法规。《民法通则》第98条明确规定"公民享有生命健康权"。《宪法》第21条第1款规定"国家发展医疗卫生事业，发展现代医药和我国传统医药，鼓励和支持农村集体经济组织、国家企业事业组织和街道组织举办各种医疗卫生设施，开展群众性的卫生活动，保护人民健康"。2006年《中共中央关于构建社会主义和谐社会的若干重大问题的决定》指出："坚持公共医疗卫生的公益性质，深化医疗卫生体制改革，强化政府责任，严格监督管理，建设覆盖城乡居民的基本卫生保

---

❶ Henery Drabowski and John Vernon, Effective Patent Life in Pharmaceutical, *International Journal of Technology Management*, 2000 (19), pp. 98 – 120.

健制度，为群众提供安全、有效、方便、价廉的公共卫生和基本医疗服务。"2007年卫生部制定的《卫生事业发展"十一五"发展规划纲要》指出：在"十一五"期间，要在全国初步建立覆盖城乡居民的基本卫生保健制度框架，促进人人享有公共健康和医疗服务，进一步提高人民群众健康水平。2009年中共中央、国务院颁布了《关于深化医疗卫生体制改革的意见》，该意见指出："坚持以人为本，把维护人民健康权益放在第一位。坚持医药卫生事业为人民健康服务的宗旨，以保障人民健康为中心，以人人享有基本卫生服务为根本出发点和落脚点，从改革方案设计、卫生制度建立到服务体系建设都要遵循公益性的原则，把基本医疗卫生制度作为公共产品向全民提供，着力解决群众反映强烈的突出问题，努力实现全体人民病有所医。"这充分体了我国政府对公共健康问题越来越重视。

二、全球性公共健康事件

公共健康问题越来越引起人们的关注。历史上的黑死病给人们带来了恐慌，1796年英国医生詹纳发明了预防天花的疫苗。随着医学的发展，人类战胜疾病的能力逐渐增强，免疫学也随之不断地发展。1882年，德国医生科赫分离出了结核杆菌，1921年防治结核病的卡介苗研制成功。1885年法国科学家巴斯德发明了狂犬疫苗，人类征服了狂犬病。1928年世界上第一种抗生素青霉素开始应用于治疗。1955年开始采用免疫接种的方法控制脊髓灰质炎。血吸虫病不仅使许多人丧失了劳动力，而且死亡率极高，新中国成立前我国患病人数高达1 000万，直到1958年才基本消灭血吸虫病。随着科学的发展，人类战胜传染病的速度越来越快、能力越来越强。但是公共健康的事件还是不断地发生，药品的取得也成为解决公共健康危机的关键。

第一章 健康权

(一) 南非专利药品诉讼案

艾滋病在非洲多年肆虐,感染艾滋病毒或死于艾滋病的人数成千上万。2001年统计,非洲2 200万人感染了艾滋病病毒,占全世界总数的65%,其中南非为430万人。美国医药公司掌握着治疗艾滋病的药品专利,为了获得高额利润,没有采取任何降价措施。针对公共健康的紧急情况,南非总统曼德拉在1997年签署了《药物和相关物质控制修正法案》,授权健康部长对用于治疗诸如艾滋病之类严重影响公共健康的流行疾病的药品授予强制许可,并允许通过平行进口的方式引进药品。1998年南非政府准许国内企业仿制外国企业的专利药品,或者从印度等国家进口仿制药。

许多发展中国家和NGO支持南非的做法。美国、欧盟、瑞士的制药工业集团强烈谴责该项法案,认为其违反了TRIPs协议,是公然挑战。国际制药联盟指出:必须诉诸法律,捍卫专利制度对药品研发的保障作用。美国对南非更是步步紧逼:国会、贸易代表办公室、商务部、专利局施加压力。42家制药公司于1998年2月18日向南非高等法院诉讼南非政府制定的法案违反南非宪法,法案被搁置。发达国家主要制药公司关闭了它们在南非的制药工厂。南非卫生部长鲁西曼指出:为需要药品的民众而斗争,政府必须有能力购买廉价药,以拯救病人的生命。争议引起了全世界的关注,130多个国家表示支持南非,对制药公司的行径表示愤慨。由于形势所迫,美国和欧盟开始软化了原来强硬的态度。1999年为了争取选民的支持,戈尔改变了支持制药公司的立场,9月撤回了对南非进行贸易制裁的威胁。2001年2月,美国发布声明:美国将使其保护美国制药工业的投资利益与制订解决艾滋病危机的计划彼此协调一致。2001年4月19日,南非制药公司撤回诉讼,《药物和相关物质控制修正法案》得以实施。这场斗争为《多哈宣言》的达成奏响了序曲。

(二) 美国炭疽热

炭疽热是一种由炭疽热杆菌引发的一种人畜共患的急性传染病。在 2001 年"9·11"事件发生后，生化武器炭疽热病菌事件接连发生，美国又陷入了一片恐慌。纽约、佛罗里达州等地居民收到了装有白色粉末的邮件，这种白色粉末就是炭疽孢子，可导致死亡。随后，法国巴黎等城市也发生类似的事件，法国政府采取相关措施防范生化恐怖活动。目前，治疗炭疽病的药品包括青霉素、红霉素、氯霉素、四环素、氨基糖苷类抗生素等。因此，由于炭疽热病带来的恐慌，美国和加拿大对相应药品的需求猛增。在美国市场上，被用来治疗炭疽热病的药物是德国拜耳公司生产的特效药西普罗，该药品的专利有效期截至 2003 年。西普罗的零售价为每片 5~7 美元。炭疽热病事件发生后，美国政府和加拿大政府要求拜耳公司实施降价，将西普罗每片降到 1 美元以下，否则美国将动用"紧急状态"条款采购其他公司的仿制药。拜耳公司为了保住市场，最后不得不采取降价措施。当年南非药品诉讼案，美国竭力维护制药公司的利益，反对南非政府实施强制许可，具有讽刺意味的是，时隔不久，强制许可制度最为积极的采用者恰恰是美国。

(三) 中国 SARS 危机

2002 年 11 月，广东省佛山市出现了原因不明、伴有严重呼吸系统症状的病例。随后在香港地区、加拿大等地也出现类似病例。2003 年 2 月，世界卫生组织将其命名为严重急性呼吸道综合症。SARS 的传播非常容易，接触呼吸道飞沫以及接触被感染的物体是主要传播方式。中国大陆数以千计的人员被感染，甚至在亚洲大肆流行，给公共健康带来了巨大的威胁。SARS 的传播速度超过了艾滋病，感染率远远超出了乙肝等传染病。2003 年 4

月20日，官方证实北京市SARS确诊病人和疑似病例较之前一天成倍增加，给民众带来了恐慌。中国政府明确提出要及时发现、报告和公布疫情，决不允许缓报、漏报和瞒报疫情，每天向公众播报疫情。2003年5月9日国务院公布施行《突发公共卫生事件应急条例》。同时，中国、美国、加拿大等国的研究人员齐心协力共同研制治疗SARS的药物和预防疫苗。世界卫生组织提供了风险评估的意见、对SARS警报的公共卫生管理等措施。在中国，SARS的控制依靠的是发现、隔离、控制感染等公共卫生措施，北京的学校被迫停课，国际交流也随之减少，SARS对世界经济也造成了严重的影响。

SARS风波未平，2003年12月之后，亚洲多个国家和地区先后爆发禽流感疫情，造成了成千上万的家禽病死或者被宰杀。泰国、越南等地出现了人感染禽流感而死亡的病例。近年来，公共健康事件在世界范围内时有发生，应对这些突如其来的公共健康危机需要国际合作。

三、国际合作保障健康权的实现

《联合国宪章》的宗旨之一是"促进国际合作，以解决国际间属于经济、社会、文化及人类福利性质的国际问题，且不分种族、性别、语言或宗教，增进并激励对于全体人类之人权及基本自由之尊重"。❶

在2000年联合国峰会上，各国首脑共同发表了《千年宣言》，承诺加强全球协作，为实现和平、人权、民主、环境的可持续发展以及消除贫困而努力，并且促进人类尊严、平等和公平原则的实现。

---

❶ 《联合国宪章》第1条。

千年发展目标对于健康权的实现具有重要的意义,其目标的实现首先需要各国制定相应的国家战略,通过各国的努力和推动来实现。同时,千年发展目标也规定了通过国际合作来促进发展。执行健康权的责任范围正在扩大,国际社会将一个国家对公共健康的关注与其他国家隔离开来。2002年3月在墨西哥蒙特雷召开的国际会议重申世界对执行《千年宣言》及其发展任务的承诺。会议提出了发展中国家和富裕国家共担责任的基础上,建立全球伙伴关系的新条款。提出发达国家要采取具体措施以实现占国民生产总值0.7%用于全球发展的目标。❶再次提出,各国政府的首要责任是动员国内资源,通过制定合理的经济政策,建立牢固的民主制度来提高治理水平。重申发达国家要履行承诺,提供有利的国际环境,增加发展资金,在2002年9月南非约翰内斯堡举行的可持续发展世界峰会上,这些承诺得到了进一步的支持。再次重申必须增加援助,呼吁援助国家的0.7%的目标,并减少那些努力加强治理结构的国家所无力承受的债务。

---

❶ 1969年在加拿大前总理莱斯特皮尔森倡导下,《国际发展报告》首次提出富裕国家应该将其国民生产总值的0.7%用于全球发展。此后,该数字被广泛接受,成为官方发展援助的参考目标。

第二章 TRIPs 协议关于药品专利的规范

TRIPs 协议对于国际贸易的发展起到了非常重要的作用,对于药品专利的保护提供了法律基础,对于发展中国家如何解决药品的取得问题至关重要。WTO 总干事麦克·穆尔说:"发展中国家所面临的传染病危机是可怕的。疟疾、肺炎和艾滋病的肆虐造成每年 600 万人死亡,几乎所有的死亡都发生在发展中国家。正如我以前所说的,这些本可以挽救的生命的逝去对我们所有的生者来说都是一种深深的责备。它对这些国家、对发展的渴求也是一种沉重的打击。付出更多的努力来挽救百万贫苦人民的生命是一件极其迫切的任务。""TRIPs 协议在应对这些问题时有很重要的地位。该协议提供的专利保护对于发展新的药品和治疗方法来说至关重要,和给予各成员方一定的灵活性,为那些世界上最贫穷、最易受到疾病侵袭的人们提供医疗救助二者之间创造了一种平衡,这种平衡是反复谈判的结果,来之不易。"❶

第一节 TRIPs 协议概述

一、TRIPs 协议的产生背景

随着国际贸易的兴起,商品与服务产销流动频繁,各国的互

---

❶ 参见 WTO News: Press /233, 22 June 2001.

动关系也越加密切。在全球市场中，商品及服务跨越了不同的法律领域；对知识产权的保护程度不同，足以对国际商品及服务的流通造成重要的影响。因此，发达国家认为对知识产权的低度保护，将对带有知识产权性质商品或服务的市场进入构成贸易障碍，也可能阻碍外国人的直接投资。

发展中国家与发达国家之间在国际贸易领域中一直存在鸿沟，在知识产权领域同样也存在巨大的不平衡。世界上大部分的科学技术创新活动发生在发达国家，90%的知识产权来自于这些国家。巨大的不平衡，使发达国家与发展中国家对知识产权的态度有着严重的分歧。美国、欧盟、日本等发达国家认为，由于发展中国家保护知识产权的法律制度不足或欠缺，致使仿冒行为猖獗，发达国家因此不但蒙受了研发知识产权的成本损失，其在多边贸易架构下原本所应享有的贸易自由化的环境遭受严重扭曲，对于有关知识产权争端的案件缺乏有效的解决机制。美国等国家希望国内产业所拥有的知识产权在国外所获得的保障，能达到如同其国内所提供的保障水平。❶ 其认为对于知识产权提供保障，能鼓励发明创造，提高人类的文明程度。发达国家积极运作，将与贸易有关的知识产权纳入关税暨贸易总协定新一轮多边贸易谈判之中。然而，发展中国家却对知识产权议题纳入多边贸易架构坚决反对。因为，发达国家的科技与发明产品要价太高，假设对于知识产权的独占、排他性效果，使得权利人能因此获得大量的利润，而发展中国家由于经济实力不足，不但没有享受到人类科

---

❶ Michael J. Trebilcock and Robert Howse, The Regulation of International Trade, 2nd ed., Routledge, 1999, pp. 262–263.

技文明提高的利益,而且与发达国家之间的贫富差距也将增大。❶

随着全球化进程的加快,知识产权中蕴藏着丰厚的经济利益,使欧美等科学技术发达国家,对于知识产权的国际保护产生了迫切的需求。因此,早在1973年发动东京回合谈判时,美国与欧盟就积极地试图将知识产权的保护问题纳入谈判议题,后因遭到发展中国家的强烈反对而作罢。在东京回合谈判过程中,1978年美国与欧盟代表联合提交关于反仿冒商品贸易的建议草案,但最终未获得任何成果。1982年美国又提出一项新草案,GATT专家小组1985年专门召开数次会议,讨论该项问题。1985年GATT开始筹划发动第八轮乌拉圭回合多边贸易谈判❷时,美国又积极主张将知识产权问题列入谈判议程,但一开始就遭到以印度、巴西为首的20多个发展中国家强烈反对。因此,在乌拉圭回合谈判,知识产权纳入谈判议程是发展中国家与发达国家谈判妥协的产物。最终列入1986年9月的乌拉圭部长会议知识产权议题的名称为"与贸易(包含仿冒品贸易)有关的知识产权"(Trade-related aspects of intellectual property rights, including trade in counterfeit goods)。名称上强调"与贸易有关",使知识产权议题与GATT的贸易体系紧密相连。发展中国家如此

---

❶ 关于TRIPs协议立法过程可参阅Daniel Gervais, The TRIPS Agreement: Drafting History and Analysis (1998), pp. 10 – 25.

❷ GATT为有效解决贸易争端,于1986年在乌拉圭举行部长会议,展开新一轮多边贸易谈判,即所谓的乌拉圭回合谈判。此次谈判议题范围涵盖范围广泛,包括关税、非关税措施、天然资源产品、热带产品、纺织品及成衣、农业等议题,另涉及服务贸易,以及知识产权等议题。谈判方式采取整批交易式谈判,以期改进东京回合谈判采用个别开放签署所造成约束力不足的缺点。乌拉圭回合谈判历经7年,最终在1993年12月25日达成协议。

争取的意图在于限制知识产权的谈判范围。

美国等发达国家对此结果并不满意，于是新的一轮谈判展开。知识产权的谈判在 1986 年后最初两年中几乎毫无进展，直到 1988 年加拿大蒙特罗会议后才有转机，开始对知识产权保护与执行标准等核心内容的实质谈判。至 1990 年年底，TRIPs 协议文本已有基本架构，此结果一方面是因美国等发达国家的积极推动与充分准备，以及当时相关的知识产权公约已奠定的基础；另一方面是因发展中国家内部力量被分化，整体力量弱化所致，几乎只有印度与巴西等少数发展中国家尚有一些反对与抵制，但已经成为弱势，TRIPs 协议最终在五大提案❶的基础上形成最终文本，规范有关知识产权的标准、执行及争端解决等问题，其中将知识产权的保护范围，由原有专利、商标、著作权等传统知识产权保护类型扩展到工业品外观设计、集成电路布图设计、地理标志、未披露信息的保护等新兴议题。

乌拉圭回合历经 7 年谈判，在 1993 年 12 月 15 日达成最终协议。TRIPs 协议改变了贸易的本质，建立了贸易与知识产权的市场进入模式。贸易的意义不再单纯局限于货物跨越国界的流动，而且包括知识产权。

二、TRIPs 协议的基本原则

TRIPs 协议的基本原则主要包括：国民待遇原则、最惠国待遇原则、权利与义务平衡原则、权利耗尽原则、一般例外和最低标准保护原则。这些基本原则多数源于 GAT T 以及既有的国

---

❶ 此五大提案分别由欧盟、美国、瑞士、日本和 14 个发展中国家提出，谈判组组长与 GATT 秘书处在这些草案文本基础上汇总成最后单一文本，再在此基础上谈判修订，形成了现有的协议文本。

际知识产权保护公约,如国民待遇、最惠国待遇等,但适用对象和范围有区别。有的则是本协定所强调或新确立的,如权利与义务平衡原则和最低保护原则。而且,有的原则在TRIPs协议中用专项条款加以明文规定,有的则隐含在整个协议文本中。

(一) 国民待遇原则

国民待遇是指一国给予另一国国民、企业、产品和船舶等在本国境内享有的待遇,不低于其给予本国国民的待遇。在TRIPs协议订立前,此原则在GATT中早已确立,在已有的知识产权国际保护公约中获得了实践。但在GATT中国民待遇适用于"产品"上,在TRIPs协议中,则直接给予"国民"。

TRIPs协议第3.1条规定:就知识产权保护而言,每一成员给予其他成员的国民之待遇不得低于本国国民之待遇。需要注意的有以下几点:一是"保护",本书所指的知识产权保护含义较广,包括知识产权的可获得资格、获取、范围、维护和行使产生影响的各项事宜。❶ 二是"国民",此处所指的国民具有特定含义,TRIPs协议第1.3条及相关注释对此作出明确界定,❷ 即各

---

❶ TRIPs协议附注3:For the purpose of Articles 3 and 4, "protection" shall include matters affecting the availability, acquisition, scope, maintenance and enforcement of intellectual property rights as well as those matters affecting the use of intellectual property rights specifically addressed in this Agreement.

❷ TRIPs协议第1.3条:In respect of the relevant intellectual property right, the nationals of the other Members shall be understood as those natural or legal persons that would meet the criteria for eligibility for protection provided for in the Paris Convention (1976), the Berne Convention (1971), the Rome Convention and the Treaty on Intellectual Property in Respect of Integrated Circuits, were all Members of the WTO member of those conventions. 附注1:When "nationals" are referred to in this Agreement, they shall be deemed, in the case of a separate customs territory Members of WTO, to mean persons, natural or legal, who are domiciled or who have real and effective industrial or commercial establishment in that customs territory.

成员境内符合法律所规定的保护资格标准的自然人或法人。由于 WTO 成员中除主权成员外，还包括非主权性质的独立关税区成员，因此对于后者来说，TRIPs 协议所谓"国民"应理解为：居住在该关税区的自然人或法人，或者在该关税区内拥有真实有效的企业的自然人或法人。

根据 TRIPs 协议第 3 条、第 5 条的有关规定，国民待遇义务的例外或限制规定主要包括：(1) 对于以下国际知识产权保护公约所设的国民待遇例外，仍旧适用：1967 年巴黎保护工业产权公约（the International Convention for the Protection of Industrial Property，以下简称《巴黎公约》），1971 年的伯尔尼文学、艺术著作保护公约（the Berne Convention for the Protection of Literary and Artistic Works，以下简称《伯尔尼公约》），保护表演者、录音制品制作者以及广播组织的罗马公约（International Convention for the Protection of Performers, Producers of Phonograms and Broadcasting Organizations，以下简称《罗马公约》），以及关于集成电路的知识产权条约（the Treaty on Intellectual Property in Respect of Integrated Circuits，以下简称《IPIC 条约》）。(2) 就表演者、录音制品制作者、广播组织而言，该义务仅适用于本协议对这些主体所提供的相关权利。(3) WTO 成员可适用《伯尔尼公约》第 6 条或《罗马公约》第 16.1（b）条的，仍可以按照这些条款采取相应的限制措施通知 TRIPs 理事会。(4) 在司法与行政程序方面，包括在某成员司法管辖范围内服务地的确定或代理人的指定方面，WTO 各成员亦可援用上述三项规定所允许的例外，只要此等例外为确保实施本协议规定不相抵触的法律法规所需，且有关措施不会对贸易构成变相的限制。❶

---

❶ TRIPS 协议第 3.2 条。

（二）最惠国待遇原则

TRIPs 协议将 GATT 中最惠国待遇原则引进知识产权领域，但与适用于货物贸易的 GATT 最惠国待遇不同，TRIPs 协议下的最惠国待遇只适用于各成员国的国民。TRIPs 协议第 4 条规定：在知识产权保护上，一成员国给予任何其他国家国民的任何利益、优惠、特权或豁免，均应立即无条件地适用于全体其他成员国之国民。但一成员提供给其他国民的任何下述利益、优惠、特权、豁免，不在其列（最惠国待遇义务也有例外）：

（1）由一般性司法协助与法律实施的国际协定引申出且并非专为知识产权的；

（2）《伯尔尼公约》1971 年文本或《罗马公约》所允许的不按国民待遇、而按互惠原则提供的；

（3）本协议中未加规定的表演者权、录音制品制作者权及广播电视组织权；

（4）《建立世界贸易组织协定》生效前已生效的知识产权保护国际协议中产生，且已将该协议通知"与贸易有关的知识产权理事会"，并对其他成员之国民不构成随意的或不公平的歧视。

上述第（3）条及第（4）条义务，不适用于由世界知识产权组织主持缔结的多边协议中有关获得或维持知识产权的程序。即知识产权协议只要求其成员履行四个已有公约（巴黎、伯尔尼、罗马及集成电路）的义务，不论该成员是否参加了这四个公约；而对于这四个公约之外的已有公约，尤其对程序性已有公约，则未参加公约的成员，不能凭借世贸组织的知识产权协议，要求参加的成员对其尽义务。❶

---

❶ 参见郑成思：《WTO 知识产权协议逐条讲解》，中国方正出版社 2001 年版，第 41 页。

(三) 权利耗尽原则

所谓权利耗尽原则，是指为避免知识产权人企图控制整个销售体系，而使权利人首次将产品在市场交易流通后，即失去其行销控制权。就专利权而言，由于专利权人享有专属销售与使用的权利，若不加以适当限制，则任何人非经其同意不得用该专利产品，自专利权人处购得专利产品后，欲将之转售出去或交由他人使用，必须先征得专利权人的同意，使该专利产品在市场上之流通与使用受到限制，对于货物的自由流通与物品使用效益的发挥极为不利。权利耗尽原则之产生，对专利权人的专属权加以限制。专利权人在其制造或经同意制造的专利产品第一次进入市场后，即已耗尽其对该物品之销售权与使用权。根据此原则，任何人合法取得专利产品后，可自由让与他人或任意使用，而专利权人不得干涉或主张其专利权。

耗尽原则可分为三种类型："国内耗尽原则"（National Exhaustion）、"国际耗尽原则"（International Exhaustion）、"地区耗尽原则"（Regional Exhaustion）（欧盟所采用）。所谓"国内耗尽原则"，是指专利权人将专利产品在国内市场首次出售后，权利即告耗尽，丧失其在国内转售的权利。依此原则，若专利品第一次进入的市场为国外市场，则专利品上之权利并不会因此耗尽，专利权人仍拥有专利产品上的权利。此时，若该专利产品未得到国内专利权人的允许而进口，则会侵害专利权人的进口权。因此，"国内耗尽原则"对专利权人之保护较为严密。所谓"国际耗尽原则"是指专利产品一旦在国内或国外市场第一次销售后，专利权人即丧失其对该专利产品上的权利。"国际耗尽原则"较侧重于公益的保护，促使专利品在第一次销售后即可自由在市场上流通，消费者因而可从不同的销售渠道购买该专利产品。因此，容许平行进口是采用国际耗尽原则的结果。

发达国家多为技术输出国,其产业本身拥有庞大的资金与充分的研发能力,因此,在专利法上多赋予专利权人进口权的保护与采用国内耗尽原则的立法,禁止专利产品的平行进口。而对于发展中国家而言,多采国际耗尽原则。因为发展中国家多为技术输入国,国内研发能力不足,因此国内所申请的多数专利技术为外国人所拥有。如果专利法对于专利权人赋予过于强劲的保护,反而会对技术的研发形成相当大的限制,无法达到专利法促进产业发展的目的。因此,技术输入国在专利法上侧重公益的维护,鼓励货物自由流通与消费者权益的保护,进而促进产业技术的发展。在专利品平行进口的问题上,发展中国家多采取保护专利权人进口权以及国际耗尽原则的立法。

发展中国家以及最不发达国家面对公共健康危机,迫切需要的是获得可负担价格的药品。基本上,平行进口的效果在于削减专利权人对各国市场采取的价格歧视。❶ 在专利药品定价高昂的市场,只要运费与进口关税的成本能低于该专利药品在另一国出售的差价,便可能产生药品平行进口的诱因。因此,自药品出售价格较低的国家平行进口该专利药品,这种现象常常引起贸易争端。依据国际耗尽原则,发展中国家得以主张,该专利药品从国外市场销售后,权利已告耗尽,因而可自由进口该药物至发展中国家,以满足公共健康的强烈需求,使患者有能力购买药物。平行进口是发展中国家所采取的重要政策,以缓和专利药品的高价销售,促进国内药品市场的竞争。

---

❶ 在禁止平行进口的情况下,药品专利权人对于各国的行销策略多采用区别定价。其价差基本上取决于该国对于此药品的需求弹性。若需求弹性低,代表即使以较高价格出售也会有一定市场销售额,因此往往采用高价策略;反之,若需求弹性高,代表价格一旦上涨容易丧失消费群,因此多采用低价策略。

然而，允许平行进口仍有其不足之处，同时也存在隐患。❶平行进口的药品基本上为专利药，故价格较学名药❷昂贵，患者仍未必有能力负担。此外，若禁止平行进口，则药品专利权人有意以该国国民可负担的低价出售该专利药品，只要该价格足以负担制药成本，而不需要担心此低价药品将可能出口至其他定价较高的国家。但在允许平行进口的情况下，极有可能使药品专利权人实施单一的全球性价格，而直接以发达国家的国民的消费水平定价。如此而言，反而使面临公共健康危机的发展中国家雪上加霜。从我国《专利法》第 11 条的规定可以看出，由专利权人或者专利权人授权才能进口专利产品。即除非得到权利人在中国的授权，政府或其他机构不能从国外寻找更廉价的专利药品的来源。

TRIPs 协议第 6 条并未对权利耗尽原则进行实体规范，仅规定："就本协定争端解决之目的而言，在符合上述第 3 条及第 4 条的前提下，不得借本协议的任何条款，去涉及知识产权的权利耗尽问题。"

TRIPs 协议虽承认知识产权为一争议事项，但有关规范则完全留于会员自行决定。事实上，TRIPs 协议未对此加以处理的原因，是各成员国对处理方法无法达成共识。发展中国家与发达国家传统上对耗尽原则持不同态度。发达国家站在保障权利人的角度，使知识产权可在不同的国家授权销售，因此采用国内耗尽原

---

❶ 美国曾对平行进口提出质疑，其中一项理由认为，平行进口将导致进口国监督的困难，反而可能有害公共健康。然而，进口监管与专利权期间并无绝对关联性，且与知识产权保护无关。每位 WTO 成员都有权建立一完善之平行进口体系，订立进口的许可规范与监管措施。

❷ 学名药指专利期间届满之后，他人所制造的相同成分的医药。市场上销售的学名药通常以其主要化学成分为名，因此称为学名药，也常被称为仿制药。

则；发展中国家较赞成国际耗尽原则，此原则能使国内的消费者享受较低廉的价格，并且采用国际耗尽原则更能符合WTO法律构架及国际贸易的自由化。

（四）公共利益原则

TRIPs协议第8条规定：成员可在其国内法律及条例的规定或修订中，采取必要措施以保护公众的健康与发展，以增加对其社会经济与技术发展至关紧要之领域中的公益，可采取适当措施防止权利持有人滥用知识产权，防止借助国际技术转让中的不合理限制贸易行为或有消极影响的行为，只要该措施与本协议的规定一致。

TRIPs协议规定成员应对知识产权提供最低标准的保护，然而这些标准并不因此成为各成员实行公共政策的障碍，WTO各成员可以在不降低对知识产权保护的前提下，采行有助于公共健康的有效措施。举例而言，成员可对流通于市场的药品进行品质与安全性的管制。专利之授予并不代表专利权人必定有权利用该发明，若该发明对公众造成妨害，成员国可以禁止其商业利用。许多WTO成员在医药专利上，已建立起维持合理药品价格的不同体系，如：价格控管、药价差异公告、鼓励学名药生产等。总之，TRIPs协议第8.1条允许成员采行各种符合上述要件的措施。

从公共健康的角度而言，TRIPs协议第8条使得WTO成员可以制定国内法以回应公共健康问题以及其他公共利益事项，也是解释协议条文的重要依据。以药品取得而言，此条款使得成员以考虑取得药品的最佳方式来制定相关国内法规。

（五）最低标准保护原则

TRIPs协议提供了所有成员国对知识产权保护的最低标准，如受保护的客体、权利内容及其权利之例外规定和最低保护期间。TRIPs 协议第 1 条第 1 款明文规定：各成员国应当实施本协议的规定。各成员国可以，但没有义务，在其法律中规定比本协议的要求更为广泛的保护，但以这种保护并不违反本协议的规定为限。各成员有在其法律制度和实践中确定实施本协议规定的适当方式。

所谓最低标准，是 TRIPs 协议为 WTO 全体成员制定了最基本的知识产权保护标准，各成员国对知识产权所提供的保护，可以高于但不得低于 TRIPs 协议所规定的保护标准或要求。整体而言，这套最低标准普遍高于世界知识产权组织下的各项主要公约所规定的保护标准，例如对知识产权的保护期限与执法要求，都比有关公约更为严格。因此，TRIPs 协议可以说是"高标准"的知识产权保护规范。

（六）权利与义务平衡原则

与上述原则不同，权利与义务平衡原则在 TRIPs 协议中并无专门条款明文规定，而是散见于众多条款中。然而，此原则在 TRIPs 协议中格外重要，是由于知识产权保护的特殊性所产生，各成员国所关注和追求的是长期维护权利与义务之间的平衡，国内的知识产权法律制度也同样。

就利益关系而言，权利与义务平衡的核心，是知识产权人的私有利益与社会公众利益之间的平衡。就知识产权人而言，TRIPs 协议要求各成员国在其立法中确保权利人能享有一定期限和范围的专有权，同时也可在一定条件下限制此类专利权的利用，亦可以为防止权利人滥用权利而采取必要措施。总之，TRIPs 协议的目的是对符合资格标准的国民（自然人或法人）所应享有的知识产权，提供更充分的保护，同时也对其享有的权利施加必要的限制，为促进社会公共利益的实现留下足够的法律空间。TRIPs 协议第二部分至第四部分有 54 个条款为赋予、保护知识产权人的利益所设❶，但其中又有一些条款涉及对知识产权的限制与例外，较为重要的有第13条（著作权及相关权利的限制与例外）、第17条（商标权的例外）、第26条第2款（工业品外观设计权利保护范围）、第30条（所授权利的例外）以及第31条（未经权利人许可的其他使用）。TRIPs协议第7条和第8条，是为维护公共利益而对知识产权加以合理限制的重要条款，其中第7条是文本中唯一直接提到"权利与义务平衡"的条款。❷

TRIPs协议虽具有权利与义务平衡的基本原则和目标，但却未充分实现，对于发展中国家与发达国家的权利与义务平衡问题是本书所关注的一项主题。

（七）非歧视原则

根据TRIPs协议第27条第1款的规定，在符合第27条第2款、第3款的前提下，无论产品发明或方法发明，只要其具备新颖性、创造性、实用性，均可以获得专利。在符合TRIPs协议第65条第4款、第70条第8款和第27条第3款规定的前提下，专利的获得和专利权的享有，不应因发明地点、技术领域以及产品是进口还是本国生产的不同而受到歧视。

TRIPs协议第27条第1款首次在专利保护领域中引入GATT早已确立的一项基本原则，即除了发展中国家可享有过渡期的药品与某些化学品领域以及TRIPs协议第27条第3款明确排除可

---

❶ TRIPs协议第二部分"有关知识产权的效力、范围及利用标准"第9~40条，第三部分"知识产权执法"第41~61条，第四部分"知识产权的获得与维持及有关当事人之间的程序"第62条。

❷ TRIPs协议第7条规定：知识产权的保护与行使，目的在于促进技术的革新、技术的转让与传播，以有利于使技术知识的创造者和使用者互相受益，而且以增进社会和经济福利的方式，促进权利和义务的平衡。

获得专利的领域外,对于所有其他技术领域,各成员均应当在授予专利以及专利权人享有专利权方面遵守非歧视待遇原则。

关于禁止因发明地不同而给予差别待遇的规定,在 TRIPs 协议缔约之初,多数 GATT 签约国无法迫使美国废弃"先发明"(first-to-invent) 体系,但至少促成美国不再对于美国领土外的发明给予差别待遇。事实上,在美国适用 TRIPs 协议之前,其专利法(Section 104 of the US Patent Act)在新颖性的判定上,并不承认美国境外的发明日,该规定于 1994 年进行修订以适应 TRIPs 协议的要求,而不再对 WTO 成员的发明实施差别待遇。❶

在禁止因技术领域不同而给予差别待遇的规定方面,对于传统上通常存在差别待遇的技术领域,WTO 成员不得再排除该领域的发明专利,药品与化学品即为此例。WTO 成员也不得减损任一领域中应享有的专利权,如降低某技术领域的专利独占期,或是制定利于强制授权的条件。然而,TRIPs 协议并未禁止成员以不同方式处理各领域的技术问题。WTO 成员也有权将不同性质发明的实质审查,以专业领域不同交由不同的专家进行审查。❷ TRIPs 协议第 27 条第 1 款也规定禁止因制造地不同而给予差别待遇,这是发展中国家最不愿执行的 TRIPs 协议条款之一。发展中国家在乌拉圭回合谈判中放弃巴黎公约中所享有的权利,不得要求专利权人从事当地制造(local working requirement)。

最后,对于 TRIPs 协议第 27 条在医药专利的适用上,有学

---

❶ Nuno Pires de Carvalho, The TRIPS Regime of Patent Rights, (Kluwer Law International, 2002), 161.

❷ Nuno Pires de Carvalho, The TRIPS Regime of Patent Rights, (Kluwer Law International, 2002), 161.

者认为主要针对医药品。因有些发展中国家的国内法排除医药专利；❶ 或仅对医药发明授予方法专利。故 TRIPs 协议明文要求，医药发明须包括产品发明及方法发明。而差别待遇的禁止，则包括本国与外国发明之间、或外国发明之间以及医药与其他种类产品之间的歧视措施。因此，自过渡期间结束后，专利权人必须被赋予权利并立法以防止专利医药的仿制。若某一国家的专利法未能提供保护，或没有遵守此规定，则有遭受他国寻求争端解决程序控诉的可能。❷

第二节　TRIPs 协议中专利保护的规定

一、专利要件

TRIPs 协议第 27 条第 1 款规定：在符合本条第 2 款和第 3 款规定的前提下，不论产品发明还是方法发明，只要具有新颖性、创造性，并且能在产业上应用的，都可以获得专利。❸

上述规定对于专利权保护的客体要符合以下两个条件：

第一，产品发明和方法发明均应享有专利。承认方法专利，有助于利用新方法制造产品。虽然方法专利相对于产品专利的价值较低，但若能赋予专利权，对其有相当程度的保障作用，则可

---

❶ 这些国家采取"还原工程"仿制（imitate）发达国家的专利医药，使其符合该国以低成本取得药物及发展技术的需求者；欠缺医药产业的其他国家则以具竞争力的价格购买这类专利药物的复制品。

❷ 林彩瑜："WTO TRIPs 协定下医药专利与公共健康的问题及其解决方向"，载《WTO、科技与环境学术研讨会论文集》，2003 年 4 月，第 10－11 页。

❸ "创造性"和"能在产业上应用"两个术语，分别与"非显而易见性"和"实用性"两个术语是同义语。

以提供与产品专利相同的诱因，鼓励创新。

第二，能够授予专利的发明，必须具有新颖性、创造性和实用性。关于此三要件存在的必要性，有以下解释：就"新颖性"而言，倘若某一事物已经为某一领域的人所知悉，则法律对此没有授予专利加以保护的必要；如果某一产品为过了保护期限的发明，可无需支付费用而加以利用该发明。在决定某一事物是否具备新颖性时，也必须查证以往是否存在既有的技术。而与其他国际专利保护公约及大多数国家专利法一样，TRIPs 协议对新颖性的具体标准没有规定，采用"绝对新颖性"、"相对新颖性"还是"混合新颖性"❶ 标准，任由各成员国专利法加以选择。

就"创造性"而言，此要件在美国称为"非显而易见性"。❷ 专利法既有新颖性的要件，还需要有非显而易见性要件，其理由在于：判定"新颖性"是将申请案中的发明与"一项"现有技术相比较，而申请案中的发明是否具有"非显而易见性"，则是要综合"两项以上"的现有技术来判定。这里所说的现有技术，是与专利客体相关的现有技术，而非一切现有技术。如果申请案中的发明，是参照多项现有技术，或在现有技术的基础上做一些细微的更改，能否获得专利权，要根据是否构成"非显而易见性"的要件进行判断。在通常情况下，在该领域的

---

❶ "绝对新颖性"标准，是指专利管理部门利用世界范围内可获得的有关资料或实践，以确认申请专利的发明是否具有新颖性；"相对新颖性"标准则仅就本国范围内而言；"混合新颖性"标准兼顾前两者标准。

❷ 关于"非显而易见性"，美国在以往法院的判例中表示，新的装置不论实用性如何高，若要获得专利，则其不得仅仅是职业上的技巧，而必须表现创造的才能。不过，美国法院对于"非显而易见性"要件的要求过于严格，产生不易预测的情形，因而就将这一问题保留国会解决。美国的现行法律规定："倘若申请专利的客体与以往既存的科技间的差异来看，申请专利的客体，在发明之时，对于在既有科技中具备通常技术的人，属于明显的事物，则其不应获得专利。"

一般技术人员根据以往所掌握的技术或产品进行简单的组合或改进，不会被授予发明专利权。

专利之所以必须具备实用性，是由于专利法赋予发明者独占的权利，故其对社会也必须有所贡献；倘若某项发明不具备产业的可利用性，对社会并无重要贡献，法律自然没有赋予其独占权并进行保护的道理。实用性存在与否是由市场加以认定。实用性的要件着重于技术上的发明，为获得专利保护，发明必须能被用于生产产品或服务。这也是不给予科学发现专利保护的原因，因科学发现无法直接用于生产与制造，因此市场机制无法介入。绝大多数发现必须进一步发展，才具有产业实用性。❶

此外，发明（Invention）与发现（Discovery）两者在专利客体上的地位截然不同。专利权保护的客体必须为一项发明，而非一项发现。发明具有新颖性和实用性，可用以解决技术上的问题，其为人工的创造，以应对技术上的所需。发明因解决当前技术上的困难，而使其为市场所接受与评价。❷

二、不授予专利的例外

TRIPs协议承认保护知识产权的诸国内制度中被强调的保护公共利益的目的，包括发展目的与技术目的。如果为保护公共利益或公共健康，包括保护人类、动物或植物的生命与健康，或为避免对环境的严重破坏，各成员均可排除某些发明被授予专利，可制止在其地域内就这类发明进行商业性

---

❶ Nuno Pires de Carvalho, The TRIPS Regime of Patent Rights, Kluwer Law International, 2002, pp. 146 – 147.

❷ 单纯的发现虽非保护的客体，然而，应用于科学研究的方法、途径、设备应属于发明，可作为专利保护的客体。

利用。❶

发达国家在 TRIPs 谈判时强调，任何专利权人享有获得适当报酬的权利，但发展中国家则强调国家发展以及公共健康更为重要。美国主张所有具有新颖性、产业利用性，以及非显而易见性的产品或方法，均应享有专利，而不应有任何排除；然而印度与巴西所领导的发展中国家集团则希望保留可以基于公共利益、国家安全、公共健康或营养等理由，而排除某些产品或方法的专利；许多发展中国家担心，若赋予医药品或化学品专利，则其国内的生产自然会受到限制，其结果会造成产品价格居高不下；故这些国家认为，对制药企业赋予法律上的独占权，是否妥当，颇有疑问；同样情形，在化学品问题上，发展中国家指出，其作为主要食物的新农作物品种常依赖于肥料或农药的长期使用，而肥料或农药的价格提高，使农作物的生产成本随之提高。美国、日本、北欧国家认为，虽然微生物科技的专利所占比例很小，但长期而言，这种产业将发展成为重要产业领域。❷ 而最终确定的 TRIPs 协议第 27 条第 2 款与第 27 条第 3 款的内容是发达国家与发展中国家谈判妥协的结果。

依据 TRIPs 协议第 27 条第 2 款，原则上各成员可以出于以下三种目的而不授予某项发明以专利保护：第一，为保护公共秩序或道德；第二，为保护人类和动物的生命与健康；第三，为保护环境免遭严重破坏。但各成员在排除某发明于可获专利之外时，需符合一定条件，即此类排除是为实现上述目的所必需的，

---

❶ 郑成思：《WTO 知识产权协议逐条讲解》，中国方正出版社 2001 年版，第 104 页。

❷ Terence P. Stewart ed., The GATT Uruguay Round: A Negotiating History (1986 – 1992), Vol. II: Commentary (1993), p. 2294.

若不作此类排除，则该发明在其境内的商业性开发利用就会阻挠上述三项目标的实现。此外，这类排除并非仅由于其境内法律禁止该发明的开发利用，这又隐含着两方面的意义：一是各成员的国内法中首先要有明确的限制性规定；二是不能仅依此类原则性规定就作出排除规定。换言之，作此类排除时，还必须考虑更具体的情况，包括上一条件中所言，是否为实现有关目标所必需，以及不排除的情况下所能带来的后果等。这是理解此条规定时所需注意的事项。

  TRIPs 协议关于"公共秩序"与"道德"的规定，是接受欧盟的提议，借鉴《欧洲专利公约》（European Patent Convention）。因此，了解欧洲专利局的上诉机构（the Board of Appeal of the European Patent Office）所作的判决，有助于理解 TRIPs 协议关于"公共秩序"与"道德"的规定。该上诉机构提出三项基础：首先，上诉机构认为所有涉及公共秩序与道德的案件，均需就其实质案情个别考虑，并无适用于所有案件的一般法则，《欧洲专利公约》第 53（a）条与 TRIPs 协议第 27 条第 2 款的规定是一致的。其次，依据上诉机构的判决，公共秩序通常与集体或个体安全相关。TRIPs 协议在第 73 条对公众安全有相类似定义。然而，TRIPs 协议对于公共秩序的概念只是包含物理上的损害，而不及于共同利益中一般抽象概念的损害。最后，道德的概念与不同国家、地域、民族的文化和传统有关。因此，道德的标准随国家、地域不同，彼此相异。道德根植于历史认知与宗教价值。此概念与 TRIPs 协议第 27 条第 2 款的宗旨相一致。❶

---

  ❶ Nuno Pires de Carvalho, The TRIPS Regime of Patent Rights, Kluwer Law International, 2002. p. 171.

根据TRIPs协议第27条第3款的规定，成员可以将下列各项排除于可获专利之外：（1）诊治人类或动物的诊断方法、治疗方法及外科手术方法；（2）除微生物之外的动植物，以及生产动植物的主要是生物的方法；生产动植物的非生物方法及微生物方法除外；但成员应以专利制度或有效的专门制度，或以任何组合制度，给植物新品种以保护。对本项规定应在"建立世界贸易组织协定"生效的4年之后进行检查。❶

TRIPs协议第27条第3款规定："对人类或动物疾病的诊断、治疗及手术方法"可以排除其授予专利。由于诊断、治疗及手术方法通常是属于个人进行的程序，其成功多来自于医生的个人技术，而不是仅仅依靠方法本身。名医藉由较高的薪资以及个人的威望获得应有的补偿，而不是通过专利制度。有许多国家以治疗方法不具有产业利用性为理由，排除治疗方法的可专利性。❷事实上，各种方法无论是否为治疗方法，均为数项步骤所结合的程序，应属发明的一种。治疗方法用于人体并不减损其产业上的可利用性。不对人类或动物疾病的诊断、治疗以及手术方法以专利保护，主要是从公共利益的角度去考量。

TRIPs协议第27条第3款（b）项，反映了乌拉圭回合谈判当时各国对于生物科技领域的发展难以预测。鉴于GATT缔约国大多缺乏该领域的经验，因此自然担心对于不知是否可行的义务立下的承诺。根据第27条第3款（b）的规定，成员有义务对

---

❶ 郑成思：《WTO知识产权协议逐条解释》，中国方正出版社2001年版，第104-105页。

❷ 例如《欧洲专利公约》第52（4）条规定："Methods for treatment of the human or animal body by surgery or therapy and diagnostic methods practiced on the human or animal body shall not be regarded as inventions which are susceptible if industrial application."

三项发明提供专利保护：生产动植物的非生物方法和生产微生物的方法。[1] 鉴于生物科技的发展对于医药发明有密切关系，WTO成员有必要在专利法内对生物科技与发明作出明确的规定。此外，对于植物新品种，各成员仍应通过专利制度或有效的专门制度，或两者混合制度加以保护。与生物技术密切相关的植物新品种问题，长期以来各成员有很大分歧。在乌拉圭回合谈判期间，各国对此也有争议，甚至引发环保组织的专注与抗议，认为赋予植物新品种专利将会对环境保护带来不利影响。

三、专利的权利范围

根据TRIPs协议第28条第1款规定，专利权人应享有下列专有权：

（1）如果该专利所保护的是产品，则有权制止第三方未经许可的下列行为：制造、使用、许诺销售、销售，或为上述目的而进口该产品；

（2）如果该专利保护的是方法，则有权制止第三方未经许可使用该方法的行为以及下列行为：使用、许诺销售、销售或为上述目的进口至少是依照该方法而直接获得的产品。

对于产品专利而言，享有上述专利专有权的所有人有权制止第三人未经其许可制造、使用、许诺销售、销售，或为上述目的而进口该专利产品；对于方法专利而言，专利权人有权制止第三人未经许可使用该专利方法，以及使用、许诺销售、销售或至少

---

[1] 2008年修订的《中华人民共和国专利法》第25条规定，对于动物和植物品种不授予专利权，对于动物和植物的生产方法授予专利权。

为这些目的而进口直接通过该方法获得的产品。❶

此外,第 28 条第 1 款的附注❷阐明了专利权人的权利并非仅限于第 28 条所明文规定的范围,也包含其他的权利,如出口(Exporting)❸、取样(Sampling)、仓储(Warehousing)、储存(Stockpiling)❹等。

四、专利保护期限

TRIPs 协议第 33 条规定专利保护期限:可享有的保护期不少于自提交申请之日起 20 年。值得注意的是,在某些情况下,申请日与提交申请之日并不是同一天。比如在两个不同的国家就同一发明提出专利申请,如果提出享有优先权,那么在后一个国家提交申请的日期与该发明的申请日就不是同一天。通常而言,专利法不依各领域性质的不同而制定不同保护期限,而采用统一的期限。

---

❶ 郑成思:《WTO 知识产权协议逐条讲解》,中国方正出版社 2001 年版,第 109~110 页。

❷ TRIPs 协议第 28 条第 1 款附注:此项权利与本协议所定关于使用、销售、进口或其他产品的散布等的其他权利相同,均有第 6 条的适用。

❸ 在 WTO 会议中,发展中国家集团试图建立第 30 条允许出口专利产品到出现公共健康危机的国家时,曾主张:"the acts of making, selling, and exporting patented products by third parties without the consent of the patent owner to countries with insufficient or no manufacturing capacities do not unreasonably detract from the returns ordinarily earned by the patent owner. It should also be noted that the act of exporting is not enumerated among the exclusive rights conferred by the patent in Article 28 of TRIPS. Consequently, they do not unreasonably prejudice the legitimate interests of the patent owner." WTO document IP/C/W/355, June 24, 2002.

❹ 因市场的需求时效不同,如有季节性或有保存限制的产品等,邻近仓库的堆存将对支持市场营销活动有很大影响。储存为市场提供了缓冲,使生产活动在受到材料来源和顾客需求的限制条件下提高效率。

在 TRIPs 协议制订之初，各国对于保护期限的长度有不同的看法，❶ 而最后以 20 年确定，主要是考虑某些产业领域的发明时效的需求。专利保护期限曾引发了若干质疑，认为专有权在期限外可能产生延长保护的效果。虽然保护期限明订为 20 年，然而，因为在期限内禁止第三人制造、使用之故，其他竞争者在专利期限届满之后，无法立即将产品上市，自然形成一段真空期。该段真空期，有学者称之为"溢出效果"（Spillover Effect）。WTO 争端解决小组在加拿大专利保护案中，肯定专利保护期限届满后，可能产生合法的溢出效果，判定加拿大专利法中试图矫正此种效果的规定违反 TRIPs 协议第 28 条第 1 款。WTO 争端解决小组认为 TRIPs 协议第 33 条规范了权利保护的最低期限，而于保护期限内合法行使专利权，可能产生期限外的效果。❷ 此外，为鼓励研发，一些研发型产业发达的国家，如美国、欧洲、日本制定延长专利期限的法令（patent term restoration laws），以补偿专利权人申请新药许可及临床试验耗费的时间。关于保护期，一些国家原来并没有达到发明专利 20 年的保护期，为此，为了达到 TRIPs 协议的要求而修订专利法。例如，我国 1992 年修改专利法时，将原来 15 年的保护期修改为 20 年。

TRIPs 协议第 33 条包含一个附注 8，"对于无原始批准制度

---

❶ TRIPs 协议制订之前，美国通用 17 年的保护期；而许多发展中国家则采用 15 年的保护期限。

❷ 加拿大专利保护案中，巴西以第三国立场主张，WTO 成员可认为第 33 条所规定的是专利权享有的保护期限，因此，各国有权采用合理措施，以防专利权人在期限外享有实质专利保护。争端解决小组驳回此项主张。

的成员，保护期应从原始批准制度的提交申请之日起计算"。❶所谓无原始核准制度的成员，指此类成员仅提供已在其他国家申请专利的专利权人另行在国内注册。例如，过去，英国殖民地在英国专利局提交申请，再拿到这些国家或地区登记。按照协议的规定，后来的登记日不作为保护期的起算日。值得注意的是，无原始批准制度的成员国，可能也有自己的专利法。例如，新加坡至今仍然是靠英国专利局批准专利，然后在新加坡登记，给予专利保护。在新加坡的专利诉讼，是按照新加坡的专利法解决纠纷的。

五、发展中国家与不发达国家的过渡性安排

TRIPs 协议第 65 条规定了过渡性安排：

（1）在符合本条第 2 款、第 3 款、第 4 款的前提下，成员自 WTO 协定生效后 1 年内并无义务适用本协议的规定。

（2）任何发展中国家成员有权在本条第 1 款规定的时间之外再延迟 4 年适用本协议，但本协议第一部分第 3 条、第 4 条和第 5 条除外。

（3）处于从中央计划经济向市场、私营企业经济转型的过程中，以及正进行其知识产权制度的体制改革并面临知识产权法的准备和实施的特殊问题的任何成员，可享受本条第 2 款预示的延缓适用。

（4）如果某发展中国家成员按照本协议有义务将产品专利的保护扩大到其适用本协议之前在其地域内不受保护的技术领

---

❶ TRIPs 协议第 33 条附注 8："It is understood that those Members which do not have a system of original grant may provide that the term of protection shall be computed from the filling date in the system of original grant."

域，则其在该技术领域适用本协定第二部分第 5 节的规定，可再延迟 5 年。

（5）任何享有本条第 1~4 款中任何一款提供的过渡期的成员均应确保在过渡期内其域内法律、条例及司法实践的任何变更不得导致降低符合本协议水平的保护。

TRIPs 协议第 66 条规定：考虑到最不发达国家成员的特殊需要和要求，及其经济、金融和行政压力，不得要求这类成员在第 65 条第 1 款所指的适用日起 10 年内实施本协议，但本协议第 3~5 条除外。理事会应根据最不发达国家成员主动提出的正当请求，准许延长该期限。

发达国家成员应鼓励其域内企业及单位发展对最不发达国家成员的技术转让，以使最不发达国家成员能造就良好的、有效的技术基础。

TRIPs 协议第 65 条、第 66 条规范了对发达国家、发展中国家、最不发达国家不同类型的成员适用的过渡期安排，见表 2-1 所示。

表 2-1 过渡期安排

WTO 成员类型	过渡期	TRIPs 协议适用日	所依据的条文
发达国家	1 年	1996/1/1	第 65 条第 1 款
发展中国家	5 年	2000/1/1	第 65 条第 2 款
特定发展中国家对特定产品专利领域（如药品、农业化学品）	10 年	2005/1/1	第 65 条第 4 款
最不发达国家	11 年	2006/1/1	第 66 条第 1 款

依据 TRIPs 协议第 65 条第 1 款规定，发达国家须在 1996 年开始适用 TRIPs 协议的规定。各国在成为 WTO 成员时，皆已承诺尊重多边贸易协定，包括 TRIPs 协议，故为符合国际义务，各

国必须修正国内法律以符合 TRIPs 协议所设的最低标准。由于发达国家多数已对知识产权提供高度保护，因此仅被授予 1 年的过渡期间以使其知识产权法律完全符合 TRIPs 协议。

依据 TRIPS 协定第 65 条第 2 款规定，发展中国家获有 5 年的过渡期以执行 TRIPs 协议的所有义务。换言之，在 2000 年以前，发展中国家应将 TRIPs 协议的各种规定纳入其国内的知识产权之中。此外，如果某发展中国家按照 TRIPs 协议有义务将专利保护扩大到其适用协议之日前其国内不受保护的技术领域，则在该技术领域适用协议的过渡期可以再延长 5 年。因此，对医药专利而言，发展中国家共享有 10 年的过渡期间。

TRIPs 协议第 66 条规定，考虑到最不发达国家的特殊需求，及其经济、财政、行政的限制，建立可行的科技基础所需的弹性，除国民待遇及最惠国待遇的规定外，享有自 1996 年起的 10 年过渡期间，共计 11 年。若这些国家证明有难以执行之处，可向 TRIPs 理事会请求延长该期限。

TRIPs 协议第 65 条、第 66 条规范了对不同类型成员适用的过渡期安排，可发现其中包含了两项原则：

原则一：国民待遇与最惠国待遇的适用无过渡期。WTO 所有成员，无论是发达国家或是发展中国家，对于国民待遇以及最惠国待遇这两项原则，自 WTO 正式成立时起（1995 年 1 月 1 日），均毫无例外地必须加以执行。若某成员在其享有的过渡期内，若只对该国民研发生产的药品赋予专利保护，而不同时赋予其他成员的药品同等的专利保护，该成员即违反国民待遇的义务。或若该国对 WTO 成员甲国给予药品专利保护，而不给同为成员的乙国以专利保护，即违反最惠国待遇的义务。因此，对这两项义务不予任何成员以过渡期，实际上是迫使各成员，尤其是发展中国家，将现有的知识产权保护体系平等适用其国内国民以及其他成员的国民。

原则二：不退步原则。各成员应确保在该过渡期内对其法律、法规与实践所作的任何改变，不会降低与TRIPs协议规范的符合程度。依此规定，各成员政府至少必须确保维持过渡期开始前其管辖范围内已经达到的知识产权保护现状。换言之，若某成员取消原有的保护期限或降低保护期限，均违反这一规定。

这两项原则实际上也是各成员在各自享有的过渡期中必须履行的义务。因此，若认为成员于过渡期内可免除义务或完全弹性承担义务，实为错误的观点。然而，值得一提的是，依据TRIPs协议第65条与第66条的规定，不退步原则不适用于最不发达国家。

在这些过渡期间安排的规定中，TRIPs协议第65条第4款规定较为复杂。根据该条规定，"特定"发展中国家对"特定"产品专利领域再延长5年适用TRIPs协议关于专利的规定。

上述规定的适用还必须参照相关条文，特别是TRIPs协议第70条第8款、第9款的规定。

TRIPs协议第70条第8款（a）规定：WTO协定生效时，成员尚未依第27条给予药品及农药专利保护者，该成员应自世界贸易组织协定生效之日起，规定出使上述发明的专利申请案可以提交的措施。适用于药品上，即指1995年1月1日尚未赋予医药专利的国家，有义务自该日起接受医药专利发明的申请案。发展中国家最迟应在2005年，以TRIPs协议所规定的可专利的标准，就这些案件进行审查，且该标准如同在申请日或优先权日既已存在；最不发达国家最迟则应于2006年予以审查。在过渡期内，发展中国家与最不发达国家必须建立足够的基础设施，以接受及审查医药发明的专利申请案件。

"专属行销权"见于TRIPs协议第70条第9款的规定：

"WTO协定生效后某项专利申请已于一成员核准并取得上市许可,则依前款规定,其先前向另一成员提出的专利申请案,应自此成员核发上市许可后5年或至该成员核准或驳回其专利之日止,而以日期较短者为准享有专属权,即该成员应授予该产品以独占市场的权利。"专属行销权的授予必须符合四项要件:(1)专利申请案必须在1995年1月1日后已向某一成员(甲国)提出申请;(2)在WTO协定生效后,同一申请案并向另一成员(乙国)提出,且已实际取得专利;(3)该专利发明在另一成员(乙国)已取得上市;(4)该申请案也取得某一成员(甲国)的上市许可。然而,TRIPs协议并没有明确规定"专属行销权"的范围及效果,因此,如何执行该项权利仍需要发展中国家的裁量。[1] 可见,这是一种特例,在该条款所指特殊的场合,应当保护在外国取得了专利,而在本国还未获得专利的发明,这种实践否定了专利权具有地域性的理论。

---

[1] WHO, "Globalization and Access to Drug," January 1999, www.who – Dap – 98 – 9rev.pd(visited on April 23, 2004).

第三章 TRIPs 协议与公共健康议题

第一节 《多哈宣言》概述

一、产生背景

在 2001 年 11 月 9 日至 14 日卡塔尔首都多哈举行的 WTO 部长级会议上,公共健康议题扮演了相当重要的角色。WTO 成员国除了部长宣言第 17 项强调以保护公共健康的方式解释并执行 TRIPs 协议外,[1] 针对 TRIPs 协议与公共健康的关系通过了关于 TRIPs 协议与公共健康的多哈部长级宣言即《多哈宣言》。

《多哈宣言》起源于 TRIPs 理事会中非洲团体(African Group)的请求,从 2001 年展开 TRIPs 协议与公共健康关系的一系列的研究与讨论。非洲团体的请求反映出世人对于 TRIPs 协议在药物取得的问题上的关注日益升温,受到许多发展中国家的支持。近年来,发生的公共健康危机的事件反映了药品专利的保护与公共健康基本目标间的冲突。如非洲南撒哈拉地区的艾滋病不断蔓延带来的危机,多家制药厂商起诉南非政府对一些药品实施

---

[1] 部长宣言第 17 项原文为:We stress the importance we attach to implementation of the Agreement on Trade-Related Aspects of Intellectual Property Rights (TRIPS Agreement) in a manner supportive of public health, by promoting both access to existing medicines and research and development into new medicines and, in this connection, are adopting a separate Declaration.

强制许可违反TRIPs协议，美国针对巴西强制许可行为提出抗议，等等。❶ 虽然TRIPs协议前言第7段强调通过多边程序解决与贸易有关的知识产权争端，从而缓解紧张的关系，❷ 然而在药品的知识产权保护对公共健康的影响尤其是在基本药物取得的议题上仍存有很大的争议。

发展中国家对于公共健康议题的主要规定是TRIPs协议不应当排除成员基于确保药物取得满足公共健康需要所采取的措施。现在已有广泛的学术论述、WHO与UNCTAD（United Nations Conference on Trade and Development）的研究报告、与非政府组织的调查结果显示TRIPs协议中确有提供成员的弹性空间，特别是在专利权的例外、平行进口、强制许可的相关规定方面。而发展中国家于多哈会议前力争达成公共健康宣言的理由，并不是TRIPs协议的规定欠缺明确性，而是着眼于发展中国家在采取TRIPs协议所允许的弹性条款时所遭遇的种种困难。

2001年6月TRIPs理事会首度在知识产权架构下讨论公共健康议题。会议期间，非洲团体与其他发展中国家❸就TRIPs协议与公共健康之关系提交了一份部长宣言草案。此草案不仅提出广泛的政治原则以确保TRIPs协议不限WTO成员制定该国公共

---

❶ 美国在批准TRIPs协议后，美国政府每年仍坚持依照特别301条款（Special 301 section of the US Trade Act）将许多国家列入黑名单或优先观察名单。而在许多案例中，美国挑战的是当地政府为应对公共健康所采取的措施，例如针对南非"药物及相关物资控制修正案"。

❷ TRIPs协议前言第7段为："Emphasizing the importance of reducing tensions by reaching strengthened commitments to resolve disputes on trade-related intellectual property issues through multilateral procedures."

❸ 包括孟加拉、巴比妥、玻利维亚、巴西、古巴、多米尼亚共和国、厄瓜多尔、海地、洪都拉斯、印度、印尼、牙买加、巴基斯坦、巴拉圭、菲律宾、秘鲁、斯里兰卡、泰国、委内瑞拉。

政策的合法权利，并针对 TRIPs 协议中强制许可、平行进口、平行出口产品到缺乏制造能力的国家、资料保护等规定，作出具有实效的解释说明。同时，对于 TRIPs 协议在药品取得，以及发展中国家与不发达国家人民普遍感染疾病的治疗与药品研发的影响，草案中也提出一评估方案。此外，美国、日本、瑞士、澳大利亚、加拿大等发达国家则从多方面强调知识产权保护对研究发展的重要性，主张知识产权对公共健康具有全球性的贡献。欧盟则针对缺乏制药能力国家提出解决方案。

多哈宣言最终在 WTO 第四次部长级会议中达成共识（adopted by consensus）通过，从用词的微妙与精准可以体会到各国在谈判中的妥协。❶ 发达国家从原先抗拒的态度，转变为承认公共健康的重要性。此般妥协，一般认为与美国、加拿大等西方国家所遭遇"9·11"恐怖袭击及炭疽热引起的恐慌有密切关系。一方面，为应对炭疽热病毒，加拿大率先针对德国拜尔公司所持有的专利药品 Ciprofloxacin，许可加拿大制药公司制造学名药。在美国布什政府威胁采用相同做法的情况下，拜尔公司同意将该药品巨幅降价出售给美国。另一方面，拉丁美洲及非洲国家也将此议题列为优先谈判事项，并宣称若无法满足其关切，将阻止新回合谈判的开展。诚然，《多哈宣言》使得 TRIPs 协议与药品取得问题的国际争端终于有了突破性的进展，❷ 宣示了以 WTO 规则为基础的国际贸易体系应与公共健康

---

❶ 发展中国家原先极力争取在宣言中写明："Nothing in the TRIPS Agreement shall prevent Members from taking measures to protect public health."但最终让步。（IP/C/W/312，WT/GC/W450，October 4，2001）

❷ Amoldo Lacayo, Seeking a Balance: International Pharmaceutical Patent Protection, Public Health Crisis, and the Emerging Threat of Bio-Terrorism, *University of Miami Inter-American Law Review* 295 – 320（*Summer/FallD 2002*），pp. 313 – 314.

相容的重要意义。这是发展中国家运用整体合作谈判策略取得的成果。❶

二、TRIPs 协议提供采取公共健康措施的基础

知识产权在经济发展中的作用，长期以来在发达国家与发展中国家间存在争议。从乌拉圭回合谈判开始，知识产权的议题始终是成员关注的焦点之一。TRIPs 协议之所以造成发达国家以及发展中国家间的争议与冲突，是因为其对于各类型国家均要求承担相同的义务，不论成员的经济发展状况如何，TRIPs 协议设有对于知识产权保障的最低标准，高于发展中国家的社会经济发展水平所能承受的标准。就医药领域而言，研发型制药公司多设立于发达国家；相对而言，发展中国家则是制药技术的输入者，同时也是最需要基本药物供应的场所。发达国家与发展中国家所持的立场截然不同：发达国家认为 TRIPs 协议中所提供的专利保护是促进研发的最为重要的因素，知名的制药公司多位于发达国家，发达国家自然希望对医药专利能提供高规格的保护标准，以保障这些公司的经济利益；然而，对存在公共健康问题的发展中国家而言，面对的却是国家发展与人民生存的难题。发展中国家希望在公共健康出现危机的时候，能够实施强制许可，使得更多的患者得到有效的治疗。

依照 TRIPs 协议第 27 条第 1 款的规定，使药品专利权人得以在市场上取得独占地位，在未经专利人同意授权的情况下，他人不得利用该项专利。TRIPs 协议第 33 条规定了 20 年专利保护期，使药品价格在长时间内可维持一定的高价；而学名药厂商在

---

❶ Jeffery J. Schott, Comment on the Doha Ministerial, 5 (1) *Journal of International Economic Law* (March 2002), p.194.

此期间不得仿制该专利药品,从而降低了发展中国家人民对于可负担医药的可取得性。

TRIPs协议赋予药品以专利保护为制药公司提供了合法的独占权利,同时也降低了发展中国家获取可负担医药的机会。据无国界医生组织调查,全球75%的人口生活在发展中国家,然而,其药品使用仅占全球药品销售量的8%,全球1/3的人口得不到基础药物的治疗。在非洲与亚洲最贫穷的国家,超过一半的人口无法得到基本药物治疗。其中关键因素之一在于无法承受专利药物的高额价格。

TRIPs协议虽然是以保护知识产权为其主要宗旨,但不是唯一价值目标。事实上,TRIPs协议已包括若干弹性规定,发展中国家以及不发达国家可加以利用,有助于增加可负担医药的可取得性。在公共健康方面,TRIPs协议对成员的公共健康政策赋予一定程度的尊重。例如,TRIPs协议第6条允许平行进口;第7条指出知识产权保护与权利行使,目的在于促进技术的革新、转让和传播,有利于社会及经济福利的方式促进技术知识的生产者与使用者互利,促进权利与义务的平衡;第8条规定成员可在制定知识产权法时将公共健康、营养及其他公共利益的关切予以纳入;第31条则准许成员政府实施强制许可,在未经药品专利权人的同意下,制造学名药应对公共健康问题。

在《多哈宣言》之前,TRIPs协议的弹性条款存在许多模糊性的规范,易使贫穷国家因采取弹性规定而受到发达国家的法律挑战。因此,许多发展中国家对采取积极立场以执行公共健康措施往往存有疑虑。

三、《多哈宣言》回应发展中国家之需求

WTO第四次部长会议所通过的《多哈宣言》,明确了TRIPs

协议与成员公共健康政策间的关系，并且认可成员基于 TRIPs 协议可以采用的弹性规范，从而缓解许多发展中国家所面临的公共健康危机。

在回应发展中国家所关切的公共健康问题时，势必在发达国家与发展中国家的立场间寻求平衡。因此，《多哈宣言》在文字上刻意保留弹性与解释空间，以达成共识。除此以外，《多哈宣言》明确指出 TRIPs 协议与公共健康在药价与药品取得问题上可能产生的矛盾，并确认成员可采取必要措施以保护公共健康的权利。因此，需要建立成员因公共健康问题而可以采取不同程度的知识产权保护的法理基础。

《多哈宣言》的实质内涵包括 TRIPs 协议在公共健康领域的"目标"、若干重要规范的"解释"或"指示"、TRIPs 理事会采取迅速行动以及"决定"不发达国家过渡条款的执行。宣言中含有同意和重申这些类似协定的法律用语，而且是部长们经过协商共识的达成，故此应解释为成员依据《建立世界贸易组织协定》第 9 条第 1 项所谓的"决议"，而对成员具有法律拘束力。

依据《多哈宣言》第 6 段与第 7 段的授权，可知《多哈宣言》并非解决公共健康问题的最后结论，而是从公共健康角度重新思考 TRIPs 协议的新议题。《多哈宣言》第 6 段所解决的问题产生于医药专利对各类型成员的统一适用，而不考虑其经济发展状况与制药能力。

由于美国的强硬立场，TRIPs 理事会经过多次讨论与磋商，仍未能于 2002 年年底的期限内提出迅速、有效的解决方案。美国反对 TRIPs 理事会主席的提案，认为强制许可的范围应限制于与艾滋病、疟疾、结核病等相类似的流行病。WTO 秘书长素帕猜（Supachai Panitchpakdi）对于这一结果深感失望，并期许

TRIPs 理事会仍能于 2003 年上半年尽快找到妥协方案。[1] 2003 年 1 月在东京召开的 WTO 小型部长会议以及 2 月在日内瓦召开的 TRIPs 理事会均未对公共健康谈判作出任何实质性推动，仅就日后的谈判进程提出以下看法：

（1）加强发展中国家内部的沟通。公共健康议题是发展中国家经过长久努力才纳入多哈宣言谈判中的，其与发展中国家的利益息息相关。在谈判中发展中国家集团之间的实质性沟通并不充分，应努力求得彼此信任，明确共同目标与努力的方向。如此，在公共健康的议题上才可能与发达国家分庭抗礼。

（2）加强发展中国家与发达国家的沟通。公共健康乃人类共同面临的问题，只要公共健康的问题未从根本上解决，对 TRIPs 协议与公共健康间的争论便不会停止。知识产权制度如何实现保护专利权与救助公共健康危机之间的平衡，将长久存在。因此，代表不同利益集团的发展中国家与发达国家必须协调彼此立场，在发展经济与维护公共健康间建立起有效平衡的利益协调机制。

（3）增加 TRIPs 协议相关规范修改过程的透明性与民主性。谈判过程中如何使各方利益得到均衡的反映，而非仅向政治经济实力倾斜，需要更加公开的程序透明度与民主性；如何使各方更公平地参与谈判也是 WTO 要面对的一个重要问题。

四、解决药品取得问题需要多方位的思考

对于发展中国家以及最不发达国家，取得可承受费用的医药

---

[1] WTO News, Press Release, Supachai disappointed over governments' failure to agree on health and development issues, at http://www.wto.org/english/news_e/pres02_e/pr329_e.htm (visited on May 23, 2004).

是解决公共健康问题的关键。在取得治疗艾滋病的药物方面，虽然 TRIPs 协议规定有若干弹性措施，然而，这些国家的贫穷状况仍然难以承受。经济状况不佳不仅降低发展中国家取得医药的可能性，而且使其在 TRIPs 协议所设的专利规范下，因条文规定不够明确，而不敢贸然采取应对公共健康问题的弹性措施，担心遭到发达国家提起控诉，而将面对贸易制裁的后果。而且争端解决程序所需耗费的人力与物力，并非贫穷国家所能负担。以下就 TRIPs 协议下各层面的法律规定加以讨论。

（一）强制许可与平行进口回应公共健康问题的局限

在 TRIPs 协议的医药专利保护架构下，强制许可与平行进口是贫穷国家面对公共健康问题时可以实施的解决方案。

一般而言，平行进口可以削减专利权人在市场上的垄断地位，使发展中国家能以较低的价格取得药品。平行进口的适用源自于 WTO 对于知识产权中的"权利耗尽原则"的认可。多哈宣言已明确表示，TRIPs 协议有关知识产权"权利耗尽"条款的效力，是留给每一成员自由建立权利耗尽原则。发展中国家可以通过平行进口获得药品。然而，平行进口在发展中国家解决公共健康问题上也有其限制。因平行进口的药品基本上为专利药，需要分担药品研发的成本，故价格必然比学名药昂贵。因此，虽该专利药品定价比平行进口国便宜，但因降幅有限，患者仍未必有能力负担。

对发展中国家而言，为实现获得医药的目标，确保其国内市场的医药供应，可以实施强制许可。根据市场的具体情况，防止专利权人专断地减少供给或过度地提高价格，强制许可是增加药品供应最为可行、最有效率的方法之一。《多哈宣言》对此也有所回应。《多哈宣言》第 5 段 b 项规定，各成员国有权批准强制许可，并且可以自由决定批准强制许可的理由。该项规定增进成员对该制度的认识，尤其使发展中国家对于相关制度的利用更为明确。此外，多哈宣言肯定WTO成员认定强制许可事由的自由，对发展中国家解决公共健康问题有极大的帮助。然而，对于许多发展中国家制药能力不足或缺乏的问题仍需要成员达成共识。在有效处理医药取得的问题上，TRIPs协议第31条（f）项条要求"未经专利权人许可的使用，任何这类使用的授权，均应主要为供应授权的成员域内市场的需要"，该要件成为缺乏制药能力国家获得药品的主要障碍。TRIPs理事会于2002年年底所提的"义务豁免"方案，由于美国反对而未达成决议。

（二）建立专利制度为长远之计

建立、健全医疗保障制度的主要环节之一便是药品获得。由于制药公司的研发，大多数减短寿命或降低生活品质的传统健康问题已不再威胁人类。而专利制度对于医药的发展相当重要。在建立现代专利体系之前，许多人将发明保密或由父传子，甚而有时失传。社会大众由于未知其技术秘密，无法进步、继续创新或发展。时至今日，发明人经由专利制度将其发明公之于众而获得一定的保护期；在保护期满后，其发明即属大众所有。专利制度一方面保证了发明人在一段时间内的独占权，防止他人仿制；另一方面促进了社会进步。

目前，制药产业主要依赖私人投资来推动新药的研发，私人投资利益的保障通过专利制度加以实现。发展中国家主张大量的专利药品并非全由大型的制药公司所研发，国家研究机构与大学也是药品研发基地。然而，即使是公共投资的研究项目，也需要独占性的专利保护，以获取利益，从而支持药品的进一步开发、研究。

专利制度是促使制药产业和科研单位愿意花费时间、金钱、资源从事新药品研发并承受投资风险的重要机制。对于制药产业而言，此项机制尤为重要。在制药产业，医药专利必须在研发的初始阶段进行可专利性检测。若无专利保护制度，新药品易于被竞争者加以仿制，而所有研发投资将难以收回。因此，专利制度提供了发展制药产业所需的激励和保障机制。如果没有专利保护机制，将使制药产业丧失开发新药品的意愿和动力；而专利权人若不能在一段时间内获得独占的商业利益，便不会进行长期、高额的投资，以取得技术上的进步，从而无法使新药通过研发以及临床试验投入公众使用。

TRIPs协议提供知识产权的基本保障，对于鼓励创新与保障发明人权利而言至关重要。因此，若已经实施的专利制度受到不当的减损与弱化，长期而言，必定造成不良的影响。以医药专利为例，目前TRIPs协议与《多哈宣言》对于贫穷国家的公共健康问题均已提供若干弹性空间，使此类国家和地区可以根据具体情况加以运用。发展中国家的健康权自然相当重要，但倘若发展中国家不顾TRIPs协议的相关规定，忽视对于医药专利的保障，将可能导致制药公司降低开发新药的意愿，反而使发展中国家面临的公共健康问题日益严重。

此外，发展中国家与最不发达国家无力负担专利药价，其原因除药价高昂外，基本问题在于这些国家的贫穷状况。因此，除设法在既有专利保护制度下寻求弹性空间外，应从根本上改善这些国家资金不足的问题。欲有效提高医药的可取得性，需要通过国际与国内对于购买基本药物的资金援助，建立健全有效的医药保障体系。这也属于技术援助的一部分。巴西与泰国都通过国内资源的重新分配增进药品的可取得性，即将公共健康列为国家预算的主要项目。但对于许多贫穷国家而言，受限于其经济发展状况，根本无法提供满足公共健康需要的预算。因此，要增强药品的可及性，仍有赖于国外的援助。

事实上，援助贫穷国家对抗艾滋病等严重流行病的机制已经形成。例如，2002年1月成立了"全球对抗艾滋病、结核病、疟疾基金"（The Global Fund to Flight AIDS, Tuberculosis & Malaria，以下简称全球基金）。全球基金的设立是基于联合国相关机构、民间社会、非政府组织与私营企业等众多利益相关团体的积极协调。全球基金对有关国家防治艾滋病毒与艾滋病的努力提供数额较大的额外资源，这是贫穷国家解决公共健康资金不足问题的重要来源。2002年4月，全球基金会董事会核准在两年内向30多个国家提供总额为6.16亿美元的捐款，用于帮助治疗以上三种疾病。

（三）帮助建立健全医疗服务体系

在短时间内采取强制许可与平行进口的措施仍存在困难：一是《多哈宣言》虽重申发达国家有义务鼓励其企业和公共机构向最不发达成员国家转让技术，包括与公共健康相关的技术转让。然而发达国家仅仅有"鼓励"的义务，并无保证执行技术转让的义务。其企业或机构是否愿意对不发达国家提供医药技术转让，仍取决于该企业或机构本身的利益考量。二是《多哈宣言》并未解决 TRIPs 协议第67条的规定，即为促进本协议的实施，发达国家（成员）应基于请求及双方同意的条件，提供有利发展中国家及最不发达国家成员技术和金融合作。合作包括协助制定保护知识产权、知识产权执法以及防止知识产权滥用的国内立法，还包括建立健全与此有关的国内官方及代理机构，以及对人员的培训。由此可知，是否对发展中国家和最不发达国家提供技术转让和帮助，仍视发达国家的态度而定。

第二节 《多哈宣言》内容分析

《多哈宣言》全文共计 7 段：第 1 段至第 4 段属前言性质的条款。在国际条约中，前言在条约解释时用以确认目的和宗旨。❶ 第 5 段确认 TRIPs 协议若干规则的解释。第 6 段属行动条款，要求 TRIPs 理事会针对缺乏制药能力国家采取相关行动。第 7 段是规定有关发展中国家与最不发达国家对药品保护的过渡期的延长。

一、适用范围

《多哈宣言》第 1 段规定：承认公共健康问题严重影响许多发展中国家和最不发达国家，特别是影响那些遭受艾滋病、结核病、疟疾及其他传染病威胁的国家。❷

此段说明宣言所要解决的是公共健康问题，国际社会已经意识到该问题的严重性（gravity）。虽然在协商之初，发达国家试图将《多哈宣言》限于艾滋病危机，但是《多哈宣言》第 1 段就反映出发展中国家关注 TRIPs 协议对公共健康问题的影响，并不局限于若干特定疾病。宣言列举出三种传染病，并不说明其仅适用于这些传染病，而是包括所有要解决的公共健康问题，包含同时影响发达国家和发展中国家人民的疾病。此外，药物取得议

---

❶ 1969 年维也纳公约（The Vienna convention on the Law of Treaties）第 31 条第 1 项规定：条约应以其用语按其上下文并参照条约的目的及宗旨所具有的通常意义，善意解释它。第 2 项规定：就解释条约而言，上下文包括前言及附件在内的条文。

❷ 第 1 段原文为：We recognize the gravity of the public health problems afflicting many developing and least-developed countries, especially those resulting from HIV/AIDS, tuberculosis, malaria and other epidemics.

题虽然是促使产生《多哈宣言》的主要原因,但宣言并不仅针对药物,而是涵盖所有与公共健康有关的产品、方法或技术。因此,《多哈宣言》全面适用于医药产品、手术和诊断方式❶以及医疗器械。

二、TRIPs 协议与知识产权的关系

《多哈宣言》第 2 段规定:强调 WTO 协议下的 TRIPs 协议是国家和国际解决这些问题的广泛行动的一部分。❷

《多哈宣言》第 3 段规定:承认知识产权保护对于发展新药的重要性,同时也关注知识产权保护对价格的影响。❸

WTO 成员对 TRIPs 协议在公共健康议题中的观点,清楚地表达于《多哈宣言》第 2 段与第 3 段。TRIPs 协议对公共健康议题影响与 TRIPs 协议如何被解释与执行的关系,说明知识产权仅为影响公共健康的因素之一,并非唯一因素,尤其是在医药取得的问题上。❹

《多哈宣言》第 3 段特别着眼于药品部分,因此受到了医药产业的重视。同时承认专利保护所造成的困扰之一是其对价格的影响,顾及了发展中国家的关注。专利制度的设计使得专利权人

---

❶ 需要注意的是,WTO 成员可依 TRIPs 协议第 27 条第 3 款(a)诊治人类或动物的诊断方法、治疗方法及外科手术方法不可以获得专利。

❷ 第 2 段原文为:We stress the need for the WTO Agreement on Trade-Related Aspects of Intellectual Property Rights (TRIPS Agreement) to be part of the wider national and international action to address these problems.

❸ 第 3 段原文为:We recognize that intellectual property protection is important for the development of new medicines. We also recognize the concerns about its effects on prices.

❹ 若干由制药产业所为的研究分析显示,影响医药的可取得性的因素绝大部分与知识产权无关,而是由国内公共健康基础建设、医疗服务体系等非知识产权因素决定。

能以较高的价格在市场上销售药品。《多哈宣言》第3段明确表示昂贵的医药价格是发展中国家和最不发达国家面临的严重问题之一，有学者认为此共识的达成可视为发展中国家在多哈会议中的一项重大成就。❶ 其实，发展中国家作了适度的让步：一是发展中国家在所提交的草案中，对于专利保护是否的确对于鼓励药品研发有正面作用存有相当的关切，特别是治疗发展中国家人民普遍感染疾病的药品而言，本段却未有直接的回应。二是《多哈宣言》是以相对弱化的方式承认专利保护致使价格昂贵所造成的负面影响，因而减少了药物取得的机会，特别是对无法负担药价的贫穷百姓而言。第3段规定先认为专利保护对新型药品研发的重要性，后又认识到它对药品价格的影响作用，实际上是试图平衡药品专利权人与患者双方的利益。

三、为维护公共健康可采取的措施

《多哈宣言》第4段规定：我们同意，TRIPs协议不会也不应当阻止成员采取维护公共健康的措施。因此，重申承担TRIPs协议所规定义务的同时，确认该协议能够并应当以有助于成员维护公共健康权利特别是促进所有人获得药品的权利的方式进行解释和实施。❷ 这项规定是多哈宣言最具争议的条文之一。如前所述，发展中国家的谈判目标是将"TRIPs协议中的规定均不应被

---

❶ Carlos M. Correa, Implication of the Doha Declaration on the TRIPS Agreement and Public Health, WHO/EDM/PAR/2002. June 2002, p. 7.

❷ 第4段第1项原文为：We agree that the TRIPS Agreement does not and should not prevent members from taking measures to protect public health. Accordingly, while reiterating our commitment to the TRIPS Agreement, we affirm that the Agreement can and should be interpreted and implemented in a manner supportive of WTO members' right to protect public health and, in particular to promote access to medicines for all.

解释为阻止成员采取公共健康的必要措施"❶的文句纳入。这些国家基本上是在寻求获得执行相关措施的权利，例如强制许可及平行进口，以增进获取药品的机会。但此项提议遭到了一些发达国家与医药产业的反对。部分反对意见认为，TRIPs 协议第 8 条第 1 款中的附带条件规定：采取任何保护公共健康措施应当"符合 TRIPs 协议的规定"❷ 显示了 TRIPs 协议对公共健康的保护不及 GATT 第 20（b）条的规定。❸ 发达国家并不认同 TRIPs 协议是实现公共健康目标的障碍，不同意减少 TRIPs 协议下的任何义务。❹ 欧盟也表示：TRIPs 协议不应成为解决发展中国家公共健康危机的障碍，但也不应为该危机负全责。❺

四、TRIPs 协议的弹性空间

（一）利用弹性空间依据

《多哈宣言》第 4 段第 2 项指出："在此方面，我们再次重申 WTO 成员有权充分运用 TRIPs 协议为达此目的而给予灵活性

---

❶ Nothing in the TRIPS Agreement shall be interpreted as preventing Members from adopting measures necessary to protect public health.

❷ TRIPs 协议第 8 条第 1 款规定：成员在制定或修改国内法律或规则时，为保护公共健康及营养，应促进对社会经济及技术发展特别重要产业的公共利益，可采取符合本协议规定的必要措施。

❸ GATT 第 20（b）规定：本协定中任何规定不得解释为各缔约方不得采用或实施下列措施，但这些措施或实施方式上，不得对情况相同的国家构成武断或不合理的差别待遇，也不得构成对国际贸易的变相限制。

❹ 例如美国所提到的声明，参见 the statement by the US delegation at the special session of the Council for TRIPS of 21 June 2001，IP/CM/31。

❺ 原文为：the TRIPS Agreement can not be held responsible for the health crisis in developing countries, while it must not stand in the way for action to combat the crisis. IP/C/W/280.

的条款。"❶ 该项规定充分反映出发展中国家在多哈部长级会议间的重要关切之一。在 TRIPs 协议所规范的义务中寻求适当弹性空间,一直是许多学者研究的重点,也是发展中国家所持的主要立场。❷

"为达此目的"是指"为实现保护公共健康之目的"。宣言肯定了 TRIPs 协议在国内层面上留有弹性空间,具有深刻的政治和法律意义。在发展中国家及不发达国家的公共健康"问题的严重性"已被承认的前提下,如果 WTO 成员阻碍他国利用弹性规定将可能有违 TRIPs 协议之目的与精神。从法条适用的层面来看,对于弹性空间的肯定表示,使争端解决小组与上诉机构以后在解释 TRIPs 协议与国内相关规定时,必须考虑成员国的公共健康政策的需要。

(二) 对《多哈宣言》第 5 段的解释

《多哈宣言》第 5 段第 a 项规定,根据上述第 4 段,在遵守 TRIPs 协议规定的义务同时,承认上述灵活性措施包括:在适用国际公法解释的习惯规则时,TRIPs 协议的每一条均应依据该协议所表达的目标和意图予以理解,特别是根据协议的目标和原则进行理解。

WTO 法律体系已承认,TRIPs 协议的目的除在协议第 7 条、

---

❶ 《多哈宣言》第 4 段第 2 项原文为:In this connection, we reaffirm the right of WTO members to use, to the full, the previsions in the TRIPS Agreement, which provide flexibility for this purpose.

❷ 发达国家认为 TRIPs 协议已提供足够的弹性空间供发展中国家和最不发达国家运用。如欧洲执委会在 2001 年 6 月 TRIPs 理事会的临时会议中表示:依欧盟成员及成员国所见,TRIPs 协议第 7 条、第 8 条所揭示的目的及原则以及过渡期间的安排等其他规定,已经提供发展中国家和不发达国家充分广阔的裁量空间,来施行 TRIPs 协议的相关规范。而这些弹性空间足够使这些国家在满足公共健康的政策考量上建立起完善的知识产权的保障体系。

第 8 条中详尽阐述外，协议中其他条款也发挥相同作用。在"加拿大药品专利案"中 WTO 争端解决小组表明：TRIPs 协议第 7 条与第 8 条以及该协议中若干其他条款所载明的目的与限制，均揭示了 TRIPs 协议的目标与目的。由此可知，WTO 争端小组裁定，第 7 条与第 8 条虽揭示了 TRIPs 协议的目标与目的，却没有建立 TRIPs 协议宗旨的唯一条款。

同时，《多哈宣言》第 5 段第 a 项也陈述了已被争端解决小组在"加拿大药品专利案"明确的解释原则，即维也纳公约第 31 条的规定。而有学者认为，该宣言特别提到"宗旨"（objectives）及"原则"（principles）的规定。就解释的目的而言，《多哈宣言》第 5 段第 a 项在一定程度上提升了 TRIPs 协议第 7 条与第 8 条的法律地位，使之高于 TRIPs 协议的前言。[1]

因此，《多哈宣言》并不仅仅肯定了 TRIPs 协议第 7 条与第 8 条在解释 TRIPs 协议时的重要关联性，而是进一步对 TRIPs 协议的目的与公共健康议题的联系，建立成员之间的理解与共识。

（三）强制许可的规定

《多哈宣言》第 5 段第 b 项规定："各成员有权批准强制许可，并且可以自由决定批准强制许可的理由。"[2]

发展中国家通常认为强制许可是限制专利权人权利的重要手段之一，可以实现若干公共政策的目的，特别是实施强制许可能够低价取得药品供应。

《多哈宣言》第 5 段第 b 项解决了发展中国家取得医药的、

---

[1] Frederic Abbott, The Doha Declaration on the TRIPS Agreement and Public Health: Lighting a Dark Corner at the WTO, *Journal of International Economic Law*, 2002 (6), pp. 469–505.

[2] 第 5 段第 b 项原文为：Each member has the right to grant compulsory licenses and the freedom to determine the grounds upon which such licenses are granted.

最为关注的是 TRIPs 协议第 31 条的适用问题。第 31 条列举出许多强制许可的要件，并未限制给予授权的事由。即使第 31 条提及若干的可能事由，如国家紧急状况与限制竞争行为等，仍留有成员充分的自由来应对其他事由加以适用。

近年来，在专利权的国际争端上，关于实施强制许可的争议时有发生，例如美国与南非、美国与巴西的争端案件等。因此，《多哈宣言》第 5 段第 b 项虽未实质增加成员对于 TRIPs 协议的理解，但《多哈宣言》首次采用"强制许可"的表达方式，❶将增强成员对该制度的认识。《多哈宣言》虽然明确了实施强制许可的依据，但可以预见在未来相关的讨论与争议仍将持续，特别是实施强制许可是否将对知识产权造成"最小的干扰"（the least interference）。

（四）紧急危难的解释

《多哈宣言》第 5 段第 c 项规定："每个成员都有权决定构成国家紧急状况和其他紧急情况的条件，可以理解公共健康危机包括与艾滋病病毒/艾滋病、结核病、疟疾以及其他流行病有关的公共健康危机，构成上述国家紧急状况或其他紧急情况。"❷这项陈述，肯定了成员的自主权，使其在实施强制许可前无须与专利权人进行谈判协商。当发生相关知识产权的争端时，本项叙述为成员实施强制许可提供强有力的抗辩。TRIPs 协议并未定义

---

❶ TRIPs 协议标题为："未经权利持有人许可的其他使用"（other use without authorization of the right holder），并未明文适用"强制许可"（compulsory licensing）一词。

❷ 第 5 段第 c 项原文为：Each member has the right to determine what constitutes a national emergency or other circumstances of extreme urgency, it being understood that public health crises, including those relating to HIV/AIDS, tuberculosis, malaria and other epidemics, can represent a national emergency or other circumstances of extreme urgency.

何种情况构成国家危难,而《多哈宣言》确切指出艾滋病、结核病、疟疾及其他流行病都足以构成公共健康危机的国家紧急危难,是对TRIPs协议第31条的重要阐释。本规定的重要性体现在以下方面。

(1)《多哈宣言》阐明"公共健康危机"属于"国家紧急状况或极为紧迫的情形",因此可通过国内立法,将其作为实施强制许可的事由,依据TRIPs协议第31条第(b)项的规定,实施强制许可前,并没有义务与权利人进行协商。

(2)《多哈宣言》提及"艾滋病、结核病、疟疾等其他流行病",其中列举的流行病指出所谓"紧急状况"并非只包含短期问题,也可能包括类似该疾病的长期问题。该项认定可视为发展中国家在《多哈宣言》取得的成功。因此,只要相关情况持续存在,发展中国家即可采用并维持该特定措施以处理紧急状况。

(3)如果有成员质疑某一特定情况不符合"紧急状况"的要件时,依照规定,控诉国负有证明紧急或急迫情况不存在的举证责任。此规定与GATT/WTO建构的法律体系中所要求的必要性条件存有重大差异。

(五)权利耗尽原则的适用

《多哈宣言》第5段第d项规定:"在遵守TRIPs协议第3条和第4条最惠国待遇及国民待遇原则的前提下,有关知识产权的权利耗尽的规定应当使各成员能够自由地、不受干扰地建立权利耗尽体系。"❶

---

❶ 原文为:The effect of the provisions in the TRIPS Agreement that are relevant to the exhaustion of intellectual property rights is to leave each member free to establish its own regime for such exhaustion without challenge, subject to the MFN and national treatment provisions of Article 3 and 4.

平行进口在权利耗尽原则下的合法性问题，牵涉专利权体系与公共健康的敏感议题，也属发展中国家在多哈会议中的重要关注。此项议题同时也是前文所述"美国对南非案"中制药厂商用以控诉南非政府的主要争议点之一。

发展中国家希望在《多哈宣言》中阐明，成员可以依据TRIPs协议第6条适用"国际耗尽原则"。《多哈宣言》特别载明"TRIPs协议有关知识产权耗尽条款的效力，是留给成员自由建立耗尽原则，而不受挑战"。《多哈宣言》第5段第d项虽然未实质增加TRIPs协议第6条的规定，但其明显消除成员适用"国际耗尽原则"的疑虑，认定该行为合法且符合TRIPs协议。有学者特别强调，为利用TRIPs协议与《多哈宣言》所允许的弹性条款，成员需将强制许可等相关例外规定制定于国内法之中，这些弹性规定并不会自动生效。❶ 例如，成员若采用"国际耗尽原则"，则需立法明确规定允许平行进口才能适用该原则。❷

《多哈宣言》对于成员平行进口药品的权利给予认可，或许可以暂时平息美国等发达国家制药厂商对于该行为是否符合TRIPs协议的争执，然而，却不能止息对于强制许可的药品可否平行进口的进一步解释与讨论，其中争议部分主要为强制许可与权利耗尽的解释问题。欧盟及美国曾在《多哈宣言》草案中提议对国际耗尽原则的适用予以限制，即必须以获得专利权人同意为前提要件。然而，此限制最终并未体现在《多哈宣言》中。

表面上，《多哈宣言》似乎解决了强制许可下的权利耗尽问

---

❶ Carlos M. Correa, Implication of the Doha Declaration on the TRIPS Agreement and Public Health, WHO/EDM/PAR/2002. June 2002, p. 18.

❷ 在一些国家，"国际耗尽原则"可在原有的国内法律体系中阐释，但要作出明确的法律解释需要一段时间，由此产生的法律不确定性可能使成员国难以借此机制以低价取得专利药物。

题,但相关法律问题仍需要进一步深入探讨。通常情况下,由于政府授予第三人实施强制许可,使其取得制造、处分专利品的权利。授权的理由多由于政府认为符合公共利益,或者以强制许可纠正专利权人的不正当竞争行为。以药品为例,在强制许可的制度下,被授权的第三人将该药品在市场上流通,患者有权利使用该药品,正如该药品是由专利权人制造或销售一样。

WTO争端解决机构已明确表示,TRIPs协议为其解释法规的主要依据:遵照TRIPs协议的宗旨与目的,探求条文的原始含义。在条文含义不清楚时,争端解决机构才能用解释的方法制定补充性规则。权利耗尽若能被合理解释为在强制许可下第一次销售时就已发生,则争端解决机构将判定WTO成员并不因实施强制许可下的平行进口,而受WTO争端解决机制的约束。

从实务的层面来看,强制许可是否产生权利国际耗尽的问题,对发展中国家极为重要。对于提供专利药品的发展中国家而言,取得专利药品的途径相当受限。虽然平行进口确有助于降低药物取得的成本,但是相对于专利药品与非专利药品的药价差距,平行进口专利药品的成本降幅并不大。强制许可下所制造的药品当属非专利药品,因此,若强制许可下的药品准予平行进口,则在主要市场(如巴西或印度)的个别被授权人即可输出相当数量的低价医药(虽非主要部分),则进口的发展中国家除须承认权利国际耗尽及平行进口的原则外,无须采取其他特别的行动即可获取较当地专利价格低廉的药品。假设一个或两个成员愿意给予强制许可,则全球取得低价药品的问题可能得到一定程度的解决。

五、欠缺制药能力国家的问题

《多哈宣言》第6段规定:"我们承认,在医药产业的制造能力不足或欠缺的 WTO 成员,可能会遇到无法有效利用 TRIPs 协议规定的强制许可的困难。责成 TRIPs 理事会对此提出解决问题的方案,并在 2002 年年底前向 WTO 总理事会报告。"❶

在有效处理药品取得的问题上,TRIPs 协议第 31 条(f)项的确形成了主要的障碍。依据该条规定,除纠正反竞争行为之外,适用强制许可的必要要件之一,是该强制许可"主要"是供应许可国国内市场的需要。❷ 该条款将限制在强制许可下输出药品的可能性。对于拥有广大市场的成员国,如印度、英国、美国等,较容易给予强制许可供给专利药品,以满足公共健康的需要。然而,对制药能力不足或欠缺的国家而言,例如饱受艾滋病肆虐的非洲国家,要求其利用强制许可、自行生产药品是极为困难的。

---

❶ 第 6 段原文为:"We recognize that WTO member with insufficient or no manufacturing capacities in the pharmaceutical sector could face difficulties in making effective use of compulsory licensing under the TRIPS Agreement. We instruct the Council for TRIPS to find an expeditious solution to this problem and to report to the General Council before the end of 2002."

❷ TRIPs 协议第 31 条原文为:Where the law of a Member slows for other use of the subject matter of a patent without the authorization of the right holder, including use by the government of third parties authorized by the government, the following provisions shall be respected:……

(f) and such use shall be authorized predominantly for the supply of the domestic market of the Member authorizing such as.

……

(k) Members are not obliged to apply the conditions set forth in subparagraphs (b) and (f) where such use is permitted to remedy a practice determined after judicial or administrative process to be anti-competitive. The need to correct anti-competitive practices may be taken into account in determining the amount of remuneration in such cases. Competent authority to refuse termination of authorization if and when the conditions which led to such authorization are likely to recur.

要完整探讨《多哈宣言》第 6 段所显现的问题，我们必须从第 1 段至第 4 段的内容加以理解。如前所述，从《多哈宣言》本身以"艾滋病、结核病、疟疾等流行病"为例说明，但是，宣言目的实质上是对整体的公共健康问题提供解决之道。同时，在第 6 段中也没有明文限制其适用范围。就《多哈宣言》所采用的文字加以分析，第 6 段提及医药产业的"制造"（Manufacturing）能力所要解决的问题是大批量生产药品，是具有技术上、经济上可实行的制造，无法被该国实施时所产生的问题。药品包含"有效成分"的制造，以及"医药成品"❶的制造。第 6 段并没有区分这两类制造行为，因此，任何一种制造能力的不足或缺乏都属于第 6 段所规范的对象。《多哈宣言》其中一项目的是"促进全体人民取得医药"（第 4 段）。但是，若无法建立起相当的经济规模以生产低价药品或医疗用品，该宣言的目的将无法顺利实现。因此，若仅单独考虑制造能力，而不考虑该生产技术上、经济上的可行性，那么《多哈宣言》第 4 段所欲寻求的解决之道，可能将成为幻想。

此外，所谓"制造能力"是指一般的制药能力，还是制造特定药品的能力？一个国家可能拥有制造有效成分或医药成品的能力，但缺乏足够的设备、科技来制造特定药品。例如，某些国家可能具备制造较为简单药品的能力，但无法制造治疗艾滋病的抗逆转过录性病毒药，因为制造该药品需要极高的品质管理标准，来避免药品产生毒性或抗药性的风险。合理的解释应认为，该段文字包括一般与特定的制造能力，否则，这些国家将难以解

---

❶ 有效成分（active ingredient）是指具备疗效的化合物；医药成品（pharmaceutical formulations）将有效成分根据需要添加辅料，以将药品用于患者。

决国内的公共健康问题。❶

综上所述,第6段中最基本的问题在于,许多发展中国家制药能力不足或缺乏。制药能力高低的分布情形不均衡,能维持相当程度研发能力的国家屈指可数。在这样的情况下,一旦发展中国家于2005年后开始执行TRIPs协议,许多国家可能面临无法取得可负担价格的药品的困境。以印度为例,截至2005年1月1日尚未提供药品的专利保护,并以专利医药的部分价格生产学名药。一旦遵守TRIPs协议,制定药品专利保护的法规后,专利权人可能阻止对有需要的国家输出医药,加上TRIPs协议第31条(f)项无法容许"专为"或"主要"为输出医药而给予强制许可,则欠缺医药制造能力国家将丧失取得可负担医药的供给来源,而必须完全依赖昂贵的专利医药。此外,《多哈宣言》第6段仅处理"强制许可"问题,但是强制许可是以专利权存在为先决条件,故对极度贫穷、饱受痛苦且未提供医药专利保护的国家而言,其反而可能被排除于适用对象外。这并非是当初起草《多哈宣言》的各国谈判者的真意。❷

六、技术转让与过渡安排

(一) 对不发达国家的技术转让

《多哈宣言》第7段规定:"重申依照TRIPs协议第66条第2款的承诺,发达国家成员有义务鼓励其企业和公共机构,促进

---

❶ Carlos M. Correa, Implication of the Doha Declaration on the TRIPS Agreement and Public Health, WHO/EDM/PAR/2002. June 2002, pp. 20 – 21.

❷ Amir Attatan, Doha Declaration on the TRIPS Agreement and Public Health, Access to Pharmaceuticals, and Options under WTO law, Fordham Intellectual Property, Media & Entertainment Law Journal (Spring 2002), p. 863.

其向最不发达国家成员转让技术。"❶

多哈会议前,虽然一些发达国家在知识产权相关的议题上提供了不同形式的技术协助,但多数发展中国家认为发达国家并未按照 TRIPs 协议第 66 条第 2 款的承诺采取有效的、实质性的行动。❷《多哈宣言》重申发达国家有义务鼓励其国内企业或机构提供技术转移,应包括与健康有关的技术转让。发达国家认为仅有鼓励技术转让的义务,其企业或机构是否愿意对发展中国家提供医药技术转让,仍取决于该企业本身利益的考虑。在这种情况下,发达国家并没有保证技术转让的义务。

(二) 最不发达国家过渡期间的延展

《多哈宣言》第 7 段规定:"同意在 2016 年 1 月 1 日以前,最不发达国家在医药方面,没有义务实施或适用 TRIPs 协议第二部分第 5 节和第 7 节的规定,同时不排除最不发达国家成员寻求延长 TRIPs 协议第 66 条第 1 款规定的过渡期。责成 TRIPs 理事

---

❶ 第 7 段第 1 句原文为:We reaffirm the commitment of developed-country members to provide incentives to their enterprises and institutions to promote and encourage technology transfer to least-developed country members pursuant to Article 66.2.

❷ TRIPs 协议第 66 条第 2 款规定:发达国家成员应提供国内企业及机构诱因,促进并鼓励将技术转移至发展中国家,使之能建立稳定可行的科技基础。多哈会议中《与执行有关议题及关注》(Decision on Implementation-Related Issues and Concerns) 第 11.2 段也再次肯定,TRIPs 理事会应采取措施,以确保这一问题的监督与执行。为达到此目的,发达国家成员在 2002 年年底前,应就其提供企业技术转移诱因的运作提出详细的报告。这些书面报告应由 TRIPs 理事会予以审查,成员每年应更新资讯。

会采取必要措施，使之与 TRIPs 协议第 66 条第 1 款的内容相一致。"❶

《多哈宣言》第 7 段允许最不发达国家在 TRIPs 协议第 66 条第 1 款❷的规定下，另行延长过渡期间。此项规定实际是为最不发达国家在药品专利保护上提供延长过渡期间的法理基础。《多哈宣言》明确规定最不发达国家依据 TRIPs 协议第 66 条第 1 款寻求过渡期间延长的权利，并不损害最不发达国家在 2016 年后进一步延长过渡期间的权利。

《多哈宣言》第 7 段规定过渡期间的延长适用于药品专利，却没有提及医药方法专利。依据 TRIPs 协议第 28 条第 1 款（b）项的规定，方法专利的保护包含了对直接自该方法所制成的产品的保护。因此，本段过渡期间的延长应适用于医药方法专利。

《多哈宣言》针对发展中国家与最不发达国家的特别规定，究竟是否符合 TRIPs 协议下的相关规范？TRIPs 协议第 27 条第 1 款规定："因为受本条第 2 项及第 3 项规定拘束的前提下，凡属各类技术领域内的物品或方法发明，具备新颖性、进步性及实用性的，应给予专利保护。依据第 65 条第 4 款、第 70 条第 8 款的规定，应予专利的保护，且权利范围不得因发明地、技术领域、

---

❶ 第 7 段第 2、3 句原文为：We also agree that the least-developed country members will not be obliged, with respect to pharmaceutical products, to implement or apply Section 5 and 7 of Part Ⅱ of the Trips Agreement or to enforce rights provided for under these Section until 1 January 2016, without prejudice to the right of least-developed country members to seek other extensions of the transition periods as provide for in Article 66.1 of the TRIPS Agreement.

❷ TRIPs 协议第 66 条第 1 款规定：鉴于最不发达国家成员的特殊需求，及其经济、财政、行政的限制，与建立可行的科技基础所需的弹性，此等成员，除第 3 条至第 5 条规定外，自本协定第 65 条第 1 项规定之日起 10 年内，不得被要求实施本协定。与贸易有关的知识产权理事会可基于最不发达国家成员的请求延长该期限。

或产品是否为进口或在本地制造,而有差异。"该非歧视条款,时常被援用避免专利法下对于不同产品的差异对待。而依此规定,表面上看来,《多哈宣言》中的若干措施似乎有违非歧视条款。然而在加拿大药品专利案中,争端解决小组判定:TRIPs协议第27条所禁止的歧视待遇主要针对发明地、技术范畴,以及当地生产的产品与进口产品的差别待遇。TRIPs协议第27条并不禁止成员采取善意的例外,以解决特定产品领域内所发生的问题。❶

《多哈宣言》将焦点集中于公共健康议题,尤其在医药品方面,认为该议题需要在执行TRIPs协议时予以特别关注。此举明显承认了与公共健康有关的专利保护问题,确有与其他专利区别对待的必要。

综上所述,《多哈宣言》是发展中国家与发达国家对于解释TRIPs协议立场的妥协。《多哈宣言》第3段中提及,"承认知识产权保护对新药研发的重要性,也认识到它对药品价格的影响作用"。而第4段更加强化了此妥协立场,"TRIPs协议能够并应当以支持WTO成员保护公共健康之权利的方式予以解释及执行,特别是促进全体人民取得医药"。说明WTO成员有权保障公共健康,提供了TRIPs协议未明文规定的解释。因此,此权利虽然TRIPs协议条文无明确说明,但因为当前国际社会对于艾滋病等流行病的强烈广泛关注,而有其可行性。

《多哈宣言》第5段明显考虑平衡的问题,因此根据第4段

---

❶ 原文为:Article 27 prohibits only discrimination as the place of invention, the field of technology, and whether products are imported or produced locally. Article 27 does not prohibit bona fide exception to deal with problems that may exist only in certain product areas.

所说,在遵守 TRIPs 协议规定的同时,我们应认识到这些灵活性包括:TRIPs 协议的每一条款应依据该协议的目标和目的予以解释,特别是其所规定的宗旨与原则;每一成员有实施强制许可的权利,以及认定给予该授权事由的自由;每一成员有权认定什么情况下构成国家紧急危难或其他紧急情况;在不违反最惠国待遇及国民待遇条款之下,TRIPs 协议有关知识产权耗尽原则的效力,留给每一成员自由规定;最不发达国家过渡时期的延展,等等。《多哈宣言》内容既保障专利权人的利益,也顾及贫穷国家对于药品取得的关注。

第三节 《多哈宣言》的法律地位

《多哈宣言》承认在公共健康议题上,TRIPs 协议应提供适度的弹性空间。然而,由部长会议通过的宣言法律效力究竟如何?是否对 WTO 成员具有拘束力?在 WTO 构架下如何进行法律定位?这些问题均值得深入思考,其涉及成员是否对该宣言的规定赋予法律效力,以及未来 WTO 争端解决小组及上诉机构在处理争端时是否援引多哈宣言等问题。关于多哈宣言的法律地位,有下列不同的见解。

一、《多哈宣言》为 TRIPs 协议的补充

《维也纳条约法公约》第 31.3(a)条规定:"当事国事后所订关于条约的解释或其规定应根据上下文一并考虑。"[1] 国际

---

[1] Vienna Convention on the Law of Treaties, May 23, 1969, Art. 31.3 (a): There shall be taken into account, together with the context: any subsequent agreement between the parties regarding the interpretation of the treaty or the application of its provision.

法委员会曾表示，在条约缔结后所作解释，是成员对该条约具有法律效力的解释，应与条约一同解读。❶ 根据条约本文、前后文、目标、目的与善意原则均无法对条约进行明确的解释时，上述《维也纳条约法公约》第 31.3（a）条规定有助于理解缔约国对于制定条约的原意，后续协定也能反映出缔约国的原意，并用以解释条约的用语。❷ 近年来，WTO 上诉机构已有案例将缔约国间对于 WTO 协定所订立的后续协定，视为与 WTO 协定具有相同的法律地位。❸

根据《建立世界贸易组织协定》第 3.2 条、第 4.1 条与第 9.1 条有关 WTO 职能、机构及决策模式的规定，❹ 没有明文规定

---

❶ Corfu Channel Case (Merit), 1949 ICJ 4, 25 (Apr. 9); *Certain Expenses of the United Nations* (Article 17, paragraph 2 of the Charter), 1962 ICJ 151, 157, 160 – 161, 172 – 175.

❷ Robert Howse, *Adjudicative Legitimacy and Treaty Interpretational Trade Law*: The Early Years of WTO Jurisprudence, in the EU, the WTO, and the NAFTA: *Towards a Common Law of International Trade* (JHH. Weiler ed. 2000) p. 59.

❸ WTO Appellate Body Report, Japan-Taxes on Alcoholic Beverages, WT/DS8/AS/R at p. 9 (Oct. 4, 1996).

❹ 第 3.2 条规定："WTO 应为成员处理与本协定各附件有关的多边贸易关系提供谈判场所。如果部长会议作出决定，WTO 还可为各成员的多边贸易关系的进一步谈判提供场所，并为执行谈判结果提供框架。"

第 4.1 条规定："部长会议应当包括所有成员的代表，至少每两年开一次会议。部长会议应履行 WTO 的职能，并为此而采取必要的措施。部长会议有权对多边贸易协定中的任何事项作出决定，如有成员要求，部长会议的决定应根据本协议及有关多边贸易协议中关于决策的具体规定作出。"

第 9.1 条规定："WTO 应当继续遵循 1947 年关贸总协定达成共识为决策的做法。除另有规定外，当任何决议无法达成共识时，应以投票进行表决。WTO 每一成员在部长会议及总理事会中均拥有一个表决权；欧洲共同体在行使表决时，所拥有的票数与其成员数相同。除本协议或相关多边贸易协定另有规定外，部长会议与总理事会的决议应采纳多数意见。"

可将宣言视为法律规范,但其仍可能成为一项决策。《多哈宣言》是经 WTO 全体成员在 TRIPs 理事会中协商谈判的成果,其后提交总理事会,再由总理事会呈报多哈部长会议通过。部长会议依《建立世界贸易组织协定》,有权决定多边贸易协定的任何事务。❶《多哈宣言》由 WTO 决议程序产生,并经多哈部长会议通过,因而可认定其符合 WTO 以共识达成决议的已有做法。❷ 而且《多哈宣言》自谈判至通过,WTO 相关机构依职权参与,该宣言是经过法律程序的谈判成果。❸

《维也纳条约法公约》第 31.3(b)条说明后续协议在条约解释上的地位,"以后在条约适用方面确定各当事国对条约解释的协定的任何惯例"。在《维也纳条约法公约》草案的最终英文版本内,"协定"(agreement)一词用以取代"谅解"(understanding),以符合法文、西班牙文、俄文等其他语言版本的用词。❹

《多哈宣言》建立了 WTO 成员对于解释 TRIPs 协议若干条款的共识与"协议",允许成员采用弹性规定,包含以 TRIPs 协议的宗旨与原则加以解释、强制许可、自行定义国家紧急危难、自行建立权利耗尽原则的法律架构等。这些法律措施均为 WTO 成员在《多哈宣言》下得以实施,而有助于建立可用以解释 TRIPs 协议的后续实践。

---

❶ 参见《建立世界贸易组织协定》第 4.1 条。
❷ 参见《建立世界贸易组织协定》第 9.1 条。
❸ James Gathii, The Legal Status of the Doha Declaration on TRIPS and Public Health under the Vienna Convention on the Law of the treaties, *Harvard Journal of Law & Technology* 291 (Spring 2002), 301.
❹ 倪贵荣:"WTO 智慧财产权保护与公共健康议题的发展趋势",载《经社法治论丛》第 31 期,2003 年 1 月,第 129~158 页。

此外，WTO 成员所通过或采用的其他决议或政策可以构成 TRIPs 协议的后续实践。❶ 例如，联合国成员大会所举行的 HIV/AIDS 特别会议，以及 TRIPs 理事会的公共健康相关特别会议，均表明了国际社会平衡专利保护与公共健康的努力。而"美国对南非案"中，美国最终放弃对南非进行贸易胁迫，而药厂也撤回对南非政府的控诉，也具有重大象征意义。WTO 秘书长麦克·穆尔（Mike Moor）对此案发表看法，认为此案表明 WTO 各项协定下（如 TRIPs 协议），包含必要的弹性措施，以回应发展中国家的公共健康需求，可以作为解决药品取得这一难题的法律基础。❷ 此外，国家对于此议题所制定的政策表明了其对于平衡专利权保障与公共健康的态度。例如，美国于 2000 年由克林顿总统签署的行政命令（Executive Order 13155），使美国贸易代表办公室（USTR）不再对南非进行贸易制裁。❸ 而 2001 年 12 月，美国参议院也通过《2001 艾滋病毒暨艾滋病防治、意识、教育、治疗法案》（Global Access Toward HIV/AIDS Prevention, Awareness, Education, and Treatment Act of 2001），授权对于《2000 全球艾滋暨结核救助法案》（Global AIDS and Tuberculosis Relief act of 2000）的 7.5 亿美元拨款，以及对于发展中国家 5000 万美

---

❶ James T. Gathii, *Good Governance as a Counter Insurgency Agenda to Oppositional and Transformation Social Projects in International Law*, Buff. Hum. Rts. L. Rev. 65 (1999), p.311.

❷ Mike Moore, More Welcomes News of settlement of South Africa Drug Lawsuit, Apr. 19, 2001, www.wto.org/english/news_s/spmm_e/spmm58_e.htm (visited on May 16, 2004).

❸ Executive Order 13155, 65 Fed. Rug. 30521, 30522 (May 10, 2000). 该行政命令也要求撒哈拉以南的非洲国家提供适当而有效的知识产权保护，以作为增进艾滋病药品取得途径的其他条件。

元的艾滋药物的采购与配给。❶

二、《多哈宣言》的法律拘束力

探讨《多哈宣言》是否具有法律拘束力时，应从其制订过程、宣言文字、主题、与成员国支持的程度加以考虑。❷ 国际组织的决议的法律效力，属于所谓的"软法"（soft law）；虽不是严格意义的法，却具有法律规范性效果。它的主要功能，即在于国际社会缺乏中央立法的情况下，这一规范性决议（normative resolution）可以促进国际法的发展。

在多哈部长会议通过《多哈宣言》的程序中，并无任何WTO成员弃权或反对，即发达国家也赞同发展中国家的立场。在20世纪六七十年代，对于发展中国家想通过联合国大会决议或宣言改革国际法规范，发达国家极力反对。发达国家与发展中国家在此议题上基本达成共识，是因为发达国家立场的变化。纵使有国家认为《多哈宣言》并无法律拘束力，但其仍构成具有劝告性质的"软法"，对于各国政府以及国际组织将产生政治上的压力。❸

软法的法律性质判定多由文件的形式而论，因此宣言基本上属于软法性质，除非内容属国际习惯法的成文法，否则通常不具

---

❶ Global Access Toward HIV/AIDS Prevention, Awareness, Education, and Treatment Act of 2001, HR2069, 107th Cong., §4 (a) ~ (c), 7.

❷ Ian Brownlie, *Principles of Public International Law*, 5th ed, Oxford University Press, 1998, p. 15.

❸ James T. Gathii, *Good Governance as a Counter Insurgency Agenda to Oppositional and Transformation Social Projects in International Law*, Buff. Hum. Rts. L. Rev., 1999 (65), pp. 117 – 120.

有法律的拘束力。❶ 在 WTO 的法律架构下，宣言不具有特定的法律地位。在多哈部长级会议所通过的重要文献中，一般认为"与执行有关的议题与决议"具有法律约束力是无可争议的，因该文件以"决议"为副标题，前言以"部长会议鉴于 WTO 第 4.1 条、第 4.5 条及第 9 条规定"的文句起首。相比之下，《多哈宣言》并无类似文句，也未显示部长会议的职权。这些有意的省略似乎显示《多哈宣言》非属部长会议的法律行为，且非依据 WTO 设立协定有关特定职权的决议。❷

虽然各界多认为该宣言为多哈部长会议所达成的重要法律决议之一，但拥有强大生物科技制药能力的国家当然希望弱化宣言的法律地位。美国认为《多哈宣言》仅为政治性宣示，不具有法律拘束力。❸ 按照此观点，该宣言使各国可以促进基本药品的取得；而且构成西方国家与发展中国家对于执行 TRIPs 协议的默契，同意展开新回合的 WTO 贸易谈判。因此，多哈部长会议后，各国相关法律仍可维持原状，并不因《多哈宣言》而减损任何国内法的效力。发展中国家仍担心美国双边贸易制裁的压力，以致无法充分运用《多哈宣言》的弹性规定，进行强制许可与平行进口等。美国"特别 301 条款"即为运用国家单方强权压迫发展中国家；然而 WTO 争端解决小组仍确认其效力，仅要求 USTR 向 WTO 报告其以关税报复来保护美国知识产权的相

---

❶ 某些国家宣言的部分内容，是将习惯法予以成文化，故具有法律上的拘束力。如《里约环境与发展宣言》第 2 项原则宣示，国家对其领域内的自然资源享有所谓主权权利（sovereign rights），系反映国际习惯法原则。

❷ Steve Charnovitz, The Legal Status of the Doha Declaration, *Journal of International Economic Law*, 2002 (5), pp. 207 – 211.

❸ Text：USTR Fact Sheet Summarizing Results from WTO Doha Meeting, Nov. 15, 2001, www.usembassy.it/file2001_ 11/alia/a1111516.htm. (visited on May15, 2004)

关措施。

《多哈宣言》是各国在多哈部长会议期间经过艰苦谈判的成果，表明了平衡知识产权保障与公共健康之目的；TRIPs 协议在公共健康领域的"目标"、若干重要规范的"解释"、"指示"，TRIPs 理事会采取迅速行动，以及"决定"最不发达国家过渡条款的执行。宣言中第 4 段、第 7 段也含有类似 TRIPs 协议的用语。由于此类用语与规定具有条约意义，且是由部长们的共识而达成，应解释为成员依据《建立世界贸易组织协定》第 9.1 条所做的"决议"，对成员具有法律拘束力。

《多哈宣言》通过后，从各成员对于 TRIPs 理事会提交的通告中，进一步得知成员对于该宣言的态度，了解成员对于宣言是否存在有法的确信（opinion juris）。美国虽将《多哈宣言》视为政治性宣言，然而在美国提交的通告中，也重申该宣言对于缓和及解决发展中国家与不发达国家公共健康危机的重要性，此态度本质上与宣言的目的与精神相符。❶ 欧盟及其成员国的态度与美国相同。❷ 以巴西为代表的 13 个发展中国家，为解决国内公共健康危机，自然认同《多哈宣言》的立场，希望 TRIPs 理事会尽快就相关为问题的解决研究对策，并再次强调 TRIPs 协议应以支持成员保障公共健康的权利，以促进所有人取得医药。❸ 许多

---

❶ Communication from the United States on Paragraph 6 of the Doha declaration on the TRIPS Agreement and Public Health, IP/C/W/352, 20 June 2002.

❷ Joint Communication from the African Group in the WTO, Proposal on Paragraph 6 of the Ministerial declaration on the TRIPS Agreement and Public Health, IP/C/W/351, 20 June 2002.

❸ Communication from Brazil, Bolivia, Cuba, China, Dominican Republic, Ecuador, India, Pakistan, Peru, Sri Lanka, Thailand, and Venezuela on Paragraph 6 of the Doha declaration on the TRIPS Agreement and Public Health, IP/C/W/355, 20 June 2002.

发展中国家及最不发达国家的非洲国家集团，也持相近态度。❶综上所述，WTO 各成员基本上对《多哈宣言》持肯定态度，并无否定宣言对于成员的内部法律效力。

实际上，《多哈宣言》的法律效力仍须等待未来 WTO 争端解决机构在相关案例中援引该宣言来作裁决，赋予其实质的法律效力。

第四节 《多哈宣言》的主要争议

一、廉价药品进口方问题

《多哈宣言》第 1 段提到"受公共健康问题困扰的许多发展中国家，特别是最不发达国家"。这表明宣言中所说的廉价药品进口方应是指上述国家。然而，在第 6 段中提到"认识到没有药品生产能力或药品生产能力不足的 WTO 成员方在充分利用强制许可机制的灵活性时存在的困难，敦促 TRIPs 理事会寻求一种迅速的解决这一问题的方法"。在这里，廉价药品进口方是指"没有药品生产能力或药品生产能力不足的所有 WTO 成员方"。哪些国家应该是廉价药品进口方，在谈判过程中是有争议的。

在日内瓦谈判过程中，所有 WTO 成员方对于最不发达国家自动具备廉价药品进口方的资格没有异议，并且一致认为最不发达国家成员方无需任何事前审查就可以运用强制许可机制解决其公共健康问题。争论的焦点是，除了最不发达国家以外的其他廉

---

❶ Joint Communication from the African Group in the WTO, Proposal on Paragraph 6 of the Ministerial declaration on the TRIPS Agreement and Public Health, IP/C/W/351, 20 June 2002.

价药品进口方问题。大多数 WTO 成员方基于《多哈宣言》第 6 段，认为任何成员方只要认为自己没有药品生产能力或药品生产能力不足（这里包括进口方境内对该进口药品不提供专利保护的情况），就可以从相应的强制许可机制中受益，但他们也同时表示尊重发达国家成员方对于此种权利的放弃，即发达国家成员方明确表示将不使用强制许可机制。而主要的药品生产国，基于《多哈宣言》第 1 段，认为只有最不发达国家和低收入国家（根据世界银行的分类予以确认）才能从相应的强制许可机制中受益，从而排除了高收入的发展中国家和经济合作与发展组织（OECD）❶ 国家，在特定的情况下也排除了进口方境内不提供相关药品专利保护的国家，适用强制许可机制。与此相关的是《多哈宣言》中所称的"生产能力不足或没有生产能力"认定问题，是由每个成员方自主评估、自主认定，还是由 TRIPs 理事会制定出相应的客观标准并附相应的审查和答辩机制，也是一个争议比较大的问题。

在 2002 年 12 月 16 日 TRIPs 理事会主席所提出的折中草案中，《多哈宣言第六段的执行决议》第 1 条 b 款把合格的进口方定义为最不发达国家成员方，以及任何通知 TRIPs 理事会有意运用强制许可机制的其他成员方，并且不需得到任何 WTO 机构的批准。合格的成员方只负有通知 TRIPs 理事会的义务，而无须获得相应的准许。同时，23 个发达国家成员方被列出放弃使用强制许可机制的权利，并且一些其他的 WTO 成员方也确认，只有在国家发生紧急状态或其他极端危急情势时才运用强制许可机制。另外，在《多哈宣言第六段的执行决议》的草案中特别说

---

❶ OECD（Organization for Economic Cooperation and Development）经济合作与发展组织，是西方国家政府最有代表性的国际协调机构。

明,进口方(不包括最不发达国家)应举证证明其在药品生产领域的生产能力不足或者没有相应的生产能力。在这种情况下,当有证据证明成员方国内已经有生产能力满足其需要时,这种强制许可机制应当终止。

而在2003年8月30日通过的《多哈宣言第六段的执行决议》中,第1条b款对合格的进口方定义为:任何最不发达国家成员,以及任何向TRIPs理事会发出通知有意成为此制度进口方的成员。成员方可在任何时候通知TRIPs协定理事会它将全部和部分地使用该制度,例如只在国家紧急状态、其他极端危急情势下或在公共非商业使用的情况下。一些WTO的成员方将放弃利用强制许可机制作为适格进口方的权利,其他的一些成员方确认只有在其国内发生紧急状态或其他极端危急情势才运用该机制。

二、《多哈宣言》所涉及的药品问题

在药品问题上,《多哈宣言》的规定是比较模糊的。《多哈宣言》第1段看起来是指那些"与公共健康问题相关的药品,特别是与艾滋病、肺结核、疟疾和其他传染病有关的药品"。然而,在第4段则是指"WTO成员方有权保护公共健康,特别是保证所有人能够获得药品",显然是说与公共健康有关的药品。在第6段则是说"在医药领域没有生产能力或者生产能力不足的WTO成员方有权获得相应的药品"。这显然是说,只要WTO成员方在医药领域没有药品生产能力或者生产能力不足,就可以获得与之相应的药品。

在日内瓦谈判中争论的主要问题是,强制许可所涉及的药品是否仅限于最终产品(比如说专利药品)还是及于其他的有效的药品成分,或者是中间产品以及药品的生产方法。发展中国家成员方设法尽量扩大药品的范围,使之不仅包括最终产品而且包括所有与公共健康有关的产品，以及有效的药品成分、诊断器材、相关的技术过程和设备。然而，大多数的药品生产方则认为药品仅限于专利药品和以专利方法生产的药品。但是，一些药品生产国则坚持认为强制许可机制下所涉及的药品应仅限于专利药品，并且进一步限定于与《多哈宣言》第1段明确提到的疾病相关的药品。

TRIPs理事会主席的折中草案中所指的"药品"被定义为任何专利药品，或者通过专利方法生产的药品，这些药品必须是与《多哈宣言》第1段中所规定的公共健康问题相关的。它进一步规定，认识到有效的药品成分对生产药品的必要性和诊断器材对于使用该药品的重要性，所以有效的药品生产成分和诊断器材也应当包括在内。因此，这一折中方案既考虑到了发展中国家的愿望，同时也照顾到了药品生产国的利益，从而把药品范围限定于与《多哈宣言》第1段所提到的疾病治疗相关的药品。

在《多哈宣言第六段的执行决议》中，药品则被定义为任何专利药品，或者通过专利生产方法生产的药品，但限于《多哈宣言》所规定的与处理公共健康问题相关的药品。同时，有效的药品成分和诊断器材也应当包括在内。

三、出口方问题

《多哈宣言》对出口药品没有具体的规定，但是有一些原则性的说法可以解释有关进口方和出口方的问题。《多哈宣言》第4段提到："TRIPs协议不能也不应该阻止成员方采取措施以维护公共健康"，"TRIPs协议以支持成员方维护公共健康的权利，特别是应当以保证所有人能够获得必需药品的方式进行解释和执行"。而且，在第5段规定："任何成员方有权授予强制许可"，"有权自主决定授予强制许可的原因"，并且"给予成员方权利以自主决定什么是构成一国国内发生紧急状态或其他极端危急情势的标准"。

在《多哈宣言》后的日内瓦谈判中，一些发达国家认为若发展中国家增进药品生产能力，将来有可能成为药品出口方，会出现与专利权人之间形成不正当竞争的风险，这是因为发展中国家可以通过强制许可大量生产药品用于出口而从中受益。另一种观点认为，所有的发展中国家成员，在获得全球基金资助以战胜传染病的情况下，都应具备出口药品的资格。大多数的成员方认为没有理由对出口方的范围进行限制，理由是特定的相关药品可能在任何发展中国家成员境内都无法获得，并且进口方在任何情况下都有权获得最合适的药品。

四、采取强制许可的保障措施

《多哈宣言》对于采取强制许可的保障措施没有明确的规定。发达国家认为对于强制许可机制下的药品范围及进口方范围越宽，则要求有更多保证措施以防止贸易转移和强制许可机制的滥用，进而在药品的可取得性和新药的研发之间寻求一种平衡。发展中国家担心实行保障措施可能会带来过高的行政负担和费用，因而坚持认为所有这些要求应与资源的可获得性和发展的需要相适应，所有这些保障措施不应该限制现有的灵活性机制，同时也不能用比TRIPs协议更苛刻的形式为这些机制的实行提出更加严格的条件。

在日内瓦谈判中，特定的保障措施问题，首先是对专利权人透明度问题。发达国家和发展中国家各持己见。发达国家坚持认为，允许权利人有机会以比较低的价格授予专利许可使用（正如在TRIPs协定第31条b款所规定的那样，但是在国家紧急状态和极端危机情势时除外），专利权人应获得足够补偿（TRIPs

协议第 31 条 h 款)。欧盟特别指出,当进口方和出口方有意要采取或者要求采取强制许可时,进口方和出口方都应立即通知权利持有人,并且权利持有人应该在收到通知后的一段时间内享有以比较低的价格提供相关药品的机会。在进口方国家紧急状态和极端危机情势下,进口方授权强制许可生产药品时没有义务等待专利权人提供该药品,但是应当保证权利人及时得到通知,使该进口方在很短的时间内提供专利许可的机会。

保障措施的另一个问题是有关 WTO 透明度的问题。大多数发达国家认为,进口方和出口方在强制许可机制下所采取的一切行动都要通知 TRIPS 理事会。这是整个机制的重要组成部分,特别是对于其他成员方对相关药品的可能进口再出口的监督方面很重要。美国、荷兰和日本提出建议,除了进口方应通知 TRIPS 理事会,还应有相应的机制允许相关的利益方作出反应,并且认为强制许可机制的使用本身应当保证更加公平的竞争和对强制许可机制更少的依赖。然而,非洲国家集团只能接受透明度的要求是一种可能性而非是一种义务,即要求通知的无论是 TRIPS 理事会还是权利人以及其他的成员方(直接通知或是通过 WTO 秘书处或是通过其他相关的国际组织通知)的规定,都只是一种可选择性的而不是一种强制性的。

一般而言,成员方在需要对贸易转移采取保障措施的意见是一致的,但是否应当授予专利权人相关的权利以保证获得足够的法律救济、是否应当采取严格的产品标签制度、是否所有的成员方都有义务采取必要的法律和行政措施以防止贸易转移,这些方面的争议是比较大的。发展中国家成员对是否存在贸易转移问题本身就持怀疑态度,从而力求把防止贸易转移的保障措施的负担推向专利权人一方,一般通过给予专利权人相应的权利,从而保证产品出现贸易转移的情形时可以获得法律救济,也可通过允许他们对目标市场中消费者的药品进行标签注明的方式进行。发展中国家成员方还建议，在授予强制许可（无论是为进口目的还是为出口目的）之前，生产者应作出有约束力的确认，是关于药品的价格、数量、质量和经销条件方面的确认，对是否存在贸易转移的检查提供帮助。然而，发达国家想要从所有WTO成员那里获得承诺以保证采取和支持防止贸易转移的措施，正如TRIPs协议第28条❶和第44条第1款❷所规定的。一些成员坚持认为，当产品不是经由专利权人的同意或者许可下生产和经销时，不应当允许平行进口。另一个争论焦点是TRIPs协议第31条的其他条件的执行问题。这些条件涉及进口方也涉及出口方，特别是还涉及相关补偿的问题。

总之，发达国家认为TRIPs协议第31条除了（f）项外，无论是对出口方还是对进口方，都应当得到完全的适用，并且在进口成员方境内对相关药品提供专利保护时，进口方也必须为其进口该药品授予强制许可。而发展中国家成员方则认为，并不是所有的条件都需要加以适用，并且基于第31条要求进口方也要授予强制许可将使行政管理上的负担过重，同时也会导致对权利人的双重补偿问题。

五、采取灵活性机制的法律形式

在日内瓦谈判中，关于采取灵活性机制的法律形式的争议比

---

❶ 专利应赋予其所有人下列专有权，如果该专利保护的是产品，则有权制止第三方未经许可的下列行为：制造、使用、销售或为上述目的而进口该产品；如果该专利保护的是方法，则有权制止第三方未经许可使用该方法的行为以及下列行为：使用、提供销售、销售或为上述目的进口至少是依照该方法而直接获得的产品。

❷ 司法当局应有权责令当事人停止侵权，尤其有权在海关放行之后，立即禁止含有侵犯知识产权的进口商品在该当局管辖范围内进入商业渠道。

较大。一些发达国家支持尽量减少利用灵活性机制，建议通过延期交付争端解决或者豁免的方式处理 TRIPs 协议下授予强制许可生产的药品，应主要用于国内市场和进行个案处理，可以对争议问题提供一个迅速、有效、透明、合法的解决办法。为了迎合发展中国家要求法律的确定性，一些发达国家进一步说明豁免可以在长期的基础上而非个案处理的基础上形成机制，但对于该机制进行年度审查是必要的，以定期评估相关的事项，比如透明度、防止贸易转移的力度以及 TRIPs 协议第 31 条规定的适用等。

然而，大多数发展中国家支持对 TRIPs 协议第 30 条进行权威的解释，以确认 WTO 成员方有权授予第三方强制许可生产、销售和出口与公共健康相关的药品。与此同时，确认成员方有权在未得到权利人同意的前提下，处理另一国发生的公共健康问题。在这一点上，非洲国家集团提出，出口可以作为一种对专利权保护的有限的例外，或者是作为一个成员方自主选择授予强制许可的理由。即把出口药品到别的成员方作为一种为保护他国公共健康而授予强制许可的理由。这样的措施与联合国和世界卫生组织有关处理国际健康危机的责任相一致。

欧盟寻求一种有法律保障的、长期的解决方式。欧盟开始时支持对 TRIPs 协议第 30 条进行解释，澄清解决方法；后来又建议对 TRIPs 协议第 31 条进行修改，增加一段清楚的规定对第 31 条 (f) 项下"国内市场限制的例外"，从而允许强制许可生产和出口处理他国公共健康所必需的药品。在修改期间及修改文本生效之前，尽管修改文本的生效可能需要很长时间，成员方应当同意一种临时性的安排，例如延期交付争端解决或者豁免的方式。

许多发展中国家成员方也能接受修改 TRIPs 协议第 31 条的方式，即去掉 TRIPs 协议第 31 条 (f) 项或者对其进行修改，并且修改文本应对所有的成员有约束力。延期交付争端和豁免的方式对于其中一些成员方来说是无法接受的,因为这些措施将导致没有法律可预见性的解决方式。

TRIPs 理事会主席草案中的规定结合了豁免和修改 TRIPs 协议第 31 条两种方法。它以《建立世界贸易组织协定》第 9 条规定的方式作出决议,同时也对 TRIPs 协议第 31 条(f)项(强制许可下的产品主要用于域内市场)和 TRIPs 协议第 31 条(h)项(应支付权利持有人使用费)提供豁免。WTO 理事会对于灵活性机制的法律形式问题没有作出实体性的规定,可以依据《建立世界贸易组织协定》第 11 条的规定,结合 TRIPs 协议第 31 条进行修改和相应豁免相结合的方式来处理相应的灵活机制问题。

日内瓦谈判中上述争议比较大的几个议题,经过 TRIPs 理事会主席的开创性工作,加上各成员方的努力,最终基本上取得了一致意见,分歧并不是很大。因此,主席草案在这几个问题上基本上统一了各成员方的意见,这可以从最终的 WTO 总理事会决议中得到验证。尽管有少许的变动,WTO 总理事会决议基本上是基于 TRIPs 理事会主席草案作出的。然而,主席草案没有通过的直接原因不是成员方对上述问题没有取得一致看法,而是下面将要提到疾病的范围争议比较大。

六、疾病范围问题

《多哈宣言》对疾病范围的规定比较模糊,因此争议比较大。《多哈宣言》第 1 段提到的疾病范围是艾滋病、结核病、疟疾和其他传染病,表明疾病范围是有限的。另外还有一种解释,更广义的界定疾病的范围是困扰许多发展中国家和最不发达国家的公共健康问题所涉及的疾病。

许多发达国家成员方指出,疾病的范围应当限定在宣言第 1 段中明确提及的疾病,并且要对哪个国家因哪种疾病而面临公共健康问题，以及其严重程度进行事实调查。然而，大部分WTO成员方则认为，强制许可机制所涉及的疾病范围不应限于《多哈宣言》第1段中所提到的疾病，而应当由每个成员方在遭受公共健康问题时自己决定，其理由是基于《多哈宣言》目的是要求在使用强制许可机制时有更大的自由选择权。最终大部分的成员方认识到公共健康问题的人道主义性质，承认对疾病范围进行清楚地界定是非常困难的，就放弃了对疾病范围进行明确界定的立场。然而，美国作为全球最大的药品专利保护地和全球药品的最大研发基地，要求有一个法律化的解决方法。其认为尽管《多哈宣言》第1段中的词义很模糊，但也不是包括所有疾病。美国力求与其他WTO成员方协调并统一立场，使得它们不接受上文提到的疾病范围，不作法律上的清晰界定。美国建议，强制许可机制下包含22种疾病，但是其他WTO成员方认为这样会对《多哈宣言》的进程产生不必要的影响。在谈判的最后时刻，为打破僵局，折中的方案把美国的要求与TRIPs理事会主席的观点结合起来。尽管这种做法看起来完美，但由于缺少美国所寻求的法律上的可预见性，美国坚持其原来的立场。在2002年12月20日至21日晚TRIPs理事会主席提出最终草案时，各方仍相持不下，TRIPs理事会只能宣布其无力解决这个问题，并且提交给了WTO总理事会。

从2002年12月20日以后的一段时间里，是单边行动加上某些想通过多边机制以打破僵局的努力并存的局面。在2002年年底，美国单边决定对相应的争端适用延期交付争端机构的解决办法，这种延期交付争端机构的解决的方式适用于某个出口方出口某种药品到某个受益的进口方（最不发达国家和没有药品生产能力或药品生产能力不足的国家，但不包括被世界银行列为高收入的发展中国家）。在特定情况下，即因受艾滋病、疟疾、肺结核和其他传染病而引起公共健康危机时,同时也包括在规模和严重性上与前者相当的,发生于未来的疾病引起的公共健康危机,强制许可机制的实施要附加相应的保障措施。2003年1月欧盟贸易代表拉米宣布,在多边解决处于悬而未决的时期内,欧盟将采取临时性措施,即采取延期交付争端解决的方式,同时要求采取的强制许可必须附有相应的保障机制。欧盟的延期交付争端解决顾及了主席草案并且对进口方(不包括23个发达成员方)、出口方和疾病的范围都不加以限制。紧随美欧之后,瑞士和加拿大也表示将适用相似的单边延期交付争端的方式。

为了使多边机制重返正轨,欧盟贸易代表在2003年1月提议,应当假设所有的WTO成员方都承认灵活机制下将自动包括美国所列出的22种疾病,从而力争使TRIPs理事会主席草案通过。对于其他公共健康问题,建议WTO成员方寻求从WHO那里获得相关的建议和帮助。与欧盟的提议大致相同但又在条件上略为苛刻的方案,是日本于2003年2月10日在WTO理事会上提出的,其认为除了22种疾病之外的其他传染病TRIPs理事会应当确认,在认为必要时可以包括在强制许可机制下疾病的范围之内。必要的时候TRIPs理事会应当寻求外部专家的帮助。

在2003年2月的WTO理事会上,仍然没有在发展中国家成员方与发达国家成员方之间的利益之间找到一个平衡点。最大的分歧来自于美国与广大的发展中国家之间。美国是全球贸易自由化的最大倡导者。如果美国一再坚持自己的立场,会对整个贸易自由化的进程产生影响;而美国此时退一步,就可达成一致意见。同时我们应当认识到,2002年12月16日的TRIPs理事会主席草案本身就是一个平衡性的方案:一方面发展中国家从所有的来源获得处理公共健康的药品创设了灵活性机制；另一方面也对这种灵活性机制附加保障机制以防止贸易转移的发生。发展中国家有更大的自由选择空间以处理公共健康问题，但这种自由选择空间是以完全透明和充分的保障措施为条件的。

第五节 《多哈宣言》存在的法律问题与意义

进入2003年，有关各方在TRIPs理事会的组织下为尽快解决问题而努力。在6月的会议上，该理事会主席表示将继续和各代表团保持密切联系，并督促各方加强相互间的沟通和谅解以解决2002年12月16日草案中遗留的问题。他强调该理事会希望在坎昆会议前，特别是在将于2003年7月24日举行的总理事会召开前达成决议，TRIPs理事会需要向WTO部长级会议提交解决公共健康问题的报告。❶

坎昆会议召开在即，面对国际舆论的强大压力，为在坎昆部长会议上能进行一揽子利益交换，美国打算在公共健康问题上作出让步。而且在2003年春夏之交全球流行的SARS，使得美国找到了从原有疾病范围立即退让的台阶，转而要求通过制定一个总理事会主席声明作为对《多哈宣言第六段的执行决议》草案涉及的防止权利滥用和避免损害专利保护规定的细化，并一同递交理事会通过。❷ TRIPs理事会2003年就《多哈宣言》第6段涉及

---

❶ WTO News, Supachai disappointed over governments' failure to agree on health and development issues, www.wto.org （visited on July 20, 2004）.

❷ 荣民："WTO'公共健康'最后法律文件简评"，载《世界贸易组织动态与研究》2004年第1期，第16~17页。

的知识产权保护和公共健康达成决议。从该决议的内容看，包括疾病范围而言，并没有从 2002 年年底的主席提案或《多哈宣言》后退，但与该决议同时发表的 WTO 主席声明格外强调"各成员承认本决定将建立的系统是为保护公共健康的目的，不得与《多哈宣言》第 6 段相冲突，不得作为追求工业或商业目的的政策工具"，提醒了发展中国家要关注美国等发达国家的新动向，不可低估形势的复杂和严峻。❶

一、《多哈宣言》存在的法律问题

目前，主要的致死性传染病是艾滋病、呼吸道传染病、疟疾和结核病。用于治疗包括艾滋病在内的传染病的有关药品的专利，掌握在少数发达国家跨国制药公司手中，严格的药品专利保护带来垄断，从而造成药价高昂。高昂的药价使发展中国家成员对艾滋病等重大传染病疫情进行预防和控制付出了沉重代价。

尽管 TRIPs 协议对协调公共健康安全与药品专利保护之间的冲突规定了相应条款，如第 27 条、第 30 条、第 31 条和第 65 条、第 66 条，然而在实践中发现这些条款均存在法律缺陷。

（一）关于 TRIPs 协议第 27 条

TRIPs 协议第 27 条一方面规定成员必须对"一切技术领域中的发明，无论产品发明或方法发明均应授予专利。不得因为发明地点不同、技术领域不同及产品是进口还是本地制造的不同而给予歧视"；同时又规定在特殊情况下，成员方可以排除某些发明获得专利的可能性。根据该条第 2 款的规定，"如果为保护公共秩序或公德，包括保护人类、动物或植物的生命与健康，或为

---

❶ 文希凯："药品专利与 TRIPs 协议——评 WTO 协议'TRIPs 协议和公共健康宣言'第 6 段的执行"，载《专利法研究》2003 年，第 35 页。

避免对环境的严重破坏所必需,各成员均可排除某些发明于可获专利之外,可制止在该成员地域内就该类发明进行商业性使用"。该款意味着在某种特定情况下,如果授予药品专利与公共健康相冲突,则 TRIPs 协议成员方可以拒绝授予该药品专利。然而,成员方必须证明其拒绝授予药品专利是维护公共健康的"必需"措施。对于何谓"必需"措施,WTO(GATT)一系列案件如泰国香烟进口限制案、美国与墨西哥金枪鱼案、美国与泰国印度等亚洲国家的虾及虾制品案、法国石棉进口限制案等要求成员方证明所有其他可能性措施均已穷尽而不能有效维护公共秩序时,实施的例外措施方可构成"必需措施"。❶ 具体到专利例外的问题,不授予药品专利必须被证明是最后的手段,所有其他可以维护公众健康权的有效手段都已用尽且不能达到目的。反之,如果存在其他措施可以保护健康权,TRIPs 协议要求成员方选择其他有利于维护药品专利权人的措施。

(二) 关于 TRIPs 协议第 30 条

TRIPs 协议第 30 条规定了对专利权的"有限限制",即成员方可对专利权人所享有的专利权包括生产、使用、许诺销售、销售、进口等专有权中某项或几项在特定的情况下实施限制。在加拿大药品专利保护案件中,WTO 专家小组在分析 TRIPs 协议第 30 条时认为该条例外包含以下三项条件:(1) 这种例外必须是"有限"的例外;(2) 这种限制不能不合理地与专利权的正常行使形成冲突;(3) 这种限制不会给专利持有人及第三方的合法

---

❶ Olivier Cattaneo, The Interpretation of the TRIPS Agreement: Considerations for the WTO Panels and Appellate Body, J. *World Intellectual Property*, 2000 (3), p. 627.

权益造成不合理的损害。❶ 有学者认为：未经专利权人同意为维护公众健康权而制造某种治疗艾滋病等传染病的专利药品，只要该药品不是以商业运作的方式进入流通，比如只是提供给低收入的流行病患者，可以视为符合TRIPs协议第30条的"有限"的例外。❷ 但是，美国贸易代表署（USTR）坚决反对将第30条的有限例外作为生产治疗传染病仿制药品的依据，认为这种例外显然不合理地与专利权的正常行使形成冲突。❸

（三）关于TRIPs协议第31条

TRIPs协议第31条规定在特定情况下，可以对专利实行强制许可。所谓强制许可，是指国家主管机关可以不经专利权人的同意，提供行政申请程序直接允许申请者实施专利，并向其颁发专利的强制许可。但是，TRIPs协议第31条对实施强制许可规定了极为繁琐的条件：（1）对强制许可的使用具体情况具体分析；（2）申请实施强制许可时必须证明已经努力向权利人要求依合理的商业条款及条件获得许可，但在合理期限内未获成功，但是国家处于紧急状态除外；（3）使用范围及期限均应局限于强制许可使用的目的之内；（4）强制许可的权利是非专有使用；（5）该权利不可转让；（6）任何强制许可所生产产品，均应主要供应本国国内市场；（7）在考虑有关授权使用的经济价值的

---

❶ Panel Report, Canada-patent protection of pharmaceutical products, WT/ps/114/R.

❷ Olivier Cattaneo, The Interpretation of the TRIPS Agreement: Considerations for the WTO Panel and Appllellate Body, J. *World Intellectual Property*, 2003 (3), pp. 655 – 656.

❸ Paragraph 6 of the Doha Declaration on TRIPS and Public Health, Office of the United State's Trade Representative, March 2002, http://www.ustr.gov/sectors/doha-trips-graph6.PDF. visited on April 28, 2004.

情况下，应向专利权持有人支付适当使用费；(8) 强制许可及其补偿费用应接受司法审查；(9) 强制许可还应考虑专利权人有无限制竞争行为。从以上规定的条件可以看出，与其说 TRIPs 协议第 31 条规定了专利权利限制即允许实施强制许可，还不如说是规定了对权利限制的限制。许多发展中国家在试图援引该条实施药品专利的强制许可时发现其极为不便。

首先，TRIPs 协议中规定的强制许可目的和条件不明。例如当成员方面临传染病威胁时是否构成国家紧急状态而不需事前同专利权人协商就直接实施强制许可，TRIPs 协议第 31 条并未明确规定。其次，TRIPs 协议第 31 条 (f) 项规定实施强制许可所生产的产品主要供应本国国内市场，即强制许可的产品不得用于出口，对于艾滋病药物的强制许可而言，这就意味着一国必须具备生产艾滋病药物的生产能力。这对于印度、泰国、中国等具备生产能力的发展中国家而言，当然可以实施强制许可；但是，对于不具备生产治疗艾滋病等传染病药物能力的一些非洲国家或贫穷国家而言，即使能够实施强制许可，也无任何现实意义。最后，TRIPs 协议第 31 条 (h) 项要求在考虑强制许可实施的经济价值因素情况下，必须向专利权人支付适当的使用费。何谓"适当"使用费？计算标准是什么？TRIPs 协议没有明确规定，可能会阻碍成员方利用强制许可以维护公众健康。

(四) 关于 TRIPs 协议第 65 条和第 66 条

TRIPs 协议第 65 条和第 66 条赋予发展中国家和最不发达国家 5~10 年的过渡期。据此，作为发展中国家的印度在过渡期内不必严格符合 TRIPs 协议规定的药品专利保护标准，印度因此成为生产仿制药物的天堂，而这些药品本身在西方国家依旧享有专利权保护。1997 年，美国向 WTO 争端解决机制提起诉讼，指控印度没有履行其过渡期内的义务。该义务规定在 TRIPs 协议的第

70条第8款、第9款,其主要内容是成员方在过渡期内应给予药品专利申请者5年的独占销售权。WTO专家小组和上诉机构裁决印度败诉。[1]

二、《多哈宣言》的意义

(一)对TRIPs协议的发展

由于TRIPs协议没有很好地平衡药品专利权与公共健康权的冲突,发展中国家成员方对WTO的合法性提出了强烈的质疑。为了增强WTO的合法性,WTO第四次部长会议于2001年11月通过的《多哈宣言》对TRIPs协议进行了修订:

(1)明确了公共健康权利优先。

(2)明确了TRIPs协议中可用于维护公共健康、限制专利权人的权利的具体条款(第5条)。

(3)将最不发达国家在医药产品方面履行TRIPs协议义务的过渡期延长至2016年。TRIPs协议第31条(f)项的核心问题是实施强制许可而生产的药品不能出口,这就意味着许多缺乏药品生产能力的发展中国家实际上不能获得廉价的仿制药品。

2003年8月30日世界贸易组织TRIPs理事会通过《总理事会决议》,对于缺乏药品生产能力或药品生产能力不足的贫穷国家,可以进口其他成员方通过强制许可而生产的廉价仿制药品。这一规定实际上豁免了出口方实施强制许可只能主要满足国内市场需要的义务,从而有利于贫穷国家在必要时更容易进口用于治疗艾滋病等重大传染病的廉价仿制药品。

---

[1] Appellate Body Report, India-Patent Protection for Pharmaceutical and Agriculture Chemical Products, WT/DS50/AB/R (Dec.19, 1997).

（二）发展中成员方在 WTO 体制中的一次重大胜利和突破

《多哈宣言》第一次明确了公共健康权优先于知识产权，《总理事会决议》则更多地从法律操作层面上界定了最不发达国家和发展中国家进口仿制药品的权利。正如 WTO 秘书长素帕猜指出的，这是一项历史性的决议，它将使贫穷国家在 WTO 知识产权规则范围内，充分发挥弹性，处理肆虐本国的重大流行疾病。

（三）多种因素促成的结果

首先，包括生命权在内的公共健康权优先于知识产权得到了广泛的共识，因为近年来即使在美国、加拿大等发达国家，同样面临炭疽热、SARS、禽流感等严重公共健康问题。其次，WTO 决策机制对发展中国家较为有利。根据《建立世界贸易组织协定》第 9.1 条的规定，WTO 决定遵循协商一致原则；协商不能取得一致时，可投票表决，在 148 个 WTO 成员方中，发展中国家成员占 110 余个，发达国家成员难以掌握主动权。因此，1995 年 WTO 成立以来，从未启动投票表决程序。[1] 而协商一致，就不能不考虑发展中国家的根本利益。最后，在发展中国家实施强制许可，发达国家制药厂商的利益不会遭到实质性损害。据国际制药协会总干事估计，因仿制药品而遭受的损失约为 30 亿美元。[2] 这是因为发展中国家药品销售利润收入只占跨国制药全球利润的 10%，艾滋病最为严重的非洲仅占 1.6%；而且在美国，药品的

---

[1] Hoekman, B. M, *The Political Economy of the World Trade System*, second edition, New York, Oxford. 2001, p.143.

[2] Donald G. McNeil, Jr., *Selling Cheap Generic Drugs, India's Copycats Irk Industry*, N.Y. TIMES, Dec.1, 2000, at A1.

开发与研究费用通常由政府提供补贴。❶ 可见，在这些国家实施强制许可不足以影响跨国制药公司获利而损害其科研与开发的能力。因此，《总理事会决议》对 TRIPs 协议第 31 条（f）项义务谋求有限度的例外就有可能转为现实性的利益基础。

（四）《多哈宣言第六段的执行决议》是临时性的妥协安排

《多哈宣言第六段的执行决议》采用的是义务豁免模式而不是采用 TRIPs 协议修改模式或解释模式，显然其法律稳定性较低。《总理事会决议》还明确规定其法律效力至未来 TRIPs 协议修改时止。这就意味着在 WTO 新一轮贸易谈判中，以美国为代表的发达国家将以《多哈宣言第六段的执行决议》作为利益交换条件以换取发展中国家在其他领域如投资、服务贸易领域的让步。发展中国家应该注意的是，作为发达地区的欧盟，在对 TRIPs 协议修改立场方面与发展中国家比较相似，在未来的谈判中，欧盟是一个应争取的合作对象。

（五）对中国的现实意义

我国应充分利用 TRIPs 协议、《多哈宣言》和《多哈宣言第六段的执行决议》中赋予 WTO 成员方防止知识产权的滥用、维护公共健康权利等条款，进一步完善我国的知识产权法律体系，以维护社会公共利益。

TRIPs 协议允许成员方为防止权利人滥用知识产权而产生的垄断行为采取措施。目前 WTO 成员方尚未就反垄断问题达成协议，许多发达的市场经济国家利用反垄断法来制约滥用知识产权

---

❶ "Consumer Project on Tech., Background Information on Fourteen FDA Approved HIV/AIDS Drugs（demonstrating the significant role for public funding in the development of AIDS drugs）", http：//www.cptech.org/ip/health/aids/druginfo.html. visited on March 16, 2004.

的非法垄断行为，如美国的《知识产权许可的反垄断指南》、欧盟的《技术转让规章》、日本的《专利和技术秘密许可中的反垄断指南》。中国于 2007 年也制定了《反垄断法》。面对跨国公司利用知识产权垄断市场，我国已经有了符合市场经济规则的措施来保护消费者和国内企业的利益。此外，《多哈宣言》第 5 段还明确赋予了各成员方关于专利药品的平行进口的权利，只要其不违背国民待遇和最惠国待遇。对于是否允许专利的平行进口，我国理论界、司法实践部门倾向于禁止平行进口，其实这种倾向对于我们这样一个主要在技术上处于仿制阶段的发展中国家而言是不利的。即使在欧盟、欧洲法院的判决中也明确允许在其欧盟市场的平行进口的权利。我们在相应的专利法中应明确规定平行进口为专利权中进口权的一个例外。

第四章 专利制度与药品的可及性

第一节 专利制度与制药产业

一、对专利制度的不同看法

在一个国家刚开始发展经济和对科技有需求时,专利保护可能以保护主义的形式出现或是根本不存在。以美国为例,1790~1836 年间,由于科技呈现净输入的状态,美国对于国内的专利保护采取相当严格的审查标准,即使到了 1836 年,外国人需要支付 10 倍于本国人的专利维持费用。这个情况一直延续到 1861 年才有所改善。[1] 国际间关于知识产权的协议直到 1883 年的《巴黎公约》,以及 1886 年的《伯尔尼公约》才有比较完整的架构,但这些协定都预留了专利和公共利益冲突的处理弹性规定,如《巴黎公约》允许成员自行排除专利保护范围以及自行决定专利保护的期限,并可取消专利或使用强制许可以避免专利权滥用。

有许多国家根据自身的需求,在不同的时期通过排除专利保护的方法达到扶植国内产业的目的,这些产业包括食物、化学及制药等;而这些国家许多是现在的发达国家,以及本世纪的新兴

---

[1] Commission on Intellectual Rights: Integrating Intellectual Property Rights and Development Policy Report of the Commission on Intellectual Property Rights. London, 2002, pp. 18-24.

国家。

近代东亚新兴国家消极对待专利保护促进了经济的发展。1960~1980年韩国经济快速增长,与他们成功采取进口替代和产业转型,利用排除专利的方式密切相关。韩国在1961年实施专利法,但对食品、化学和制药产业进行专利排除,同时只给了12年的专利保护期,一直到80年代中期,在美国301条款的压力下,才对专利法案进行修改。印度在1970年通过专利法案对制药产业采取几乎不给予专利保护的措施,使印度制药工业有着相当蓬勃的发展,成为廉价学名药和化学原料的制造者和输出者。❶

二、专利制度对医药产业的重要性

专利权的保护是医药产业从创新发明中获取利润的最重要的因素。❷ Richard Levin 与 Wes Cohen 教授所带领的两个研究小组曾广泛地以美国不同领域的产业为目标群,针对各公司的研发部主任,调查影响研发获利最关键的因素。两份研究报告均指出,在医药产业中专利是影响研发最重要的因素。❸ 这些研究结果与

---

❶ Kumar N. *Intellectual Property Rights, Technology and Economic Development: Experiences of Asia Countries*. London: CIPR, 2002, pp. 27–35.

❷ Henry Grabowski, "Patents, Innovation and Access to New Pharmaceutical," 5 (4) *Journal of International Economic Law* 849–860 (December 2002), pp. 849–850.

❸ Richard D. Levin et al., "Appropriate the Returns from Industrial Research and Development," Brookings Papers on Economic Activity (1997), pp. 783–820; Wes Cohen et al., "Appropriate Conditions and Why Firms Patent and Why They Do Not in the American Manufacturing Sector," Working Paper (Pittsburgh: Carnegie-Mellon University, 1997).

英国学者 Taylor 与 Silberston 较早之前的研究彼此相呼应。❶ Taylor 与 Silberston 两位学者根据针对英国产业的研发部门所做的调查，指出若在不需取得专利的情况下，药品研发的成本预估将大幅度降低 64% 之多。但对于其他产业，研发成本仅相对降低 8%。相似的研究结果也出现在 Edwin Mansfield 针对全美 100 家公司的研究部门的调查报告中。❷ 医药产业的发展对专利权依赖之深，与医药研发过程的特殊性密不可分。新药从研发到上市是一项极为复杂的长期过程，可分为以下三个主要阶段：发现与筛选临床前试验、临床试验、登记生产及上市。

由发现新化合物到申请，一般需要花费 10～15 年时间做广泛的研究与试验，然后才能实际上市。研发所耗费的成本十分高昂，以美国为例，制药公司从新药的发现、发展，并取得医药管理机构许可生产上市，❸ 可能需要花费 5 亿美元的巨额资金。❹

药品的研发需要漫长的过程与巨额的投入，在此过程中，专利权对于药品研发的重要性可以归纳为以下三点：

第一，由于医药专利涉及化学分子的结构，药品专利较容易

---

❶ C. T. Taylor and Z. A. Silberston, *The Economic Impact of the Patent System*, UK: Cambridge University Press, 1973. 在以后的研究中，Silberston 将产业研发对专利的需求程度区分为三个等级：最重要（essential），非常重要（very important），较不重要（less important），而在最重要的等级中仅有医药产业。Z. A. Silberston, The Economic Importance of Patents, London: The Common Law Institute of Intellectual Property, 1987.

❷ Edwin Mansfield 进行问卷调查，了解在 1982～1983 年间，若缺少专利权保护，将有多少比例的创新产品无法被顺利发展。调查结果显示，在制药产业约占 60%，但在其他产业平均只占 14%。Edwin Mansfield, *Patent and Innovation: An Empirical Study*, 32 Management Therapeutics (1995), p. 175.

❸ 医药除了专利的限制外，还需要先获得国家相关医药管理机构的许可才能生产上市。一般认为，上市许可的准备及审查至少需要 4 年的时间。

❹ 国际制药联盟（International Federation of Pharmaceutical Manufactures）1998 年的研究报告认为，制造一种新药平均所需成本为 5 亿美元。

证明专利侵害的事实，因此能获得较为有效的专利保护。

第二，医药研发成本相当高昂，专利所提供的法律保护使该医药较易获取足够的商业利益。

第三，在缺乏专利保护的情况下，仿制厂商为节省研发成本，生产学名药上市销售，牟取高额利润。学名药的成本相对于研发新药所投入的成本而言，极为低廉。

2001年Scherer的一份研究报告指出，因专利保护导致获利机会增加将使制药公司投入更多的成本从事研发。❶然而必须注意的是，虽然专利制度为鼓励研发的重要因素之一，但仅依赖专利制度也无法完全提供新药研发的动机。在TRIPs协议实施后，对许多发展中国家特有的热带疾病，仍无法有效提高制药厂商研发新药的积极性。近年来，针对发展中国家健康需求为导向的医药投资已经近乎停滞。在1975~1997年间核准的新药约有1 223种，其中仅有1%（13种新药）是针对治疗热带疾病所研发，此为发展中国家所面临的难题之一。❷

鼓励新药品开发通常需要其他两种机制，一为推力（Push Mechanism），是指国家给予财务资助，促使制药公司从事新药品研发；二为拉力（Pull Mechanism），在于确保新药品研发之后，市场上将有足以分担制药成本的强大需求。

对药厂而言，需要专利保护的理由变得很简单，制药公司投

---

❶ WHO and WTO Secretariats, WTO Agreements and Public Health, 2002, pp. 92-93.
http://www.wto.org/english/res_e/booksp_e/who_wto_e.pdf, visited on April 24, 2004.

❷ Patrice Trouiller and Piero Olliaro, Drug Development Output from 1975 to 1997: "What Proportion for Tropical Disease, *International Journal of Infect Disease*, 1999 (3), p.61.

入巨额资本和大量时间进行新产品的研发,不希望专利产品被轻易仿冒,因此制药公司极力主张加强专利保护。专利保护是一种排他而不是独占的权利,其他药厂仍然可以生产专利药品,与专利权人在同一领域竞争,药厂认为通过市场竞争,产生的是一种双赢的局面,通过专利权人对发明的公开,形成社会鼓励科技进步的动力。

1984年美国通过的Hatch-Waxman法案使研发性药厂面临竞争的压力,法案通过后,学名药厂占有整个处方药市场的比例不断增加,同时学名药进入市场的时间也大幅缩短。对研发性制药公司而言,影响新药研发的因素还包括他们认为国际间对于专利制度的保护相当不足,尤其是强制许可、平行进口等状况的存在产生的负面影响。因此,药厂认为专利保护不是阻止药品进入发展中国家的原因,其他因素对药品的可取得性有更大的影响。

三、专利保护对药品价格的实质影响

(一)专利保护对药品价格及研发的实质影响

专利的主要功能是给予发明者一段时间的排他性权利,提供研究发展创新成果的动机,林肯曾指出:"专利制度燃起了创新的火花。"在面对药品可近性议题时,需要回答下列问题:一般而言,知识产权的保护是否使产业增加在研发上的资源?在制药产业中,专利保护是否鼓励了新药的研发?事实上,这个问题作为制定政策的参考时有相当的重要性,因为在私权保护领域,创新和发明的动力是否存在,有时会受到专利以外的因素更大的影响,例如商业竞争就是一个提供创新发明存在很好的理由,1950年美国参议员Estes Kefauver对处方药进行调查,发现许多国家利用强制许可的方式或根本不给予药品专利保护,并不影响产业继续研发新药。Mansfield针对企业所做的

研究显示❶，其他的产业对于能否从市场回收研发成本考虑，往往是专利以外的因素，例如创新产品对消费者的吸引力。对制药及化学产业而言，专利是研发最重要的诱因。

对制药产业而言，专利保护特别重要的原因有以下三个：第一，专利对新药的保护，相对于保护其他产品、产业而言，有更有效的保护能力，因为药品专利的申请可以相当明确，在受到侵权举证时较为容易；第二，由于研发成本高昂，专利法明确保护可以确保企业获利；第三，在缺乏保护的状态下，药品被仿制的成本相当低廉，可以轻易被仿造。进一步研究可以发现，制药产业认为专利保护相当重要的原因是药品研发的时间相当长，进入市场能确保领先的时间越来越短，这是企业能否获利的主要因素。

（二）专利保护对药品研发费用的影响分析

根据国际制药商联盟（以下简称 IFPMA）1998 年的报告，新药研发的平均成本是 5 亿美元。研发经费还在不断增加，特别是在临床试验的部分。制药产业常常谈到这是由于研发新药高风险的存在，研发的失败是这个行业的常态，因此需要对药品专利实施有效的保护，专利药品在一段时期内独占市场以收回高额的研发成本。

（三）专利保护是否会增加药价

专利保护是否会增加药价？药品价格增加与研发经费增加之间是否有关联性？专利保护确实是影响研发的重点，但药厂是否会因为专利的存在而维持高价，关系还无法确定。通过比较专利药和学名药的价格、相同药品在不同国家的价格、生产药品的原

---

❶ Mansfield E. Patents and Innovation. *Management Science*, 1986 (32), pp. 173 – 181.

材料在公开竞争市场的价格、跨国公司内部转移的价格得知,专利形成的市场独占是否确实对价格造成影响,可从以下资料得到证明:

(1) 专利药的价格通常比相似的学名药的价格高得多。Kavaljit 比较治疗艾滋病药物的价格发现,跨国制药公司所销售的药品价格比学名药高得多。例如美国 GSK (Glaxo Smith Kline) 制药厂推广的 3TC (Lamivudine) 药的价格是 3 271 美元(每个患者每年药费),而印度制药公司 Cipla 和 Hetero Drugs 提供的学名药分别为 190 美元和 98 美元。美国必治妥(Bristol-Myers Squibb)销售 Zerit (Stavudine) 的价格是 3 589 美元(每个患者每年的药费),Cipla 和 Hetero Drugs 提供的学名药分别为 340 美元和 202 美元。❶ 比照 Cipla 提供每位患者以上三种抗艾滋病药综合每年 350~600 美元的治疗费和专利药年均 10 000~15 000 美元的治疗费可以进一步支持专利药的价格通常比相似的学名药的价格高得多的论点。2001 年 8 月,Cipla 推出了以上三种艾滋病药的三合一配方 Triomune,据说患者每个月只需花费 38 美元;在相邻的印度与巴基斯坦之间,含有相同成分的药品因为专利保护与否的差异,价差可以达到 8 倍。❷

(2) 引入学名药的竞争,专利药的价格会下降。

来自学名药厂的竞争会导致专利药品价格降低和较为接近。例如,学名药厂在泰国销售 Fluconazole 的价格是 0.29 美元,在印度是 0.64 美元。这和相同的专利药在肯尼亚 10.50 美元、危

---

❶ Singh K. War Profiteering Anthrax, Drug Transnational and TRIPS. 2001/11/5. http://csf.colorado.edu/forums/ipe/2001/pdf00002.pdf. visited on Dec.16, 2004.

❷ Arackaparambil R. India's Anti-AIDS Drugs Look for More Takers. Reuters, 2001 March 18.

地马拉 27 美元、南非 8.25 美元的价格形成强烈对比。❶

巴西的情况提供了另一个极佳的说明,当巴西政府开始引进艾滋病药物的学名药生产以后,同种专利药的价格下降了 79%。艾滋病药物的国内学名药生产使巴西政府能实行对艾滋病的普遍免费治疗,其治疗成果成为全球最成功的范例之一,艾滋病的死亡人数已经减半,并减少医疗费用,节省了 4.72 亿美元的花费。❷

(3) 制药公司通常采取差别定价的策略在不同国家销售相同药品,也就是"根据市场所能承受的价格"确定价格水平。

在一个可以获得学名药的国家里,专利药的价格通常要低一些,因为必须面对便宜替代药的竞争。同样的专利药在没有学名药竞争的国家的售价则会更高。

健康行动组织(Health Action International)1998 年对一种由 Glaxo 生产的抗溃疡专利药 Zantac 的调查显示,印度有几家公司生产非专利的 Ranitidine(含有 Zantac 有效成分的学名药),因为有学名药竞争的原因,公司降低了此药在印度的销售价格。调查显示,100 片(150mg)Zantac 在印度的售价为 2 美元,尼泊尔为 3 美元,孟加拉为 9 美元,越南为 30 美元,泰国为 37 美元,印尼等发展中国家更高,使患者根本买不起药品。马来西亚为 55 美元,斯里兰卡为 61 美元,菲律宾为 63 美元,蒙古为 183 美元。同时,在澳大利亚的售价为 23 美元,加拿大为 77 美元,智利为 196 美元,萨尔瓦多为 132 美元,南非为 150 美元,坦桑

---

❶ WHO. WHO Medicines Strategy: Framework for action in essential drugs and medicines policy 2002 – 2003. Geneva: WHO.

❷ Medicines Sans Frontiers: Fatal Imbalance. MSR Report: 2001 10, http://www.msf.org, visited on Dec. 16, 2004.

尼亚为 97 美元。[1]

（4）根据差别定价（Differential Pricing）的理论，制药公司在发展中国家销售专利药的价格应该比发达国家低。事实上通常并非如此。另一个调查指出，在 13 种可以获得比较资料的日常用药中，其中 10 种在坦桑尼亚（GNP 120 美元）的零售价格比加拿大（GNP 19380 美元）要高。在中美洲和南美洲的 10 个发展中国家，20 种常用药的平均零售价格要比在 12 个 OECD 国家要高；南非药品的平均价格要比西方 8 国的任何一个国家高。

一些发展中国家实际上并未赋予医药发明专利，而是在深受发达国家的压力之下，开始逐一改变。除过渡期的设置外，WTO 成员依 TRIPs 协议对于一切技术领域负有实施专利的义务。虽然上述的资料可以作为对于药品专利是否影响药品价格作出判断的参考，还不能完全回答专利对药价如何产生影响，现阶段的研究仍然是不足的，这是因为国际间药价比较不易实施，而且影响药品价格的因素相当多且复杂，因此在这方面要下结论还需要不断深入的研究。

第二节　专利制度影响发展中国家药品取得

一、发展中国家面临的药品取得问题

在 TRIPs 协议生效之前，没有有效的知识产权最低保障标准机制，而各国开始对医药专利赋予保护，是 20 世纪中期以后开

---

[1] Health Action International. The Ties That Bind: Weighing the Risks and Benefits of Pharmaceutical Industry Sponsorship. HAI Europe, 1999.

始的。❶ 因此，TRIPs 协议规定发展中国家有建立知识产权制度的义务，包括医药专利，这样的转变对于发展中国家所产生的影响非常大。虽然长期而言，专利制度是新药品研发的动力，但现实中对于发展中国家面临的药品取得的问题，已形成莫大的阻碍。

发展中国家由于传染病的流行，对于基本药品❷的需求相当迫切，但药品的可取得性较低，特别是抗艾滋病的药品取得问题尤为严重。艾滋病人绝大多数生活在发展中国家，艾滋病已成为这些国家公共健康的最大威胁。治疗艾滋病的能力，主要取决于国民收入和艾滋病感染率。而治疗艾滋病的鸡尾酒疗法在非洲国家每人每年需花费约 12 000 美元，绝大多数贫穷国家民众无力负担。由于一些发展中国家和最不发达国家的经济、科技发展水平比较落后，缺乏制药能力或制药能力不足，政府无法通过强制许可、平行进口等措施解决国内的药品需求。

二、专利、药价与药品取得的关系

WHO 认为基本药品的获取有赖于可负担的药价、药品的合理选择与使用、可持续而充足的财政支持、可靠的医疗保障与供

---

❶ 英国 1949 年赋予医药专利保护，法国为 1960 年，德国为 1968 年，日本为 1976 年，意大利为 1978 年，瑞典为 1978 年。J. Nogues, Patents and Pharmaceutical Drugs: Understanding the Pressures on Developing Countries, *The Global Trading System Vol. 3*, London New York, 2002, p. 277.

❷ WHO 列有基本药品清单，其将基本药品（essential drugs）定义为：满足多数民众医疗保健之需要的药品，需具备可负担的药价，并且兼顾品质、安全、功效、价格。www.who.int/en. visited on April 24, 2004.

应体系。❶ 关于公共健康与贸易的讨论焦点集中在可负担的药价。此外，由于多数发展中国家人民必须自行负担包括药品的医疗保健费用，药价对于药品的取得而言特别敏感。❷ 因此，尤其对多数低收入的发展中国家以及穷困的民众而言，降低药价实为增加药品取得的关键所在。降低药价的途径主要包括：价格管制、公共采购的价格谈判、降低关税与税收、降低流通及配送成本、降低行销费用、在药品专利到期后增加生产、利用 TRIPs 协议的弹性规定。

在国际贸易的层面，高额药价严重影响着药品取得。然而，高额药价是否会因 WTO 成员履行 TRIPs 协议而发生变化，各国学者的实证分析未见一致结果。学者 Michael Scherer 与 Jayashree Watal 认为专利制度的实施确实是导致药品高价的关键。❸ 学者 Ellen Hoen 在探讨 TRIPs 协议、医药专利、与药品取得的文章中也同意以上见解。❹ 然而在 2002 年一篇 WTO 与 WHO 针对 WTO 协定与公共健康的共同研究报告中，对于专利制度对药价的影响则持较为保留的态度，仅认为专利保护的效果将使专利权人可以排除他人制造相同药品所产生的竞争，专利权人"可能"会制

---

❶ WHO, Globalization, TRIPS and access to pharmaceuticals, No. 3 March 2001, WHO Policy Perspective on Medicines, http://www.who.int/medicines/library/edm_general/6papers/PPM03ENG.pdf. visited on April 24, 2004.

❷ WHO and WTO Secretariats, WTO Agreements and Public Health, 2002, 88. http://www.wto.org/english/res_e/booksp_e/who_wto_e.pdf. visited on April 24, 2004.

❸ Michael Scherer and Jayashree Watal, Post TRIPS Options for Access to Patented Medicines in Developing Countries, *CMH Working Papers*, Paper No. WG4: 1, 5 – 8. http://www.cmhealth.org/docs/wg4_paper1.pdf. visited on April 24, 2004.

❹ Hoen, TRIPS, Pharmaceutical Patents, and Access to Essential Medicines: A Long Way from Seattle to Doha, *Chicago Journal of International Law*, 2002 (1), p.29.

定较高的售价。❶

许多研究报告中,药品价格比较所使用的方法过于简单,即仅将新研发的专利药品在具有药品专利保护国家的售价(如美国),与该药品在无医药专利保护的国家(如印度)相比较,便认定专利导致较高的药品价格不是很合理。因为影响价格的因素很多,例如消费者的购买力、制造成本等,而此类比较方法多未排除这些因素,而仅将专利对价格的影响性单独分析。❷

从经济学角度来看,专利权赋予权利人对于该专利产品排他性的专属权,以使用、制造、销售该发明。就医药专利而言,专利权人对新药品的独占严重影响发展中国家的迫切需求。以下从经济学角度就专利独占现象,探讨药品专利与发展中国家药品取得问题的关联性。

垄断权使制药公司在竞争市场内能以较高价格出售专利药品,因为缺乏其他可取代的药品,而消费者对于药品的需求缺乏弹性。制药厂商获取最大利润的经营模式为提高售价而降低供应数量。90%的艾滋病患者是发展中国家的人民,低收入的人群无力负担高昂的健康医疗成本。这些人在固定收入的情况下,必须

---

❶ WHO and WTO Secretariats, WTO Agreements and Public Health, 2002, 94. http://www.wto.org/english/res_e/booksp_e/who_wto_e.pdf. visited on April 24, 2004.

❷ 有证据指出,在缺乏专利保护且有数种学名药相互竞争的情况下,药价并不必然降低,在阿根廷的艾滋病药品价格即为此例。详细内容可参见 WHO and WTO Secretariats, Report of the Workshop on Different Pricing and Financing of Essential Drugs, Norwegian Foreign Affairs Ministry, Global Health Council, 8–11 April 2001, Hosbjor, Norway Http://www.who.int/medicines/library/edm_general/who-wto-hosbjor/wholereporthosbjorworkshop-fin-eng.pdf. visited on May 29, 2005.

减少必要的基本生活费用,来增加医疗费用的支出。❶ 对于发展中国家的消费者而言,其对于这些基本生活必需品的需求具有极低的弹性,他们通常不愿放弃生活必需品,而去选择非生活必需的药品。因此,发展中国家人民对于艾滋病药品的需求弹性高,对药品价格敏感度也高。在这种情况下,需要改变制药公司因专利而获得独占的市场地位,使制药公司降低药品价格。拥有治疗艾滋病药品专利独占地位的制药公司所采取的定价行为,必须接近于不具有独占地位的制药公司所采取的定价行为,以适合市场的价格提供药品。❷

以 Glaco-Welcome 药厂为例,其生产的艾滋病用药在南非的定价仅为全球平均价格的30%。❸ 然而,这一现象并非表示该药厂对其专利药品的销售策略与非独占市场所采用的销售策略相同。若售价与供应量均能符合南非政府所需,则南非政府就不需再使用强制许可的方式,增加药品的可取得性。因此,具有独占权的制药公司在面对弹性需求极高的市场时,不会采取与竞争市场完全相同的药品供应策略。Glaco-Welcome 药厂在南非销售的艾滋病药品 AZT 定价低于全球平均价格 70%;一剂 AZT 的实际成本为 40 美分,在美国(此药在全球主要销售市场之一)的售价为 1.5 美元;在南非的定价则为 45 美分,相当接近该药品的制造成本。与竞争市场时的定价策略相似,在南非这一供求失衡

---

❶ Marcus Mabry, Give us This Day Our Daily Med, *Newsweek International*, July 5, 1999.

❷ Theodore C. Bailey, Innovation and Access: The Role of Compulsory Licensing in the Developing Country and Distribution of HIV/AIDS Drugs, *University of Illinois Journal of Law, Technology & Policy* 193 (2001), pp. 206 – 207.

❸ Marcus Mabry, Give us This Day Our Daily Med, *Newsweek International*, July 5, 1999.

的情况下，最显著的原因为供给量的问题，而非定价问题。❶

在实证研究方面，目前对于专利制度的实质影响仅有少数的研究，药品价格取决于许多复杂的因素：供给与需求、消费模式、制造成本、市场竞争条件、赋税、汇率、价格弹性等。因此，单独研究实施专利制度对于药品价格的影响有其方法学上的困难。

总之，在专利制度的保护下，专利药品不需面对过多来自学名药的竞争，价格相对较高。专利制度对于药价确有影响，但不能据此推断专利药品的高昂价格是实施医药专利的必然结果。

三、学名药对于发展中国家药品取得的影响

当药品专利期满后，该发明就进入了公知领域，成为了现有技术，其他厂商即可实施该专利，制造并出售相同的药品，在市场上销售的这种药品通常以其化学成分为名，故被称为学名药（常被称为仿制药）。此外，某种药品从未被赋予专利，或在专利保护范围外被制造，亦可称为学名药。

每研制一种新药，一般均需投入数亿美元。因此制药厂商为了保护自己发明创造的利益，阻止不正当市场竞争、收回巨额投资，都会为所研发的药物及早申请专利。但专利的保护期通常为20年，而从研究开发申请专利到投入市场需经历10年左右的时间，故一个新药正式上市后的实际受保护期不会超过10年。大多数药物的市场存在期要比其专利保护期长得多，一些医疗效果显著、经济效益可观的药物更是如此。如果能在某一个新药专利

---

❶ Theodore C. Bailey, "Innovation and Access: The Role of Compulsory Licensing in the Developing Country and Distribution of HIV/AIDS Drugs," *University of Illinois Journal of Law, Technology & Policy* 193 (2001), pp. 206 – 207.

保护期结束之际，及时向市场推出药效相同的仿制药，必定能迅速夺取市场，合理合法地获取厚利。因为，适时地推出学名药，一是由于专利药物药效可靠、市场占有率高、品牌知名度高，可以节省大笔宣传费用；二是节约了巨额的研发费用。据统计，在学名药上市一年内，多以原专利药价的50%以上的价格出售，占有64%的市场。❶ 所以，学名药的市场将持续增长。因此，面对学名药的竞争，原专利药品价格急剧下跌，导致产品利润大幅滑落。

药品专利不同于其他工业产品，除了专利的限制外，还需事先获得国家有关药品管理机构的许可才能上市。学名药必须具备相同的有效成分、功效、剂型、用药方式、体内药品释出量等，以确保其具有与专利医药相同的品质与疗效。

增加学名药的生产与流通是解决发展中国家药品取得问题的主要方法之一。学名药不仅是对专利权的适当限制，同时亦增加全球药品市场的竞争关系，有助于降低药品价格，增加药品的可取得性。此外，值得一提的是，学名药虽以价格取胜，但仍应确保其品质与原专利药相似。为达到此目的，世界卫生组织与世界银行同其他专门从事药品制造领域的组织，将扮演监督制造过程的角色。

第三节　如何解决药品取得问题

2003年3月TRIPs理事会特别针对此问题作广泛讨论，各成员也提出了解决方案。其中欧盟成员国针对《多哈宣言》第6

---

❶ Henry Drabowski and John Vernon, "Effective Patent Life in Pharmaceutical," *International Journal of Technology Management* 19 (2000). pp. 98 – 120.

段提出两项方案：第一，制订 TRIPs 协议第 31 条的修正案，创设第 31 条（f）项的例外，在符合若干条件下允许因强制许可出口药品，协助他国对抗公共健康危机；第二，通过 TRIPs 协议有限例外的解释案，在符合特定条件下，准许出口药品至特定国家，以协助其公共健康问题。

关于第 31 条修正案，欧盟认为需受限于下列条件：进口国事实上面临严重的公共健康问题、制订防止该低价学名药流通至其他国家，特别是富有的发达国家及相关的贸易伙伴的条约。第二项"第 30 条解释案"，欧盟认为需满足两项基本条件：因强制许可所生产的药品需全部出口至面临公共健康危机的国家；该进口国禁止对这些药品再行出口。欧盟另外强调，第二项提案必须符合 TRIPs 协议的相关规范，特别是第 27 条第 1 款的规定。❶

美国则提出"成员应避免提出争端"的建议，要求 WTO 成员同意在若干要件下，对于出口药品至有公共健康需求的国家，避免提交争端解决。❷ 肯尼亚代表非洲国家集团建议删除 TRIPs 协议第 31 条（f）项、或依职权通过"第 30 条解释案"，准许成员可以不经专利权人同意，生产专利药品以满足他国公共健康的需求。

由此可知，在《多哈宣言》之后，对于如何解决制药能力不足或缺乏国家的公共健康问题的许多提案，主要包括以下几项：

---

❶ IP/C/W339, March 4, 2002.

❷ 美国主张在 TRIPs 理事会中主张，任何解决方案均应仅适用于《多哈宣言》中的流行病，即艾滋病、结核病、疟疾，并且仅适用于制药能力不足或缺乏的国家。IP/C/W340, March 14, 2002.

第一，通过TRIPs协议第31条修正案，❶使强制许可不受主要供应国内市场的限制；

第二，依"职权解释"❷的途径，通过TRIPs协议第30条解释案，允许为公共健康的出口例外；

第三，在符合若干要件下，对于出口药品到有公共健康需求的国家，成员可避免提交争端解决；

第四，适用TRIPs协议"免除义务"的规定；

第五，宣告该出口行为符合TRIPs协议第6条规定，为WTO架构下不可付诸争端的事项；❸

第六，在第三国承认其强制许可的前提下，允许WTO成员对另一国家境内的制药公司授予强制许可❹，但该药厂所生产的药品需全部出口到授权国。

以下就四项最受关注的方案进行讨论，分别为通过第31条修正案、通过第30条解释案、成员避免提交争端解决以及义务免除。

---

❶ 《建立世界贸易组织协定》第10.2条规定，本条和下列所列各条的修正，应在所有成员均接受后开始生效：本协定第九条；GATT 1994年第1条及第2条；TRIPs协议第四条。

❷ 《建立世界贸易组织协定》第9.2条规定，部长会议与总理事会对通过本协定及多边贸易协定的解释，具有专属权利。多边贸易协定附件1的解释，应依据监督上述协定运作的委员会所提的建议行使其职权。对解释案的决议，应经3/4成员的多数表决通过。本项的适用不得损害第10条的修正规定。

❸ 相对于美国代表所提的成员避免诉诸争端解决，此方案具有永久性。

❹ 然而，此提案有其管辖权问题存在，授权国的强制许可措施仅于其境内有效，他国在TRIPs协议下并不具有承认该授权域外效力的义务。因此，此项原则仅能在"礼让原则"（Comity）下实行。

一、通过第 31 条修正案

TRIPs 协议第 31 条（f）项禁止完全或主要以出口至药品需求国家为目的的强制许可。采取修订 TRIPs 协议第 31 条（f）项的解决方案，必须完成三个步骤：第一阶段：通过政治性决议将 TRIPs 协议开放讨论，并承认修改事项；第二阶段：修改药品的可能出口国的相关法令，删除"主要"供应国内所需的要求，并将执行《多哈宣言》第 6 段的需要列为强制许可的理由；第三阶段：出口应他国请求实施强制许可。❶ 然而在执行此提案时，还有其他难题尚待解决：

（1）第一项步骤可能遭遇一些国家反对，这些国家因害怕此举将引发对于 TRIPs 协议其他部分的重新谈判，而不愿对 TRIPs 协议作任何修改。某些发达国家的利益集团极可能质疑该国贸易代表对于修正案的同意权，认为修正案应经由国内的国会或立法机关认可。此方案可能引发政治经济方面的关注，将导致法律效力的不稳固。制药厂商极有可能进行游说，以废除该修正案。因此除非会员能确保修正案能经国内相关机关批准，否则不宜采行此方案。

（2）第二项步骤则需国内立法机关的合作，由于多数国内法律均采纳 TRIPs 协议第 31 条（f）项的规范，因此，修改此条文代表这些国家均需对国内法进行修改。然而，立法程序往往相当复杂与冗长，无法符合"迅速"解决的要求。

（3）第三项步骤创造国内制药公司的获利机会，然而修改国内强制许可体系还是主要用以解决他国公共健康危机，此项目

---

❶ Carlos M. Correa, "Implication of the Doha Declaration on the TRIPS Agreement and Public Health," WHO/EDM/PAR/2002. June 2002, p. 27.

恐怕将无法在政治上获得国内充分的支持。

（4）药品专利的强制许可必须个案认定，国家方能逐一实行。此举所带来的行政负担与可能的压力均使此方案更加复杂。

（5）如何确保相关医药出口至符合第六段的国家，而不造成贸易转移至第三国或回销至发达国家。

一些发展中国家对此方案也持保留态度，国内的行政与司法机关常易遭受游说团体或其他压力的影响，且官僚系统的介入常使许多方案效果不佳。因此，这些国家认为 TRIPs 协议第 31 条修正案并非是有效的途径。

二、通过 TRIPs 协议第 30 条的解释

TRIPs 协议第 30 条准许成员对于专利权设定有限的例外，即未经专利权人授权的若干行为不构成对专利权的侵害。这些例外包含实验例外、先使用例外、为获得上市许可进行实验的 Bolar 例外。第 30 条的含义并非在 1993 年 TRIPs 协议制定之初确定的，而永远不得更改；条文解释应与时俱进。第 30 条留有解释空间，以应对未来情势变迁。

此方案不需对 TRIPs 协议作任何修正，TRIPs 理事会可依职权进行解释。然而出口国的国内法仍需配合修正。修正国内法规后，不需经过繁杂的个案逐一认定以实施强制许可，即可直接适用例外规定。❶ 因此，这一提案比前一提案要快。

《建立世界贸易组织协定》第 9.2 条明确肯定"依职权解释"的法律效力。成员在不违反第 10 条的规定下，可以通过具有拘束力的解释案。部长理事会（Ministerial Council）与总理事

---

❶ Carlos M. Correa, "Implication of the Doha Declaration on the TRIPS Agreement and Public Health," WHO/EDM/PAR/2002. June 2002, p. 28.

会（General Council）虽不受先前争端解决案例判决的拘束，但成员一般不会对解释案提出挑战。解释案一经提出，成员将可在部长会议或总理事会直接进行投票表决，无需再送回国内立法机关讨论，是一个迅速解决之道。但若该解释案非经成员依共识决议通过，则有可能产生异议；若有成员对此解释投反对票，但解释案仍以多数表决通过，则该成员便可能挑战该解释案的法律效力。

许多发展中国家成员倾向于支持 TRIPs 协议第 30 条的解释案，为 WTO 法律架构下所允许，并且也要平衡各方利益。成员也可于解释案中纳入若干限制，例如要求强制许可由进口国核准。依发展中国家的经验，要求出口国授予强制许可将为该国带来一定程度的压力。发达国家则担忧第 30 条解释案将扭曲该规定的原意，认为此解释案所蕴含的意义，将超过《多哈宣言》所要处理的范围。因而不仅将招致医药产业的反对，也将引发研发型制药产业的关注。发达国家指出：乌拉圭回合谈判中基于第 31 条所讨论的问题属国家紧急危难的情形，因而认为第 30 条并不适宜讨论此类紧急状况。而在许多发达国家中，以专利为主的产业均赞同特别针对制药产业所提议的解决方案，其多半支持《多哈宣言》，认为以制药产业为对象的解决方案将不至于影响其他产业的权益。

发展中国家一再重申，其并非要求 TRIPs 协议赋予新的权利，而是希望充分运用协议中原有的弹性空间，基于寻求简单、明确的法律机制解决所面临的公共健康危机，发展中国家不应仅寻求短期的流行病危机的解决途径，也应关注长期的公共健康情况，通过第 30 条解释迅速解决问题是比较好的方式。有些国家在国际法与国内法的关系上，采取国际法规范自动成为国内法的一部分，另外一些国家则缺乏这一机制，在赞同第 30 条解释的前提下，将修订国内法。

三、应避免提出争端

美国提出此议案希望各国对于出口需求国能避免提出争端解决。延迟履行义务并不代表对原条约义务有任何实质改变，仅为暂时停止适用条约义务。美国主张，WTO成员应同意在一定要件下，对有关出口医药至所需国家的行为不应提出争端解决。此方案无须对TRIPs协议的实体义务作任何修改，而仅要求成员"暂时"中止将该类可能诉诸争端解决的运作。

此提案或许针对《多哈宣言》第6段提出一迅速的应对之道，但也遭到下列的质疑与批评：

（1）适用这个方案的要件与程序，是否要适度更改TRIPs协议缺乏明确规定。

（2）此法并未使出口国修订国内法规允许救命药品出口，也无助于促使学名药制造厂商加强投资，以增加出口的能力。

（3）该解决方案依赖于成员之间达成协议，同意不在WTO争端解决机制中提出控诉。然而，被侵害的专利权人多数会选择在实行强制许可的国家提起诉讼。"美国对南非案"即为此例，39家多国药厂于南非地方法院提起诉讼控告南非政府。由此可知，成员提交WTO争端解决可能会有效解决部分问题，但无法从根本上解决问题。

（4）相对于上述"修正案"与"解释案"，使成员避免争端解决的机制并不存在于WTO法律框架之中，其法理基础不够稳固。

四、义务免除

《建立世界贸易组织协定》第9条载明义务免除的条件，并且强调对于免除义务需进行年度审查。有些国家已表明对此方案的兴趣，但仍建议对于年度审查问题寻求进一步的法律意见。免除第 31（f）条义务具有直接解决问题的优点。有见解指出，此法律机制将使成员得以直接处理限缩专利权的议题，并且在国家与产业的利益间求取适当的平衡。对于《建立世界贸易组织协定》第 9 条文字的不同解读将导致此方案的效力不同，若认为义务免除须经逐年重新投票，则此方案的效果将相当有限；若认为年度审查表示需在所定期限前以共识决定终止义务免除，则此方案较能发挥功效。因此，"免除义务"是过渡性的解决方案。

五、药品取得是公共健康的保障

在国际法的发展上，已将药品取得的问题视为健康权的一部分。1998 年通过了《艾滋病与人权国际指南》（The International Guidelines on HIV/AIDS and Human Rights）。❶ 该指南第 6 条规定，国家应立法制定与 HIV 病毒相关货品、服务与资讯的规定，以确保人民能获得良好预防措施、适当的 HIV 病毒防治与医疗资讯，以及具有可负担药价的、安全有效的药品。该指南虽不具有法律效力，但联合国人权委员会再三强调，并请求各国采取所有必要措施，以尊重、保障、实现指南所包含相关人权；督促各国确保其法令、政策、实践均能促进安全有效药品的获得，以治疗 HIV 感染或艾滋病。❷

联合国与 WTO 指出"国家必须增进治疗艾滋病等流行病的药品取得途径"，此义务逐渐得到国际法的肯定和认可。联合国

---

❶ 相关资料可参见 www.unaids.org. visited on Oct 22, 2004.

❷ 参见 UN Commission on Human Right, Resolution 2001/51. www.unhchr.ch. visited on Oct 22, 2004.

人权委员会在2001年、2002年分别通过两项决议案,声明"在诸如艾滋病等流行病的威胁下,药品取得是实现健康权的基本要件之一"。❶ 决议内容进一步要求各国制定足以促进药品与医疗技术可取得性与可负担性的政策,并确保国际条约的适用均能支持公共健康政策,促进安全、有效、可负担的药品与技术的广泛取得。❷ 其中,2002年获无异议通过的决议中,逐字重申WTO在2001年11月通过的《多哈宣言》的前四段内容。

2001年6月,联合国大会以决议形式通过《关于艾滋病承诺的宣言》(Declaration of Commitment on HIV/AIDS),规定"在诸如艾滋病等流行病的威胁下,药品取得是实现健康权的基本要素之一,以求逐步实现每人享有高标准的身心健康的权利"。该宣言虽未明确其法律效力,但对促使药品取得成为人权的一部分而言,使国际法与国内法对该权利的执行取得了法理基础。WTO近年来在对发展中国家获取药品与治疗的问题上取得了很大的进展,显示出各国对于艾滋病等公共健康议题的关注。

第四节 相关产业和非政府组织的观点

2001年《多哈宣言》通过后,相关公共健康与医药专利议题仍持续被各界所讨论。针对其中最大的难题,即《多哈宣言》

---

❶ 参见 UN Commission on Human Right, Resolution 2001/33, April 23, 2001, 以及 UN Commission on Human Right, Resolution 2002/32, April 22, 2002. www.unhchr.ch. visited on Oct 22, 2004.

❷ 原文为: to pursue policies which would promote the availability and affordability of medicines and medical technologies, to ensure that the application of international agreements is supportive of public health policies promoting broad access to safe, effective and affordable pharmaceuticals and technologies.

第6段中尚未解决的制药能力不足或缺乏的问题，各界代表于2002年7月在挪威召开一场讨论会交换意见，会中不仅邀请发达国家与发展中国家的制药产业，并邀请许多非政府组织出席。以下各方观点的陈述，反映出更深刻、更多元的思考。❶

一、研发型制药产业的观点

研发型制药产业希望有一个兼顾各方利益的解决方案：同意增加药品可取得性，但强调必须在此目标与维持研发动力之间找到平衡点。当前的公共健康议题往往认为健康权与专利权间互不相容。然而，研发型的制药产业认为此为错误的认知。虽然医药价格大幅下降，但仍不能解决医药取得的问题，仍有许多需要医药的病患无法获得医治。在许多国家中，医药的可取得性与医药的流通环节有关，需多加考虑实际情况，而非仅考虑技术上的问题。

研发型制药产业认可弹性空间存在的必要性，也支持《多哈宣言》。然而，解决《多哈宣言》第6段的问题不能仅站在发展中国家的立场，也必须衡量未来研发新药物所需的经济因素。仍需关注如何有效监督TRIPs协议第30条的解释。此外，TRIPs协议第31条强制许可下阻止出口的规定，也是需要解决的主要问题。

研发型制药产业对于解决方案的建议包括：（1）解决方案应处理健康危机与紧急危难；（2）应具透明性与稳定性；

---

❶ Quaker United Nations Office, "Report on a Workshop on: The WTO TRIPS Agreement and the protection of Public Health: Implementing Paragraph 6 of the Doha Declaration," Jul. 7~11. 2002 Norway, www. geneva. quno. info/pdf/final% 20Utstein% 20report. pdf. visited on Feb. 12, 2004.

（3）应不损害知识产权的保护；（4）技术转让应为解决方案的一部分；（5）发展中国家的药物转移是另外一项议题；（6）应通知专利权人，使其有机会参与此解决方案并与政府合作；（7）此方案应有效监督，以防滥用；（8）该解决方案应为减少争端；（9）解决方案应能迅速执行；（10）解决方案应能在TRIPs协议架构下执行。

二、学名药制药产业的观点

学名药制药产业认为应当提高药品可取得性。《多哈宣言》第6段针对药品的可取得性提出严重的挑战，认为缺乏制药能力国家的药品取得问题应被正视。必须寻求一适当而简易的机制，既尊重TRIPs协议的规定，又不能忽略患者对药品需求的急迫性。

学名药制药产业肯定《多哈宣言》提出的解决方案，认为应建立一套危机管理计划，在公共健康危机发生时采取适当而有效的行动，而各国政府可自行定义何种状况构成危机。因此，该产业与许多非政府组织相同，支持基于TRIPs协议第30条的解决方案。

同时，学名药制药产业提出设立一个"虚拟药品银行"（Virtual Medicine Bank），各地制药厂商为其成员。当有国家面临健康危机时，该组织可以通报其成员，传达该国对于药品的特殊需求。成员获得通报后，拟订可行方案向该国政府汇报，由该国政府依其所能负担的情况选择最佳方案。此机制行动迅速，又使所有药商得以参与。此外，该产业认为有必要处理TRIPs协议第31条（f）项的问题，强制许可是否主要供应国内市场所需，或能出口至另一实行强制许可的国家。学名药制药产业认为在该机制下，所有供应者应属中立，而无国籍上的问题，以避免

TRIPs协议第31条（f）项的争端。

另一问题是对药品的供应国是否应有所限制。"虚拟药品银行"应由各国药商组成。然而发达国家提案建议，《多哈宣言》第6段所指的药品需求者仅限于发展中国家与最不发达国家，这样的立场令医药产业难以接受。事实上，发达国家也难以避免公共健康危机，也可能会遇到国内制药厂商无法迅速供应特定药物的情形，例如美国与加拿大的炭疽热引发的恐慌。

三、非政府组织的观点

发展中国家的非政府组织认为，首先确保取得可负担的有效药品是民主国家政府的基本责任。为履行此责任，跨国界学名药的生产与供应将扮演重要角色。其次，对于缺乏制药能力或生产能力不足的国家，可以进口他国实施强制许可生产的药品。发展中国家非政府组织强调，为解决公共健康危机可以适用TRIPs协议规定的弹性条款。非政府组织认为通过第30条解释案为最佳解决途径，次之则为废除第31条（f）项，再次为通过第31条（f）项修正案。免除义务可为短期策略，成员通过协议避免提出争端解决难以实施。

发达国家非政府组织的目标则在于找出有效、可行、长久的解决方案，以确保无论有无专利权的国家均能从另一国家取得医药与相关技术，并确保缺乏制药能力不致妨碍强制许可的有效实施。

完善的解决方案的前提是程序上简便易行，且具有经济上的可行性，应避免繁琐的条件限制，方案具有可持续性。非政府组织所提出的方案采取TRIPs协议第30条例外规定。成员对于专利权人的专属利用权可以设定限制，以出口专利药物或经专利方法制成的药品到第三国应满足其公共健康需求，而在该国该药品无专利保护或者已由政府强制许可。此方案的优点为无需经由繁琐程序,克服了可能的专利权出口障碍,不依赖出口国实行强制许可。本方案允许药品出口至缺乏专利权保障的国家,也允许自不同的国家出口,并对当地的制药产业的发展有所帮助。

第五章　药物政策与公共健康

第一节　药物政策的制定

药物政策是解决公共健康问题的重要措施，确保取得安全而有效的药物，使患者得到及时的救助，是各国政府必须认真考虑的问题。药物政策与产业政策常常发生冲突，患者的利益与制药商的利益难以平衡。政府需要制定公平的药物政策，兼顾患者和制药商双方的利益。

一、正确认识药品专利的保护

发达国家对知识产权的规定是否有利于发展中国家，一直存在着争论，对发达国家有益的未必对发展中国家适用。发展中国家和最不发达国家对专利保护存在质疑。

第一，对专利权的认识。专利权不同于其他的民事权利，它不是自然存在的，而是通过国家政府的行政权力授予专利权人一段期限的独占权，此项无形财产权是由法律制度创设的。如果发展中国家和最不发达国家没有专利制度，专利权就无法存在。

第二，申请专利，需要充分公开发明的信息。对制药产业而言，其发明往往不需要公开就可以通过反向工程、解析药品进行仿制，对于许多发展中国家以及最不发达国家而言，就算是拥有发明的相关信息，也没有足够的能力去生产仿制药。

第三,专利制度的作用在于促进创新和鼓励研发。对许多发展中国家而言,是否给予专利保护与国家是否有足够的能力发展科技是两回事。发达国家认为专利制度促进了科学技术的进步,事实上发展中国家的专利保护常常促进了发达国家企业的研发。

此外,发达国家认为发展中国家和最不发达国家通过专利保护有下列好处:可以增加外来投资;促进技术转让;增加新药引进的机会;刺激本地在制药产业领域的研究发展。

在发展中国家所授予的专利权中,大多数专利权人是外国人或外资公司,相对而言,在发达国家所授权的专利中由发展中国家的企业或个人拥有的数量非常少。这种状况不应被解释为发展中国家的专利保护体系有助于吸引外国的发明者。以制药产业为例,发展中国家缺乏专利保护,正好可以为发展中国家带来利益。例如治疗胃溃疡的 Tagamet❶ 药厂在得知此药已被许多发展中国家仿制的情形下,仍然继续生产与发展,虽然药厂宣称仿制药给他们带来了至少 5 000 万美元的损失,但这对药品研发的负面影响是有限的,而发展中国家被认为由此节省了不少支出。❷

发达国家政府对于药品市场进行严格管理,原因在于:

(1) 政府必须确保药品安全以供使用;

(2) 药品本身对病人具有生死攸关的特性;

(3) 专利保护使得持有专利的公司在市场上具有独占的地位;

---

❶ SmithKline Beecham Plc 制造,上市后称为天价畅销药。

❷ Rozek R. Benefits and costs of IP protection in developing countries. *Journal of World Trade Law*, 1990, pp. 75 – 87.

(4) 过高的药价会影响公共健康问题的解决。❶

由于药品市场独特的供需特性,政府必须通过健康保障系统进行控制,以达到确保实现取得必需用药的目标。对于发展中国家或最不发达国家而言,为了确保公共健康,政府可能会根据不同的国情,对药品市场采取不同的介入措施,但其基本的前提是确保必要用药的可取得性。制药产业在科技研发、投资、就业以及出口方面往往有相当大的贡献,政府在制定相关政策时,在鼓励制药产业发展与控制药品价格之间面临两难的困境。

二、药物政策的主要类型

国家制定药物政策时需要考虑以下因素:首先,患者是药品的使用者,他们根据医生的诊断接受治疗,对于使用何种药物往往无法选择;其次,医生开具处方,为患者选择使用药物;再次,药品费用的支付者,通常是国家政府,尤其是在医疗保障体系比较完善的国家,由政府支付绝大部分医疗费用。对于药品的供应方而言,制药公司通常会将其资源投入到特定疾病的治疗上,技术领先的公司往往主导了疾病的治疗方法。与其他商品不同的是,药品的售价与制造成本没有太大的关联度,更准确地讲,药品的定价反映了研发成本和进入市场等必要的花费以及利润等因素。

各国根据国情制定药物政策,坚持加强药品专利保护的国家与不给予药品专利保护的国家的药物政策截然不同。药物政策受国家经济状况、药品专利保护程度、疾病所造成的经济负担与医

---

❶ Mossialos E, Kanavos P, Abel-Smith EB. The Impact of the Single European Market on the Pharmaceuticals Market: *The Policy-Marker's View* . Greece: LSE Health and Pharmaceutical S. A, 1994, pp. 17 – 87.

疗保障体系、制药产业实力，以及国内政策和法律状况等因素的影响。药物政策大致可分为以下三种类型，见表5-1。

表5-1 药物政策的类型

药物政策类型	向经济利益倾斜的药物政策	争取利益平衡的药物政策	向公共健康倾斜的药物政策
特征	（1）拥有技术先进的制药产业 （2）国民人均收入非常高 （3）药物政策受制药产业的影响较大，政府在国际社会中极力维护本国制药产业的利益	（1）国家经济发展水平比较高，国际贸易比较活跃，对专利保护有比较健全的法律规范 （2）国民人均收入较高，有着完善的医疗保障体系和医疗保险制度 （3）药物政策受到国内外不同利益集团影响	（1）国家经济发展水平比较落后，人均收入偏低 （2）有公共健康问题的威胁 （3）国家缺乏制药产业或制药能力严重不足 （4）缺乏健全的医疗保障体系，医疗费用多由个人支付
代表国家	美国	加拿大、日本	印度、巴西

由此可见，第一种类型药物政策更加关注制药产业的利益，以经济发展为导向。制定这种类型药物政策的先决条件是国内必须有发达的制药工业，同时经济活动也相当活跃。第二种类型药物政策是比较常见的，出于国家整体利益的考虑，在药物政策和产业政策之间努力取得平衡，但由于国情不同，各国所呈现出的取舍方式仍然不同，加拿大的许多经验可供借鉴。第三种类型是由于国家的经济情况较不发达或贫穷，当国家面临公共健康需求，尤其是如艾滋病、禽流感等传染病流行的特殊情况下，在公众健康与经济发展之间会选择前者。此类型国家大多是发展中国家和最不发达国家，例如许多非洲国家、巴西和泰国，这些国家的制药工业不发达或制药能力不足。值得关注的是，印度在保障公共健康需求的前提下取得了制药产业的蓬勃发展。

第二节　向经济利益倾斜的药物政策

一、经济发展状况

各国的历史背景、文化传统和政治体制对于经济发展有不同的影响，呈现出不同的经济发展状况。国家的药物政策向经济利益倾斜的原因如下。

其一，制药产业的经济实力很强，足以影响国家政治和经济的政策，这在市场经济自由度高的民主法治社会容易发生。经济发展的市场化程度越高，意味着政府能够介入的程度就越低，药品的商品特性就越能被发挥。当制药产业达到一定的规模时，不仅对一国的经济命脉有重要的影响，在民主政治的运作中，制药产业有足够的实力通过游说、制造压力、金钱援助等方式影响政府的决策，使药物政策向对产业有利的方向发展。

其二，国家有足够的经济实力，国民能够负担药品的价格，甚至是由于专利所引起的市场独占造成的高价，这意味着国家也必须有良好的医疗保障体系。

由于药品市场的特性，制药产业的发展不可能局限于国内市场，同时必须有良好的专利制度以确保研发的成果，因此国家的药物政策必须同时通过外交、国际贸易政策的配合，才能确保产业在国际间的利益，使国家的经济利益得到保障，这些措施可能包含对外国政府施压，通过贸易谈判或国际贸易法规，甚至是贸易报复的手段，力求达到目的。

由于牵涉国际事务，从国家利益的角度考虑，不可能仅就经济利益一方面考量。在国际社会中，一方面，舆论的压力会影响到国际关系，往往对国家整体利益有更大、更深远的影响。另一方面，民主政治国家，媒体、舆论甚至民意，以及代表公共健康利益的团体，对于药物政策的倾斜也具有制衡的作用。即使在政治选举时，也会产生相当重要的影响。例如2012年6月28日，美国最高法院裁决奥巴马两年前签署的医改法案核心内容不违反宪法。此结果有利于2012年11月奥巴马参加美国总统大选，舆论普遍认为奥巴马在竞选连任的关键时刻打了一场胜仗。

二、美国药物政策分析

美国拥有全世界最多的知识产权，据估计，美国超过1/4的出口贸易额来自知识产权，❶ 制药产业是其中的佼佼者，约占全球市场的43%，为全球最大的药品市场，美国制药产业的市值约占全球70%，❷ 全球前十大药厂大多在美国，2001年Phrma的会员在美国本土的销售金额就达到1 307亿美元，对美国经济有着举足轻重的地位。制药产业以知识产权的保护作为目标，通过各种力量影响美国对外经济政策，促使美国对外贸易谈判或制裁的强势作为，许多国家及非政府组织对此非常不满。在美国国内，在市场经济的原则下，政府没有太多的干预，加上药品本身的专利、医疗行为的特殊性等，使美国的药品价格非常高，对美国民众的用药产生了相当大的负担。美国政府对于各种来自国内或国外的声音必须加以考虑或反思。因此，有要求对药品价格进行改革和对药品专利保护进行修正的呼声。美国对公共健康的态度，仍然坚持保护国家利益的宗旨。

---

❶ Long C. *Intellectual Property Rights in Emerging Markets*. Washington: The AEI Press, 2000, pp. 21–24.

❷ Multex Investor. http://www.multexinvestor.com/. visited on Oct. 29, 2004.

(一) 药品管理法律的演变

《美国宪法》第 1 条第 8 款规定:"国会有权保障作者或发明人对各自的著作或发明在限定的期限内的专有权利,以促进科学与艺术的进步。"美国在经济不发达的时候,对于国外持有的专利进行严格的审查,以高权利金或不授予专利的方式对待外国科技,以促进本国的发展,这个状况一直到美国拥有足够的科技实力与经贸地位后才有所改变,后来美国摇身一变成为专利保护的积极拥护者。

1796 年 Samuel Lee 发明的"胆汁药丸"获得了美国第一个药品专利,至此,美国开始了药品专利的保护。❶ 专利药品带来了显著的经济效益。1859 年美国药品市场的销售额是 350 万美元,1904 年增长至 7 450万美元,增长了 21 倍。19 世纪的美国在食品和药品方面发展迅猛,但却没有法律对此加以规范。1862 年美国政府开始注意民众的食品及药物安全及品质。林肯总统指派 Charles·M. Wetherhill 任职农业部,Wetherhill 在农业部下成立化学局(Bureau of Chemistry),此化学局即为食品药品管理局的前身。在化学局内设立了药物实验室,公开评述专利药品。当时,药品是指列在《美国药典》或其他官方名册中的处方药。药品凭医生处方才可以购买,不需做广告。专利药品则与处方药完全不同,要通过广告宣传才能销售。

1906 年罗斯福总统签署的《食品及药品法案》(Pure Food and Drugs Act of 1906),是美国第一部联邦食品及药品管理法,其内容主要是抑制错误标识及有添加剂的食品、饮料及药物在各

---

❶ Young JH. The Toadstool Millionaires: *A Social History of Patent Medicines in American before Federal Regulation*. Princeton University Press, 1961. http://www.quackwatch.org/13Hx/TM/00.html. visited on Oct. 29, 2004.

州间的流通。该法案将食品及药物定义为一种提供人类及其他动物服用或使用的产品。当时对药品管理还不够严格，只是采取事后抽验的方法。1912年国会又通过修正案，明确规定禁止在药品标识上夸大宣传。

1927年食品、药品和杀虫剂管理局（Food, Drug and Insecticide Administration, FDIA）成立，同年通过了《腐蚀性毒物法案》，要求产品有警告标识并且需要有解毒剂以防止儿童受到清洁液或其他具有危险性的毒物的伤害。1930年，FDIA改名为食品药品管理局（Food and Drug Administration, FDA）。由于20世纪30年代出现的107人中毒死亡的"磺胺制剂"事件震惊了整个美国，显现出1906年通过的《食品及药品法案》的不足，美国国会在民意压力下，于1938年通过一项《联邦食品、药品及化妆品法案》，该法案扩大了FDA的权限，其规定FDA可以管理化妆品及其他医疗产品；要求新药在上市前必须证明其安全性，老药品改变剂型进入市场前，应把配方送FDA审定；标识和广告也要严格审查。经过三次法案的修正，即1954年的《杀虫剂修正案》，1958年的《食品添加剂修正案》及1960年的《色素添加物修正案》，美国的食品及药品法案有了改变，FDA要求厂商自行进行安全性研究、再经FDA审核后核准的方式，奠定了现代美国药品取得上市许可模式的基础。

1962年发生了药物史上最悲惨的药害事件，当时撒利窦迈作为镇静药被认为能防治妊娠呕吐症，因此被广泛使用，结果导致西欧出现几千名先天性肢体发育不全的畸形新生儿。这一事件震惊全世界，并在欧美国家引发国民对药物质量控制的广泛关注。美国国会迅速通过Kefauver-Harris药品修正案，使得药品安全的规定更加严格，要求在药品上市前向FDA提供药品的有效性资料，且必须通过规定的临床试验，以充分证实其安全性与有效性。这个法案要求 FDA 审查所有新药的有效性及安全性，并要求 FDA 重新评估 1938~1962 年上市的药品，因此有上千种已上市的处方药及非处方药被 FDA 要求下市，并且要求药厂更新或增加上市药品的安全性及有效性的标识。各州反映该规定过于严厉，新药审批时间过长。因此国会又于 1979 年 1 月重新修订《联邦食品、药品及化妆品法案》。该法案规定，凡制售药品的厂商、批发商，都须报经登记审查批准。同时规定了药品质量标准制度、药政视察员制度、药品副作用报告等，以监测药品质量。

（二）药品管理法律的发展

美国在 1983 年通过《罕见药物法案》（Orphan Drug Act），在经济政策上鼓励厂商生产治疗罕见病和利润不高的药物，促使 FDA 帮助药厂发展及研制药物治疗罕见疾病患者，1984 年通过《药品价格竞争及专利期追加法案》（Drug Price Competition and Patent Term Restoration Act，又称 Hatch-Waxman Act）。在专利保护期届满后，其他厂商投入生产学名药，大大降低药品的价格，使民众可以购买到价格较低的学名药。1992 年通过的《学名药品执行法案》（Generic Drug Enforcement Act）。同年，为加快对新药的审批速度，国会又通过《使用者付费法案》（Prescription Drug User Fee Act，PDUFA），规定药厂在提出药品核准审查案件时需支付新药申请费，使 FDA 可用这笔资金雇佣更多的专业人员。该法案试行 5 年，使得 FDA 审查申请案的时间由平均两年半缩短至一年内。1997 年美国国会通过《食品药品管理现代化法案》（Food Drug Administration Modernization Act，FDMAC），将 FDA 管理的所有产品，进行现代化的管理，将管理规则统一，在不影响产品审查标准的前提下，降低或简化 FDA 在管理上的责任并减轻制造厂的负担及障碍，同时建立一套机制以帮助或加速治疗严重危及生命的疾病的药物通过审核（见表5-2）。

表5-2 美国重要药品管理相关法规概况

法案名称	主要内容
1906年《食品及药品法案》	第一部联邦药物法案，规定药物纯度与强度标准
1938年《联邦食品、药品及化妆品法案》	第一次要求厂商在药物上市前需要证明药物的安全性
1962年Kefauver-Harris药品修正法案	规定新药上市前，厂商不仅要证明药品的安全性，还必须证明其有效性，提供药物的不良反应和中长期的毒副作用，并对药物广告行为作出规定
1983年《罕见药物法案》	出台政策鼓励药厂生产治疗罕见病的药物
1984年《药品价格竞争及专利期追加法案》	专利期限届满，其他药厂生产仿制药，以降低药价。药品专利的保护期限在特定情况下可以延长
1992年《学名药品执行法案》	明确学名药的审批程序
1997年《食品药品管理现代化法案》	建构一个现代化的食品药品管理体制

（三）国内政策、法律与国际策略

1. 国内政策与法律

虽然大规模的制药产业主要集中在美国，但药品价格却非常高。1984年由参议院议员Orrin Hatch及众议院议员Henry Waxman提出的Hatch-Waxman法案，见表5-3，希望通过学名药的加速上市以降低药品价格，同时为了兼顾制药产业的利益，法案通过专利延长保护期限。

表5-3 Hatch-Waxman 法案主要内容

学名药加速上市	学名药可以引用专利药的安全性及有效性资料；学名药需要对照专利药有效成分的相等性试验；在专利药保护过期之前，学名药可进行相关开发试验；取得生产许可的学名药，可以获得180天的市场保护
延长药品专利保护期限	药品专利保护期限延长时间约等于FDA审核时间加上1/2临床试验时间；延长时间不得超过5年；若有效专利期间超过14年，不得申请专利延长；若学名药厂有侵权行为，而且生产专利药品的厂商提起诉讼，专利药专利期限自动延长30个月

1984年之前，学名药上市仍须经临床试验等程序方能获得生产许可，Hatch-Waxman法案的颁布，简化了学名药上市程序。1984年前虽然专利的保护年限是17年，但扣除药品开发及审核时间，平均专利有效期限约为9年，根据Hatch-Waxman法案的内容，专利保护期限得以延长。表面看来，Hatch-Waxman法案让学名药及专利药皆可受惠，达成双赢的状态。将Hatch-Waxman法案实施前及现今的状况作一比较，对于学名药而言，研发成本的降低可以使得产品的售价更有竞争力，看起来Hatch-Waxman法案是对学名药厂更为有利。Hatch-Waxman法案又提到"若学名药厂有侵权的情况，且生产专利药品的厂商提出诉讼，专利期限将自动延长30个月"，如此一来，学名药就难以快速上市。由于专利申请程序费时，申请时间每耗费一年，药厂就得以获得半年的专利延长期，生产专利药品的厂商时常通过法律诉讼的方式，延长专利期限并拖延学名药的上市。

在药品价格居高不下的情形下，美国各州政府为顺应民意并考虑自身的财政状况，纷纷提出自己的药物减价方案，由州政府出面与制药公司协商药品的批发价格，以折让的方式达成协议。联邦政府采取措施解决药价过高的问题，克林顿曾经提出处方药合理负担方案的草案。2000年大选，布什和戈尔对《病患者权利法案》（Patients' Bill of Rights）分别提出看法，他们都承认药价过高对于药品可取得性造成影响。大选过后，在民意压力以及"9·11"事件的影响下，布什在2002年10月21日提出一项新草案，希望阻止生产专利药品的厂商提出多项专利保护诉讼，使较便宜的学名药尽早上市。限制每种专利药品只能有一次延长30个月的专利保护期。这项计划实施后，学名药将占处方药的大约一半，而学名药价格约是专利药的1/3，它将减轻支付处方药的负担，使联邦政府能够提供医疗保障计划的处方药福利。此外，政府启动了处方药打折计划，FDA也颁布命令，便于人们购买学名药。

2. 国际策略

早在20世纪80年代，美国制药厂商对国会进行游说，认为他们的知识产权受到侵害，1985年美国保护知识产权协会向美国国际贸易委员会提交了一份报告，说明包括印尼、马来西亚、菲律宾、南韩等10个国家，存在侵害知识产权行为，他们估计每年有15亿美元的损失。美国根据1974年贸易法案所允许的"301条款"，以及对发展中国家给予的普遍化优惠关税制度（Generalized System of Preference，GSP），❶对发展中国家采取恩威并施的手段。1985年南韩因为专利商标等保护未达到美国的期望，而被采取贸易制裁。巴西在1987年遭遇同样的状况，美国在巴西改变了对药品专利保护之后才解除制裁。1991年4月，印度、中国和泰国被首先列入优先观察名单的国家，理由是未对

---

❶ 美国普遍化优惠关税制度，是美国给予发展中国家的暂时性免税优惠计划。依照美国1984年《贸易及关税法》中规定，GSP本于1993年7月4日到期，同年8月6日，美国国会通过延长GSP计划法案，将GSP延至1994年9月30日。

药品提供适当的专利保护。

许多发展中国家因为药品专利的问题笼罩在"301 条款"的阴影之下。在 TRIPs 协议生效之后，随着 1999 年以美国大药厂为主的跨国性制药公司对南非政府的诉讼开始出现转机。除了国际舆论之外，国内反对政府支持制药产业诉讼的声浪也越来越高。当时大选在即，戈尔被迫改变了立场，克林顿政府改变政策，同时对非洲国家释出善意，表示美国不会以违反美国国内专利法为由对这些国家进行干涉。

"9·11"事件后，美国陷入恐怖袭击的恐慌中，历经对于 Cipro 的需求❶及与拜耳的协商之后，美国认同专利保护不应对健康、生命造成阻碍，世界各国亦普遍接受此观点。为避免美国政府陷入不利的境地，美国在 2001 年 11 月卡达多哈的 WTO 部长会议中，提议将最不发达国家的 TRIPs 协议生效期延至 2016 年 1 月 1 日。

三、初步结论

在美国的药物管理历史中，实行市场经济，政府未进行过多干预。公众健康历经许多的教训才受到重视。作为代表公众健康利益角色的食品药品管理局在 1930 年成立，在经过数次公众利益遭到侵害或威胁之后扩大到现在的规模。美国社会和执政者对于药品在市场上流通通常都采取市场自由竞争的态度，出现不良的状况时才对药品管理的规范加以重视。

美国药物政策向制药产业倾斜的重要原因是制药产业对药品

---

❶ 虽然可治疗炭疽热的抗生素有数种，但 Cipro 是唯一经美国食品及药物管理委员会核准的药物。随着美国民众对炭疽热病毒的恐慌加剧，生产 Cipro 抗生素的德国拜耳公司因市场强烈需求开始增加产量仍供不应求，因而加深美国民众恐惧。

相关的立法进行游说。虽然鼓励生产学名药以降低药品价格是Hatch-Waxman法案的立法宗旨，但在生产专利药的厂商强大压力下，法案仍然通过专利回溯的方式延长专利保护期限作为妥协，代表制药产业的力量远大于代表公共利益的力量。同时，为了维护国家的经济利益，美国政府极力推动知识产权的国际保护，其对本国经济利益的关心远远超出对其他国家人民健康利益的考虑。

第三节　寻求平衡的药物政策

一、经济发展状况

寻求平衡药物政策的国家，大多已走出发展初期的困境，在国际社会中具有一定的经济实力，与国际贸易体系接轨良好，在专利保护上符合国际基本原则，本国企业也拥有一定的药品专利。同时，国民收入普遍较高，对于医疗花费具有一定程度的负担能力，已建立一套相对完善的医疗保障体系。价格较高的专利药品带来的医疗花费上涨的问题、政府如何保护药品专利并兼顾国民的需求、控制医疗保障的支出等成为这些国家需要解决的一些难题。

二、加拿大药物政策分析

加拿大的药物政策主要由两部分组成：联邦政府负责制药产业政策的制定与执行，包括授予药品专利、药品的核准与定价；省级政府负责医药费用的支出，包括控制医疗支出的预算。

（一）医疗保障体系

加拿大的医疗保障体系，为国民提供医生的诊疗以及急病住院服务。药物以及保健品费用属于个人医疗花费，该费用增长较快。药品支出的 32% 由公共财政负担。加拿大的医疗保障体系不是统一的，在联邦政府共同原则的指导下，各省有各自的医疗保障系统。联邦政府提供各省的财务资源。20 世纪 90 年代由于医疗保障的花费达到 GDP 的 10%，加拿大的药物政策重心放在控制费用方面，通过联邦政府减少对省财务资源的服务，各省也开始采用总额预算，以限制医生诊疗费、住院费等支出。到 1995 年整体支出得到控制，降到 GDP 的 9.5%。但还有许多无法有效控制的花费，1997 年 2 月，联邦政府设立国家健康论坛，建议应该实行更有效、更好的资源管理。❶ 该论坛建议将医疗保障延伸至药物及保健品，对初级健康保障进行改革，以增进整个系统的效率，建立医疗的实证基础，作为决策以及整个国家医疗政策的参考。联邦政府提出两项措施：成立健康基金，以提高医疗保障体系的效率；资助成立加拿大健康信息系统，以提供增进效率及整合医疗系统必要的信息。

（二）产业政策与专利制度

加拿大的药物市场居世界第八位，制药产业包括研发型的生物科技公司和学名药公司。制药公司的区别并不是非常明显，一些制造专利药的厂商也设立学名药公司。加拿大前十大药品公司，有 8 家是外国公司，产品多以研发为基础，销售量在加拿大居前十名，主要集中在加拿大中部的安大略和魁北克省。❷ 加拿大的药品销售中，有专利的产品占大多数。

加拿大政府在制药产业方面的政策主要包括专利法、药品核准以及药价的监控。由于药品极易被仿制的特性，药品的专利保

---

❶ National Forum on Health. Canada Health Action: Building on the Legacy. 1997.
❷ Eighth Annual Report. Ottawa. *Patented Medicine Prices Review Board*, 1996.

护显得尤为重要。专利保护对制药产业的重要性，没有其他任何企业能与之相比。由于药价过高，1969年联邦政府修订了专利法案，实施强制许可以降低药价，对本地和进口的药物平等地授予专利权。强制许可的措施使许多省政府鼓励使用学名药的政策直接受益，每年至少省下2.11亿美元，相对于当时整体市场规模16亿美元来说是一笔可观的数字。❶

1986年专利法修改加强了专利保护，给予产品自专利授权后7~10年的缓冲时间才进行强制许可，同时给予产品专利和方法专利20年保护期限。为了处理专利保护对于药价的负面影响，加拿大专利药物价格审查委员会（Patented Medicines Prices Review Board，PMPRB）控制专利药品的价格，采用工业产品物价指数（Industrial Products Price Index，IPPI）分析制药业影响因素及审查药价趋势。IPPI反映药品价格的变动情形。90年代初期北美自由贸易协定（North American Free Trade Agreement，NAFTA）以及GATT的出现，为加拿大带来更大的专利保护改变。C-91号法案给予学名药厂在专利药过期前6个月，开始制造、包装的权利，以加速学名药上市。

加拿大的药物政策将控制药品支出的职责放至PMPRB以及省级政府的层面，增大了省级政府控制药物支出的困难，因此联邦政府和省级政府的关系一度紧张。制药产业在魁北克有显著的投资，魁北克省支持改善产业的专利保护环境。加拿大拒绝签署

---

❶ Chew R, et al. Pharmaceuticals in seven Nations, London：*Office of Health Economics*，1985.

布达佩斯公约❶，法院仍然对于微生物培养方法不给予专利，使得加拿大的许多公司在专利申请时，会优先选择美国。联邦政府认为这是他们发展技术必须优先解决的难题。加拿大的决策者，在药品专利的规范下，面临很多药品的难题。加拿大是少数以《专利法》作为实施健康政策的国家，例如药价规范就是专利法的一部分，整个《专利法》重点就放在医药价格以及研发投资上。事实上，在1984~1993年执政的保守党就一直对药品专利保护提出很多意见。1997年4月加拿大C-91号法案的出台，虽然PMPRB极力反对，加拿大政府仍然认为20年的专利保护是必要的。

如何控制药费支出和增加投资，不同省份有不同的医疗保障计划，控制药物支出是医疗保障计划的主要目标，例如使用参考药价。安大略省为增加本地投资，未采用参考药价，对药品价格采取相当程度的控制措施。为了平衡利益，鼓励制药产业投资，采取许多投资的优惠措施作为施政的重点。从加拿大的药物政策中，可以看出加拿大政府在促进本地创新投资与控制医疗费用支出之间力求取得平衡。

三、初步结论

加拿大、德国、日本和英国等经济比较发达的国家，制药技术比较先进，医疗保障体系比较完善，政府制定药物政策能够兼顾到各方面的利益需求，在产业利益与公共健康之间取得平衡。

---

❶ 为化解国际间有关微生物专利申请所引起的寄存问题，1980年以美国为首的24个国家共同签订布达佩斯公约，规定凡是与微生物有关的专利申请案必须向国际认可的菌种保存机构办理微生物寄存。取得寄存证明后，再向其他国家申请专利时不必重复办理寄存。

在这种情况下,决策者对于药品专利保护的态度是积极或是消极,会产生相当重要的作用。

第四节 向公共健康倾斜的药物政策

一、经济发展状况

大多数发展中国家和最不发达国家,经济发展较为缓慢,或正遭受公共健康危机,国家的药物政策会出现向公共健康明显倾斜的状况。这些国家为了科技与经济的快速发展,对于民生必需的药品、化学制药技术不给予专利保护,降低民众医疗所需的花费,刺激国内经济的发展。尤其是在产业经济发展的初期,无力负担昂贵的医疗花费而采取此措施。当经济得到发展之后,会逐步加强专利保护。

当面临公共健康危机或是药物取得非常困难时,为了民众的医疗需求,可能会忽略产业经济利益。由于缺乏经济实力,利益取舍时最常见的困境是在解决公共健康问题的同时,如何处理好国际间的利益冲突。

值得注意的是,这些国家大多数是经济不发达的国家,在国际社会中处于弱势,国际舆论常常采取同情的态度,包括世界卫生组织在内也常将这些国家列为需要给予帮助的对象。

二、印度药物政策分析

印度是世界上最贫穷的国家之一,疾病和营养不良是造成贫穷和失业的主要原因。印度对于 TRIPs 协议采取消极的态度,政府认为给予药品专利保护具有相当大的风险,也会影响国内制药产业的发展。

(一)印度专利制度

印度在英国的影响下通过了专利法案,1945年通过的《专利和设计法案》(Indian Patent and Design Act),建立了主要的专利审查体系。1970年通过了印度历史上第一部《专利法》,当时为了保护脆弱的民族工业,规定对于食品、药品、化学制品等大类只授予方法专利,而不授予产品专利。该项专利保护制度客观上为印度大型制药企业快速完成产业升级创造了条件,使得他们在世界仿制药的研发与市场开拓等领域取得了优势地位。

印度专利立法的主要争议在于授予专利的范围是否应涉及食品、药品和化学制品部分,以及是否应该对这些产品和方法给予专利,进一步的讨论是对食品和药品相关发明如何进行强制许可,这样的议题到现在仍然有相当激烈的争论。对印度来说,大部分的专利拥有者是外国人,他们对于印度的经济利益关心程度可能远不及对自身专利利益的关切。1970年的专利法反映了这样的思想,印度政府并没有对专利保护完全加以拒绝,但对于食品、医药以及化学制品的专利保护给予重重的限制。强制许可的规定是对专利权人进行了限制。药品在取得专利权三年后,其强制许可自动生效。由于药品平均引入印度市场的时间是8年,加上印度缓慢的司法程序,印度药品的专利保护被弱化。

对西方国家而言,1970年的《专利法》对药品专利的保护是不够的,但印度国内还是有人认为提供了太多的专利保护,影响到了国内的经济发展。印度大部分的专利是外国人所拥有,这些专利的行使常常是非商业性的使用,或是仅为了确保市场独占或避免平行进口。虽然强制许可措施对于专利权人有限制作用,但实际影响有限。国外专利权人反对的声音一直存在,决策者对他们也有较大的让步。民众认为每一次的让步,就是给予外国专

利拥有者对印度经济多一份控制权。❶

1970年《专利法》第48条第2款对产品专利和方法专利加以规定：方法专利是指在制造方法或制造过程得到的"排他权利"的行使，两种专利都有14年专利保护期。为了和英国的标准尽可能一致，给予专利的客体必须满足新颖性、工业实用性和创造性。该法第5条对只给予方法专利不给予产品专利的范围作出规定：食品、医疗方法、药品及通过化学过程相关的中间体或成品。与发达国家的专利保护相比，药品专利在印度的保护程度远远不足。

印度专利法对于强制许可作出了以下规定：专利所有人自专利生效后，有3年的期限可以进行其专利相关的活动，但在此期间没有实施，则强制许可便被允许实施，任何人都可以基于"公众需要但专利所有人并未满足，或是基于不合理的价格……"等理由申请强制许可。专利主管机关也必须就发明本质、公众利益、执行能力等因素加以考虑，以决定是否实施强制许可。中央政府也可以根据第86条第1款，在"合理需求"下，对食品、药品以及化学的方法专利，在专利未被专利权人实施后满三年自动进行强制许可。此时，任何人都可以申请授权，同时不需要证明专利是否为原持有人的妥善使用。如果专利权人在印度不利用其发明进行生产或进口数量无法达到公众需要，根据1970年《专利法》，此专利就可以被撤销或进行强制许可。

由此可见，1970年专利法对公共利益的关注远胜于对专利权保护，《专利法》第83条说明了立法宗旨："专利许可是为鼓励发明并确保在印度能被商业使用以及最大程度地合理应用，不

---

❶ Dhavan R, Harris S, Jain M. *Whose interest? Independent India's Patent Law and Policy*, 1990, pp. 429–430.

得以任何不合理的理由拖延专利许可而为了使专利权人坐享由于独占所带来的利益。"印度专利立法给予专利权人独占的权利是希望能够在专利制度的积极作用下,促进印度工业的发展,增加印度财政收入。专利权人必须充分披露发明相关的信息,使专利权期限届满后公众能够继续利用,以此平衡公共利益和私人利益,刺激经济的发展。

(二) TRIPs 协议对印度制药产业的影响

TRIPs 协议在印度引起了的反响,支持者认为 TRIPs 协议会促进技术创新,反对者认为 TRIPs 协议会使本国制药产业面临激烈的竞争,且进口药品使本国的药价提高。这些质疑与印度的制药产业相关,在 20 世纪中期,印度的药价居高不下,原因在于 90% 的制药工业为外资所有,整个药物市场依赖进口。1970 年专利法实施后,药价明显下降。由于缺乏专利的有效保护,加上进口的高关税,对于本国的制药产业非常有利。外国公司丧失在印度的优势,印度制药产业逐步主导国内的药品市场。印度制药产业现在是利润丰厚的明星产业,在全世界拥有数一数二的生产数量,被认为是世界上第四大产业。❶ 印度制药公司主要依赖学名药市场,具有价格优势,制药产业在国际上有着良好的评价。

虽然印度制药产业成长极为快速,但研发基础较为薄弱。加强研发是当务之急,印度制药公司积极寻求研发资金,与美国、英国、以色列等国外制药公司进行合作,希望新药研发能够获得成功。TRIPs 协议的实施能够鼓励外来投资以及技术转让,可以提高印度的研发能力。

---

❶ Adelman MJ, Baldia S. Prospects and limits of the patent provision in the TRIPS agreement: the case of Indian. *Vanderbilt Journal of Transnational Law*, 1996 (29): pp. 507 –533.

(三)《印度专利法》的修改

2004年12月26日,印度颁布新修订的专利法,宗旨在于平衡专利保护与公共利益之间的关系,规定自2005年1月1日起受理药品、农用化学品和食品的专利申请,与TRIPs协议实现接轨。本次修改的主要内容包括:专利保护期限为20年;对食品、药品和化学品予以产品专利保护;方法专利侵权举证责任倒置;专利权利包括进口、Bolar条款和平行进口;专利申请18个月公开或可以请求更早公开;应申请人/第三方请求进行审查;保护生物多样性和传统知识。《印度专利法》虽然于2005年3月21日获得批准,但反对者纷纷抗议,声称此举是将整个印度医药市场出卖给了跨国公司,有可能引发大范围的专利药提价。支持者则认为该议案的出台不仅有利于跨国企业,对印度本土制药产业的发展也会起到促进作用。❶

三、初步结论

综上所述,药物政策会对产业经济利益、公共利益、知识产权保护、个人健康乃至国际关系等诸多方面产生影响。对于国家药物政策类型的分析,可以清楚地看出,没有一个国家政府能够主导其药物政策任意向一个方向过度倾斜。崇尚自由贸易的美国,在面临健康危机时仍然以公共利益为重;而曾经对药物专利保护采取忽视态度的印度,在衡量国家整体经济发展趋势之后,最终对原有政策作出修正;加拿大寻求药物政策的平衡,希望加强生物技术产业的发展,通过专利保护鼓励新药研发,吸引更多研发性制药产业进行投资,但控制药费支出的压力使得产业政策难以

---

❶ 《印度专利法》,见http://pat365.com/patentworld/xgfl/ydzlf.htm,2012年8月20日访问。

吸引更多的投资。因此，我们在思考经济发展与药物政策应有的平衡时，应针对自身国情，结合国际形势，选择合适的药物政策。

值得注意的是，发达国家的制药产业虽然拥有雄厚的经济实力，对国内的药品政策、对外经济政策施加广泛的影响力，但是国际舆论和民众的关切同样不可忽视。不论是基于对人道主义的考虑或是选票的压力，都会影响药物政策的走向。在健全的民主社会，只要药物政策的目标明确且具有正当性，通过正当途径实施影响力，就可以使得药物政策向符合大众利益的方向发展。

第五节　中国药物政策

中国是发展中国家，在产业利益与公共健康之间的平衡问题上，制定何种类型的药物政策，应当作出适合于国情的理性选择。不仅要明确药品专利保护的目标，而且药物政策要体现公平与正义。

一、药品专利保护的目标

为鼓励发明创造，对专利采取保护措施，并给予一定期限内的垄断权是合理的，但垄断权要在一定限度内。面对公共健康带来的威胁，公共利益与个人利益就会发生冲突。在这种情况下，健康权的保障优先于专利权的保护。"那些同生死攸关的产品一经产生，便成为全世界的财产，但创造者因而有权获得补偿。"在这种例外情形中，健康权应高于包括专利权在内的知识产权。❶

---

❶ 吴汉东：“知识产权 vs 人权：冲突、交叉与协调”，见 http://www.docin.com/p-319536275.html，2012 年 8 月 28 日访问。

专利制度不仅可以保护专利权人的利益，而且是促进社会与技术的进步，平衡个人利益与公共利益的工具。由于发达国家和发展中国家经济发展水平差异较大，绝大多数的药品专利权为发达国家所拥有，如果适用同一标准进行专利保护，貌似平等，实质上是不公平的，会阻碍发展中国家和不发达国家的经济发展，甚至可能危害到公共健康。过分保护专利权人的利益，不利于新技术的使用与传播。鼓励发明创造，激励创新，最终造福于全人类，促进整个世界的和谐发展，维护社会的公共利益，应成为专利保护的目标。因此，保护药品专利不能以牺牲公共健康为代价，反而在处理公共健康危机时，可以使用强制许可等措施。

二、利益平衡体现公平与正义

在药品专利保护的问题上，发达国家和发展中国家之间、专利权人与专利使用人之间会发生利益冲突。发达国家强调专利制度对人类社会进步、经济发展的重要性，以及研发过程的巨额投资和巨大风险，主张要不断提高专利保护的标准，专利权人行使权利的自由不应受到限制。事实上，任何权利与义务的分配，都应遵循公平正义的原则。专利权作为依法取得的法定权利，专利权人不仅享有自由和利益，同时也承担有相应的义务。设立专利制度，是一种利益的分配方式。促进科技发展和人类社会的进步，在个人权利保护与公共利益之间寻求平衡是专利制度追求的目标。

目前，发达国家对专利实行国际保护的根本目的是保护其制药产业的专利的垄断地位，从而获取高额利润。其无视发展中国家的经济发展水平和社会现状，无视人类的基本人权和共同利益。表面是平等的谈判和协商，实质是通过经济霸权相威胁，将发达国家的标准强加给发展中国家，造成了实质上的不平等。[1]专利制度起源于发达国家，通过《巴黎公约》、TRIPs协议等国际法律文件对专利权实施国际保护，以维护其经济、技术的优势地位。专利保护国际化意味着国际法介入对专利权这类私权利的调整，通过对国家政府行使权力、履行义务和承诺进行监督，协调公共利益与专利保护之间的利益冲突。这些利益冲突不仅是私人利益与公共利益的冲突，也体现出发达国家与发展中国家的利益冲突。当利益发生冲突时，公共利益应当高于私人利益，还要考虑保障发展中国家和最不发达国家的公共健康的需求，要使这些国家的人民能够享受到科技进步所带来的益处，享受应有的医疗保障，人权受到真正的尊重。

因此，中国应在药品专利保护与药品的可及性之间寻求平衡点，给予药品专利以合理、适当的保护，激励技术创新与传播，增强应对公共健康危机的能力，实现各方利益的平衡，体现公平与正义的基本原则。

三、中国药物政策的分析

（一）基本药物政策

在中国医疗服务总支出中，药品的费用占到了40%左右，长期以来形成了以药养医的局面。从经济角度及药品的疗效角度来看，其效率都非常低。中国政府在2009年公布的医疗卫生改革方案中包括了国家基本药物制度。随着医疗保障覆盖面的不断扩大和公立医院改革的推进，提供安全、高效、便捷和可负担的药品日益成为医疗改革的核心内容。

---

[1] 冯洁菡：《公共健康危机与WTO知识产权制度的改革——以TRIPs协议为中心》，武汉大学出版社2005年版，第208页。

第五章 药物政策与公共健康

1. 基本药物目录

20世纪80年代,世界卫生组织首次提出"基本药物"的概念,然后被许多国家转变为政策措施,其中也包括中国。基本药物是指向那些遭受常见疾病的民众、特别是贫困人群提供的免费或价格低廉、高质量、方便可及的药物。基本药物是世界卫生组织20世纪80年代提出的,基本药物政策是许多国家在特定历史时期内,以向民众提供基本医疗服务为出发点,列出一系列特定药品目录的政策措施。基本药物政策制定的目的是为遭受常见疾病和可治愈疾病困扰的民众提供最低成本和高质量的药品。

随着2009年4月中国医疗卫生体制改革的推进,对基本药物有了新的认识,目录中的药品数量正在逐步缩减。核心药品目录(核心药品的选择以药物疗效和低成本为基础)对实现医疗卫生全覆盖的目标至关重要,实现这一目标主要依赖于通过不断扩大和提高医疗保障覆盖面来保证患者都能获得核心药品和医疗服务。基本药品目录是实施基本药物政策的重要手段。一个国家的基本药品目录需要根据引发疾病和死亡的主要原因进行调整,同时还要考虑到医疗卫生体系的经济能力,最大限度地提供可负担的、公平的医疗卫生服务。

2. 基本药物定价

多年来,卫生部对所有基本药品都实行价格管制,目的在于保证人们能够买得起、买得到基本药品。事实上,许多管制措施却产生了相反的效果:受到管制的药品的使用数量不断减少,甚至从市场上彻底消失。不论是价格上限,还是限制利润,卖方都认为回报太低。他们干脆从市场收回产品,或是在营销方面不积极作为。不管哪种情形,病人都很难买到价格较低的基本药品,于是各种高价替代品充斥市场,总体开支又回复到原来的水平。制药企业通常采取以下办法来应对价格控制:在不改变药品有效成分的前提下，把原来生产的药品略作调整或是换个名字变成"新药"。"新药"可以享有更大的定价自由。为了避开不同的限制性规定，创造"新药"的办法多种多样：新的药物剂量、改变有效成分的数量、通过添加某些成分来改变药品的某些特征、甚至仅仅改变一下包装。在这种情况下，制药商和经销商很容易就通过生产"最新的药品"领先价格监管者一步。只要不同种类的药物还享有不同程度的定价自由权，就可以将需求转移到更贵的药品上来。只要医疗机构可以开药、配药，并通过卖药来获得大量收入，那么单单依靠价格管制就不足以保证买方能以最优的价格买到药。近些年来，这些"创造新药"的做法越来越受到限制或被严格禁止。根据世界卫生组织2008年的数据，在中国同样成分但不同品牌的药品的价差非常大。假定销路最好的药物价格为100元，研究者发现，原创品牌药品的价格通常在200~250元之间，而最便宜的仿制药品在30~50元之间。❶

随着科技的发展，新药不断被研制出来。新药的价格比较高，一是因为没有替代药品，二是因为制药商要尽快收回研发成本。制药企业通常会设定全球售价范围，他们不愿意在公布的售价上作出很大让步，对大客户（例如政府和大的保险基金）可以通过签署保密协议享受较大折扣，同时不改变"公开价格"。政府或保险基金可以与制药商在合同中订立特别价格条款，以控制新药总费用的上升风险。为了迅速收回成本，制药企业会同意，如果达到一定销量，可以降低某种药品的价格，甚至免费提供。同样，有些制药商也愿意考虑"差别定价策略"，例如，允许他们在高端市场上以自己希望的价格出售某种药品，然后针对

---

❶ 世界卫生组织（WHO/HAI）价格调查，见http：//erc.msh.org/dmpguide/pdf/DrugPriceGuide_ 2008_ en.pdf.

穷人的医疗项目免费提供或只按成本价出售药品。

(二) 医疗保障体系

目前，中国政府为城镇居民、城镇职工和农村居民提供医疗保障，其中城镇医疗保险体系现由人力资源和社会保障部主管，新型农村合作医疗保险则由卫生部主管。根据官方的数据估计，截至2011年年底，我国基本医疗保险覆盖13亿人。

从总体上看，目前一半以上的医疗卫生支出（包括医疗服务和药品费用）是由病人自费承担的。许多国家的经验表明，如果共付水平比较高，那么很大一部分病人都不愿意听从医嘱和购买药品，当病人认为自己只是得了"小病"的时候，会根据经验自己买药治疗。经济不富裕的人更容易忽视病情或是寻求非正规治疗，而不愿去医院，因为到医院看病要排队、接受各种各样的检查与化验，然后自己还要花一部分钱支付门诊费和药费。在这种情况下，即使不缺少医疗机构、医疗保险基本合理，也难以解决实际问题。

除了三大医疗保险基金之外，还有民政部负责管理的医疗救助制度。医疗救助是社会福利制度的一部分，主要是向贫困的家庭提供帮助。医疗救助一般是个案申请，区别对待，并参考家庭收入水平。医疗救助没有对药品报销作出专门规定。

国家发展和改革委员会、卫生部、财政部、人力资源和社会保障部、民政部、保险监督管理委员会2012年8月30日公布了《关于开展城乡居民大病保险工作的指导意见》（以下简称《意见》）。《意见》指出，随着全民医保体系的初步建立，人民群众看病就医有了基本保障，但人民群众对大病医疗负担过重反映强烈。开展城乡居民大病保险工作，是在基本医疗保障的基础上，对大病患者发生的高额医疗费用给予进一步保障的一项制度安排，目的是要切实解决人民群众因病致贫、因病返贫的突出问题。大病保险保障水平以力争避免城乡居民发生家庭灾难性医疗支出为目标,合理确定大病保险补偿政策,实际支出比例不低于50%;按医疗费用高低分段制定支付比例,原则上医疗费用越高支付比例越高。❶ 由此可见,我国的医疗保险覆盖面越来越广,医疗保障体系日趋完善。

(三) 仿制药品的政策

仿制药含有与专利药品相同的有效成分,不是假冒伪劣药品,从药效分析来看,仿制药与专利药几乎没有区别。仿制药和专利药在疗效上有所不同的主要原因是心理因素、生产质量以及附属成分的效果等。

仿制药比专利药品价格低廉,可以提高资金的使用效率;针对公共健康问题,使用仿制药,可以提高药品的可及性。我国基本药物政策离不开仿制药。基本药物政策都是以基本药品目录为基础,基本药品目录作为处方集,明确规定了在特定的情况下,可以推荐、提供或报销哪些仿制药,列出仿制药的名称、剂量。仿制药对于解决公共健康的作用是显而易见的,但在实施过程中还存在一些问题,如医生和病人对仿制药的质量没有足够的信心;医生开药是按照品牌名称而不是仿制药的药名来开药;经济激励不利于使用低成本的药品;虽然能够获得低成本的仿制药品,但专利药品的推广宣传影响力很强;定价政策有利于原专利药品。

尽管基本药物政策在中国已经实施了 20 多年,但基本药物的概念对药品使用和相关医药部门的实际影响有限。因此需要改变供方支付体系,使医疗服务供给者的收入与药品销售脱钩;对

---

❶ "中国出台大病保险新政,实际报销比例不低于50%",见 http://money.msn.com.cn/internal/20120830/18151458688.shtml,2012 年 8 月 30 日访问。

仿制药品执行严格的质量标准；解决好医生和病人对仿制药品的认识问题；引入一整套激励机制，促进医生多开、多配、多用各类低价仿制药品，这些药品是基本药品目录的组成部分。

（四）以仿制药的供应为基础

基本药物政策要保障农村贫困人口能够享受基本医疗保险。农村和城市居民对基本药物政策的期望存在很大差异，对如何定义"基本"有不同的看法。解决问题的关键在于实施仿制药品政策。仿制药品政策将为重新启动基本药物政策奠定基础。基本药物制度包括以下方面：一是改革供方支付体系，切断出售药品和收入之间的联系；二是对仿制药品实行严格的质量标准；三是解决好医生和病人的认识问题；四是引入"医药分离"的激励机制。仿制药品政策将刺激市场提供高质量、低成本的仿制药，提高药品的可及性。以提供基本服务和建立多层体系为出发点，从药物实际疗效的角度来看，确定能够负担起的、合理的药品。通过这一过程，可以逐步建立一个多层次的报销目录，形成以资源可获得性为基础的统一目录，不断缩小城乡之间在获得医疗卫生服务上的差距。增加目录药品的供给，减少不必要的干预。医疗保险基金可以借鉴其他国家的做法，利用其议价获得更低价格的仿制药，并限制引进新药带来的成本上升风险。

在基本药品目录中，绝大部分是低成本的仿制药品。医疗服务供给者和消费者普遍认为，仿制药品价格低是由于它们质量不高。这种看法对开药和买药有很大的影响力，要克服这种观念，必须更加深入地了解医患双方的关系。此外，还要通过各种渠道提高人们对仿制药品的接受程度。当人们对仿制药品的认识和信心不断提高之后，会对药品的消费产生重要影响。

通过采取适当的管理措施和建立相应的经济激励机制来推广使用仿制药品。美国健康维护组织的一些做法值得借鉴，如临床实践指南（详细说明应该使用什么药品以及如何使用）、仿制药品的强制性替代（要求药剂师提供疗效相同的仿制药品）、分步疗法等（要求医生首先使用较便宜的仿制药，当第一次治疗不起作用时，再使用更好的药）。中国公立医疗机构可以对此类方法进行吸收借鉴，探索出在我国医疗体制下切实可行的办法。

（五）改革药品供应和医疗支付体系

制药商与患者之间存在着药品的供应链条，我国医疗服务的提供者收取药费的方式致使药物使用成本高、效率低，造成了以药养医的结果。

如图 5-1 所示，目前药品的主要供应链是许多制药厂向销售商出售药品，经销商再将药品卖给医院。基本药品目录的药品大多数通过这样的机制出售与配送。中国药品市场竞争激烈，销售商在制药企业与医疗机构之间起着重要的作用。

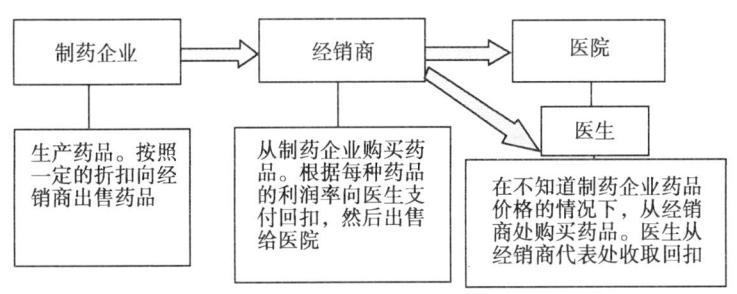

图 5-1　目前占主导地位的药品供应链条

在现行的药品经营与销售模式之下，没有相应的政策激励制药企业提高质量、降低成本以提高利润。经销商为了提高销售额，往往拿出一部分利润作为回扣或奖金支付给医生或是医院，医院或医生通常不了解药物的出厂价格。选择经销商的标准往往是根据他们与医院或医生的私人关系。在经济利益的驱使之下，医疗服务机构没有动力去降低成本,这种经销模式本身会激励医生多开药、开贵药,增加不必要的药费和药量,给患者造成了经济负担,而且过度医疗对患者的身体也是一种伤害。

若政府改变供方支付体系,以集中批量采购取代以经销商为基础的购买模式,就会大大降低购药的成本,形成新的药品供应体系。如图5-2所示:

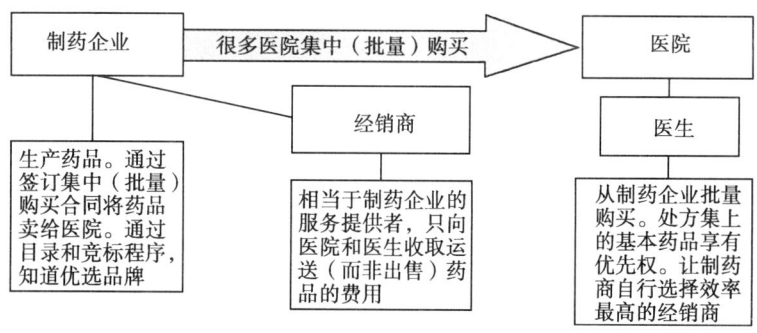

图5-2 集中采购药品的供应链条

如果出售药品仍然是医疗卫生机构和医生的主要收入来源,实行新的药品供应体系就会面临很大困难。即使能够严格执行,如果医疗卫生机构的收入下降,他们就会减少医疗服务。因此,需要对医疗机构和医生的收入损失进行补偿。补偿药品收入损失有三种选择:第一,提高医疗服务收费标准;第二,医疗保险提高医疗服务的报销比例;第三,提高政府对医疗机构的直接补助,如增加医生的工资、根据医疗服务收入向个人发放奖金或通过其他激励提高医疗服务数量或质量。❶

---

❶ 世界银行中国卫生政策报告:"仿制药政策:中国基本药物政策的基石",见http://www.worldbank.org/china/pubs,2012年8月30日访问。

中国是发展中国家，人口众多，病患者的总数多，经济发展不均衡，一些偏远地区缺医少药，公共健康的状况不容乐观。多数制药企业仍以生产仿制药为主，自主研发的新药很少，药物政策应当向公众利益的方向发展，鼓励使用质量好、疗效显著、价格便宜的仿制药。

第六章　存在的问题与对策

第一节　中国药品专利保护

一、目前状况

为加入世界贸易组织，我国在2000年对《专利法》进行了第二次修改。为进一步完善专利制度，提高自主创新能力、建设创新型国家，促进科学技术和经济社会发展，2008年对《专利法》进行了第三次修改。❶ 对药品专利的保护水平已达到了TRIPs协议的要求，在医药知识产权保护领域实现了与国际接轨。但在专利保护问题上，我国的医药企业面临着尴尬的局面：外国在我国申请的医药专利，特别是发明专利越来越多，而我国的医药发明专利却少得可怜，国外制药企业先下手为强，将中国的医药专利版图瓜分得所剩无几。这就意味着，我国本土医药尚未走向全球化之路，就已经被国外咄咄逼人的医药专利战略逼入难以喘息的死角。

以上现象蕴含着深刻的原因：一方面，在计划经济体制下，医药企业无法自主安排生产，缺乏技术创新动力；另一方面，知

---

❶ 2000年8月25日第九届全国代表大会常务委员审议通过了《关于修改专利法的决定》，同日，江泽民主席签发第36号《中华人民共和国主席令》，宣布修改后的《专利法》自2001年7月1日起施行。2008年12月28日颁布，2009年10月1日实施第三次修改的《专利法》。

识产权保护意识淡薄，长期走以仿制为主的道路，缺乏技术创新的压力。因此，目前我国能够进行高科技研发的企业不多，医药企业对仿制依赖过强。

我国实行药品专利保护后，外国制药企业来我国申请专利的数量呈大幅度增长态势，体现了外国制药企业专利意识和战略观念的先导性和超前性。相比之下，我国制药企业仍然存在着重成果轻专利的现象。我国创制新药的能力较弱，而仅有的为数不多的一些创新成果却由于缺乏专利保护意识，没有及时申请专利，而丧失了专利保护。如抗疟新药青蒿素，是我国研究开发成功并得到国际公认的新化合物，曾获卫生部和国家科技奖，是我国医药领域的重大发明，在世界上也有一定影响。当研究论文发表后，国外企业立即进行了较小的结构改造并申请了专利，致使我国的发明变成了外国的专利，且因没有及时申请专利保护而导致每年2~3亿美元的出口损失。再如我国的维生素C两步发酵法是一项具有国际先进水平的制备方法，但研制单位在没有申请方法专利的前提下发表了论文，一家外国企业原本准备用500万美元购买此项技术，在得知此项技术没有申请方法专利且已公开发表后，只花了几十元人民币买了论文。几年之后，国外以这种低成本技术生产的维生素C在国际上大量倾销，对我国维生素C的出口进行价格打压，致使国内一些生产企业陷入困境。

二、造成现状的原因

我国专利制度起步较晚，专利机构需要一个逐步完善的过程。在医药领域，1993年前的专利法只对医药生产工艺给予保护，而将药用物质和品种排除在专利保护之外。此外，专利意识淡薄，对专利工作专业人才的重视和培养不够，致使我国医药领域专利人才严重缺乏，医药企业严重缺乏专利代理人或专利律师等专业人士，而且缺少专门的专利管理部门。在一些发达国家的制药企业，大都设有专门的专利工作机构，专利工作通常由专利代理人和专利律师来承担。例如美国著名的制药企业默克公司设有知识产权部，拥有几十名专利代理人和专利律师。他们的职能包括专利情报研究、挖掘发明创造、办理专利申请、处理专利纠纷、进行专利许可证贸易等。

我国医药的研究开发主要以仿制为主，长期以来，新药研发经费不足。例如，我国医药行业中，影响较大的华北制药厂，一年的研发费用只有几千万元，而国际上一个新药的研究开发费用一般是在数亿美元，研创一个新的化合物平均费用是 2.31 亿美元。2001 年，国际上制药公司开发新药的费用甚至达到 9 亿美元。一方面严加医药专利的防范，另一方面在研发上高投入高产出，在国外医药企业如此紧逼之下，很难想象，中国医药企业在仿制的道路上能走多远？面对这一严峻的形势，我国医药行业只有一种选择：有条件上，没有条件创造条件也要上。医药企业必须实现由仿制向自主创新的模式转变。因为医药专利版图的瓜分已给中国医药企业上了沉痛的一课，中国的医药企业何去何从，值得深思。

第二节 中药领域知识产权的保护问题

当今社会人们逐渐崇尚自然，追求返璞归真。同样在医药领域，人们已认识到化学合成类药物的副作用，国际医药界已开始注意利用天然药物开发新药。随着天然药物热的兴起，传统医药在发达国家也发挥着重要作用。据统计，世界植物药市场已达 430 亿美元，年增长 5% ~15%。❶ 一个全球化的天然药物市场

---

❶ WHO, Strategy for Traditional Medicine 2000~2003, Geneva.

正逐渐形成。由此，中药领域知识产权的角逐变得日趋激烈，我国中药"唯我独尊"的地位受到威胁。一些外国企业采取"拿来主义"的态度，利用我国大量的药方进行二次开发，不但行销全球，而且返销我国。我国中成药自1998年起就出现了贸易逆差。2001年1月起，中成药进口总额增幅均为两位数，且逐月提高，12月份增幅达41.9%；但出口量却逐月减少，从32%减到10.3%，最低的9月份达8.9%，且进口总额相抵继续为逆差。❶

在世界传统医药学体系中，中医药学发展历史源远流长，千百年来，积累了丰富的临床经验和系统的医学理论。我国拥有11146种中药资源和4000多种中药制剂。在中药开发上，我们应该拥有得天独厚的优势。但由于知识产权保护不利，缺乏市场竞争意识，在目前逾160亿美元的国际中药市场上，中国仅有3%~5%的占有率，而且70%来自中草药原料，具有高附加值的中成药出口份额则微乎其微。发达国家的先进技术在涌进中国的同时，也疯狂地占领和掠夺国内的中药资源，在日本，厚生省批准的210个汉方制剂的处方，主要来自中国中医典籍，其生产原料75%从中国进口，但日本中药产品在国际中药制剂市场中却占有80%的份额。1994年其产品的国内销售额就达到1500亿日元，超过我国中药的年销售额。其中在中国六神丸的基础上开发出救心丸，年销售额达上亿美元；德国干脆把工厂搬到中国，把银杏叶粗加工后运回本国深加工，而后再返销到中国市场。韩国在中国牛黄清心丸的基础上开发出牛黄清心液，仅这一个品种年产值就高达0.7亿美元。这些国家从我国进口粗加工的原料药

---

❶ 黄美珠："2001年中药工业经济进行分析与2002年市场预测"，载《世界科学技术——中药现代化》2002年第2期，第42页。

后再进行精加工,制成符合国际标准的片剂、胶囊等,以十倍身价行销全球,其中包括返销中国市场。牛黄清心丸是我国传统中成药,但是如果要生产牛黄清心丸的口服液和微胶囊的改进剂型产品,却要取得韩国专利权人的许可。江苏地道的中药材薄荷,目前已有8项专利落在美国人手里,主要用于口香糖等高利润市场,而我国的专利只是薄荷藕、薄荷茶水等,市场空间极为有限。在关于银杏的68件中国专利中,外国人申请的虽然只有4件,却几乎涵盖了银杏的全部提取工艺流程。❶

由此可见,一方面我国大量中药方剂资源被外商无偿侵占,另一方面,国外企业又利用知识产权作为武器,企图将中药财富据为己有。而我国现有的专利法和有关中医药保护的法规、政策难以满足中医药保护的实际需要。因此,加强中药专利保护的法律制度必须尽快出台。

一、中药专利保护的现状及原因

据统计,自《专利法》实施以来到1999年8月,我国中药领域70%以上大中型国有企业及95%以上小企业未申请过专利,涉及新化合物的发明专利申请90%以上都是外国的。❷ 另根据国家中医药管理局对120家中成药重点企业及其401个重要中成药品种的调查,401个中成药产品中,专利授权总数为130个,占调查总数的32.40%,国际专利仅3个。这表明我国中成药产品获得专利授权的数量很少,而向国外申请专利的数量更少。从专

---

❶ 佚名:"中药专利保护迫在眉睫",见 http://www.otccn.cn/Article_Show.asp?ArticleID=1018. 2004年12月15日访问。

❷ 莫瑶江:"加强知识产权保护推动中药现代化进程",载《世界科学技术——中药现代化》,2001年第3期,第51页。

利的类型来看,130个专利中:外观设计89个(31.45%)、发明38个(9.48%)、实用新型3个。可见,我国中成药专利的类型以外观设计为主,而发明专利的比例较小。这120家企业在申请中药保护时,优先选择的保护形式顺序为:中药品种保护47家(75.81%)、新药保护39家(62.90%)、专利保护27家(43.55%)、商标保护31家(50%)、著作权2家(3.23%)。❶

可见,我国中成药企业持有的专利数量很少,绝大多数中成药没有取得专利保护。而且,对中药行政保护的采用多于专利保护。许多人把这种状况归咎于企业的专利保护意识不强。其实也不尽然,我们的专利制度确实存在对中药保护不利的因素。

(一)中药满足专利必要条件的困难

新颖性、创造性、实用性是获得专利的必要条件。最能体现中药特色的不是单味中药材、中药提取物,更不是提取的有效成分,而是中药复方。中药复方作为一种产品,最强的保护应是申请产品发明专利,而许多中药复方事实上不符合专利申请的三个条件。在专利实务中,新颖性的判断标准主要有三个:一是技术内容是否完全相同;二是技术内容是否包含了现有技术;三是技术内容是否属于惯用手段的直接置换。就中药复方而言,由于现有技术的范围很广,新颖性的要求难以满足。但中药最难满足的是创造性要求,创造性的判断标准:一是发明解决了人们一直渴望解决、但始终未能获得成功的技术难题;二是发明克服了技术偏见;三是发明取得了预料不到的效果。在对中药复方制剂的创造性进行评价时,要求申请人提供可信的对比药效实验数据或临床对比观察资料,并证明产品所作的改进带来了显著的效果。而

---

❶ 洪净主编:《中药知识产权保护》,中国中药出版社2003年版,第121-130页。

许多中药复方的发明集中在中药配方上的变化。其制作工艺大都属于传统常规技术，技术改进不大，因此很难达到这些要求。实用性的判断标准有两个：一是能够在工业中制造和使用；二是能够产生积极效果。一些中药方剂虽然在临床中反复使用，但要证明具有工业实用性相当困难。

（二）中药专利保护范围难以确定

发明专利的保护范围是根据权利要求确定的。产品的权利要求一般应当尽可能用产品本身的技术特征来表征，例如用分子式或结构式定义化合物，用组分及含量定义组合物等。西药产品通常是化学结构清楚的单体化合物，其产品特性可以由化学结构来表征。因此，西药一般采用产品特征定义权利要求，其保护范围容易确定。然而，中药复方一般由多种中药材按照中药理论配制而成，其中的有效成分绝大多数还不清楚，更不用说其结构。所以，中药复方在《国际专利分类表》中被归入 A61K35/00 大组，即含有原材料或其不明结构之反应产物的医药配制品。由于物质结构不清楚，以至于无法用分子式或结构式定义，在专利申请中，中药复方不得不采用方法定义产品的权利要求。然而，用方法特征定义的产品，无法与已知产品比较特征，只能与已知产品比较制备方法。由于一种中药产品往往可以有几种不同的制备方法，中药的权利要求保护范围很难确定。

（三）中药专利侵权难以认定

因为中药大都是复方，几十种物质混合在一起，加工处理时这些物质又可能发生复杂的化学反应，所以在制成中成药后，即使采用最先进的仪器也难以分析出它的原始配方和生产工艺。因此在实践中，权利人认为他人可能侵犯了自己的专利权，却无法将他人产品的技术特征与自己专利的技术特征进行比较，也就无法证明他人是否侵权。即使分析出他人药品与自己药品含有几十种相同的化合物,但一味中药中往往含有几百甚至上千种化合物,并且同一种化合物他人可以从其他途径、配方中获得,也无法证明他人一定侵权。而无法认定侵权事实,自然就没有办法保护自己的权利。这也大大影响了企业申请中药专利的积极性。对于中药企业来讲,申请专利就意味着要公开自己的中药配方,如果专利没有获得批准,还失去了商业秘密,实在是得不偿失。因此,应当根据中药的特点和有关的国际公约,明确中药专利公开的范围与技术秘密的认定,避免由此引发的纠纷。

二、国内市场存在无序竞争

我国中药领域仍沿袭传统的思维模式,重视成果和论文,不善于使用专利保护这个法律武器去参与市场竞争。再加上我国在过去相当长一段时间内对药品不实施专利保护,导致中药企业相互仿制,国内市场竞争无序,同一品种重复生产严重。如安宫牛黄丸全国有100余家生产,牛黄解毒片有150余家。广州潘高寿药厂研制出的蛇胆川贝液上市不久就有20余家药厂先后仿制投产。这样造成的严重后果就是相关企业不愿意进行新产品的开发,导致中药产品科技含量不高,长期在低水平重复生产。总体上讲,国家对中药的研发、生产、销售调控力度较弱,导致各地方在确定经济发展布局时基本都把生化制药确立为主攻领域,客观上造成生产分散,不能形成规模化的核心品种,使目前的中成药企业普遍规模不大且效益不高,在国际市场竞争中没有实力与跨国医药公司抗衡。既然没有专利保护,仿制也就在所难免。当外国人用高科技手段攻破了中药的这道技术屏障之后必将长驱直入。因此,许多人担忧民族中药不但难以走向国际市场,恐怕连国内市场都保不住。

三、现行法律不完善

中药领域绝大多数新药是复方制剂，但我国《专利法》目前只能保护中药配方和配方的剂量，对配方的用途、加减则未能有效保护，这对中药复方的专利保护是不利的。如果专利法对中药复方的知识产权保护力度不够，则势必会挫伤中药新药研制开发者的积极性，影响整个中药科技的发展。

中医药知识产权保护法规与国际不接轨。许多传统中药配方在未有国际专利保护的情况下，多是靠处方保密作为知识产权保护的手段。但中药以食品出口时，进口国一般要求在标签上标明成分，如发现标示成分与分析结果不符，就会禁止入关。随着各国对中成药检测水平的不断提高，这个问题将会更加明显。但由于国际上仿冒中药产品的情况又时有发生，公布配方的办法就不可取，这些现实问题迫切需要法律加以确认和调整。

四、中药的知识产权保护对策

前文从制度的角度解释了我国中药复方发明专利少的原因。对中药企业而言，如果获得专利保护的难度太大，而保护力度又不强，这种保护就缺乏足够的吸引力。因此，应当考虑如何改进中药的专利保护。

（一）借鉴国外经验

我国可以参考国外的经验，对传统医药的知识和资源可以在专利法框架下采取防御性保护措施。

1. 适当解释公共利益条款

伴随着科学技术的飞速发展，同时也带来了伦理的问题。而公共利益条款已为知识产权国际法和国内法普遍重视。TRIPs协议第27条规定"各成员可拒绝对某些发明授予专利权，如在其领土内阻止对这些发明的商业利用是维护公共秩序或道德，包括保护人类、动植物的生命、健康或避免对环境造成严重损害所必需的，只要此种拒绝授予并非仅因为此种利用为其法律所禁止"。

对于公共利益、公共秩序和善良风俗，因国情不同，各国的认定标准不尽一致，但作为一项原则，各国专利法均作了规定。比如，日本《专利法》第32条第2款规定，"有碍公共秩序、善良风俗和公共卫生的发明"不授予专利。英国1977年《专利法》第1条第3款（a）规定，"发明的发表或实施一般有可能导致违法、不道德或反社会行为发生的"不授予专利权。

针对传统知识保护提出的问题，有学者建议专利法应在以下三个方面进行改革：第一，专利局在审查一个发明的可专利性时应当对实用性要求的道德因素多加考虑。比如，Loren Miller的死藤水专利就应当以对具有宗教象征意义的植物授予财产权不道德为由予以驳回；第二，应当承认外国的在先使用构成专利法"新颖性"条件中的在先技术。防止对土著人长期一直使用的植物请求专利权；第三，美国应当支持将《生物多样性公约》的目标整合到TRIPs协议中，以形成一个有利于生物多样性利益的平等分配的协议。❶ 这一建议提出将传统医药利用所引发的道德问题作为专利授权时应考虑的因素，对我们思考传统医药保护途径是有启示的。

我国现行《专利法》第5条规定："对违反法律、社会公德或者妨害公共利益的发明创造，不授予专利权。对于违反法律、行政法规的规定获取或者利用遗传资源，并依赖该遗传资源完成

---

❶ Leanne M. Fecteau, The Ayahuasca Patent Revocation: Raising Questions About Current U. S. Patent Policy, *Boston College Third World Law Journal*, Winter, 2001, pp. 87–88.

的发明创造，不授予专利权。"

这里所讲的法律，仅指由全国人大及其常委会制定的法律，不包括行政法规、地方性法规和规章等其他规范性文件。违反法律的发明创造是指该发明创造本身的目的与法律相违背。如果发明创造本身的目的并不违反法律，而是由于被滥用而违反了法律，不属于违反法律的发明创造。例如麻醉品、镇静剂的发明。社会公德是公众普遍认为正当的，并被接受的伦理道德观念。公共利益是指社会公众共同的利益，包括公共安全、公共健康、环境保护、公共秩序等。对于涉及药品以及方法的发明，如果其商业开发违反法律、有悖于社会公德或者妨害公共利益，那么这样的发明将被认为是属于《专利法》第5条所规定的不授予专利权的发明。

各国专利法和国际公约都有明文规定，对违反社会公共利益、公共道德的发明创造不授予专利。否则与实行专利制度的目的相违背，不仅不利于社会发展，反而对社会造成危害。TRIPs协议第27条规定，如果为了保护公共秩序或公德，包括保护人类、动物或植物的生命与健康，或为避免对环境的严重破坏所必需，各成员均可排除某些发明于可获专利之外。

遗传资源的规定是第三次修订专利法新增加的内容，与我国的现实需要相符合。遗传资源是指来自植物、动物、微生物或其他来源的任何含有遗传功能单位的、有实绩或潜在价值的遗传材料。依赖遗传资源完成的发明创造，其遗传资源的获得和利用应当符合中国法律和行政法规的规定。因为，依赖遗传资源完成的发明创造，一旦被授予专利，享有了独占权，提供遗传资源的国家不仅不能分享由此带来的经济利益，如果要使用其专利，还需要支付许可费用。这对于遗传资源的提供国是不公平的。《生物多样性公约》规定了国家主权原则、事先知情同意原则、惠益分享原则。2010年10月在日本名古屋《生物多样性公约》第10次缔约方大会通过了《名古屋议定书》，为实现公正、公平分享利用遗传资源所产生的惠益迈出了关键性的一步。获取遗传资源要求遗传资源来源于原产地，在共同商定条件下公平地分享利用遗传资源所产生的惠益。另外，《生物多样性公约》中遗传资源的定义没有包括衍生物，提供遗传资源的多是发展中国家，其坚持将衍生物纳入《名古屋议定书》的适用范围，衍生物是利用遗传资源的最主要的方式之一，例如医药开发的许多产品利用了遗传基因表达和自然代谢产生的衍生物，而不是遗传资源本身。衍生物的利用将会产生重大的经济利益。我国也是遗传资源较为丰富的发展中国家，第三次《专利法》的修改所增加的该条款的内容，有利于保护我国的遗传资源和公平、公正地分享利用遗传资源所带来的惠益，也有利于我国制药产业的发展。

2. 强制许可条款进一步细化

WTO成员经常对实施强制许可的正当理由发生争议。发达国家认为TRIPs协议的规定过于宽泛，强制许可的规定为发展中国家提供了实施强制许可过大的例外空间。而发展中国家则认为，强制许可的条款不够具体，不利于保护公共健康。尽管如此，少数发展中国家还是尽可能适用"强制许可"维护本国的公共健康利益。比如，巴西政府根据1997年5月15日颁布的《工业产权法》，对用于治疗艾滋病的药品颁发强制许可。现在，巴西的医药公司已经生产了12种治疗艾滋病的药品中的其中8种药品，其价格比市场价格低70%。[1] 在世界范围内，印度、阿

---

[1] Naomi A Bass, Implications of the TRIPS Agreement for Developing Countries: Pharmaceutical Patent Laws in Brazil and South Africa in the 21st Century, *George Washington International Law Review*, 2002, pp. 206 – 207.

根廷和巴西都是利用"强制许可"政策使公共健康得到改善的国家。

强制许可是发展中国家和发达国家不同利益主体在谈判中比较敏感的话题。发达国家不可能同意放松强制许可的限制，而发展中国家需要共同努力以尽量争取获得较大空间。为此，发展中国家应当呼吁 WTO 进一步规定哪些情形构成公共健康危机，以便确定使用强制许可的必要条件，以及在紧急情况出现期间，人们对能承受费用的药物的获取必须优先于跨国公司对利益最大化的关注。[1]

我国《专利法》第 49 条规定："在国家出现紧急状态或者非常情况时，或者为了公共利益的目的，国务院专利行政部门可以给予实施发明专利或者实用新型专利的强制许可。"在 2003 年 SARS 疫情暴发期间，传统中药对疫情的防控起到了重要的作用。我国传统医药也直接关系到我国人民的基本医疗健康保障，在传统医药的保护问题上，强制许可规定应当也有可以适用的空间。但是这需要国务院专利行政部门就以上规定中的"紧急状态"、"非常情况"以及"公共利益"针对传统医药的情况作出明确解释，以确定其是我国传统医药保护中可以采取的一种措施。

（二）现阶段可采取的措施

中药产业是 21 世纪最具发展空间的产业之一，目前世界草药市场销售额正以每年 10% ~ 20% 的速度递增。这对在中医药方面拥有大量独特资源的中国而言，是绝好的机遇，更是严峻的

---

[1] Naomi A Bass, Implications of the TRIPS Agreement for Developing Countries: Pharmaceutical Patent Laws in Brazil and South Africa in the 21st Century, *George Washington International Law Review*, 2002, p. 220.

挑战。知识产权是民族中药产业面对挑战时必须紧紧抓住的利器。中医药知识产权涉及专利、商标、著作权、商业秘密等多部法律；内容包含中药材、饮片、处方、制药工艺、文献及信息资源、产品名称等。近年来中医药知识产权保护逐渐法制化、规范化，但仍存在意识薄弱、保护措施不到位、缺乏中医药知识产权研究和管理人才、地道药材未得到充分保护和中医药传统知识难以得到保护等明显不足。针对这一情况，应采取积极措施应对时代挑战。

1. 深化中药领域知识产权战略研究

要组织力量不失时机地对世贸组织成员及与我国建立多边贸易关系的国家进行专利文献方面的调查研究，系统分析其专利体系的法律状态和技术状况，提出我国中药及天然药物研究开发的主攻方向和重点发展领域；我国中药的科研、产品及市场具有明显的优势，中药的技术和产品理应具有自主知识产权。针对中药自身发展需要，结合中药行业现状，确定相关的发展战略；通过系统研究制定科学的战略方针，确定永续的战略目标，构思灵活的战略方式，明确各个阶段的战略重点，协调推进整体战略的实施。在国际合作和开拓国际市场的过程中，充分运用专利、商标、版权等方式予以有效保护。要保持在国际市场上的竞争优势应从以下几个方面考虑：一是制定专利战略，构筑专利群、布设专利阵。严密保护中医药核心技术。中医药产品在进入国际市场前，应及时向进入国提出专利申请，先发制人，在真正意义上保护其国际市场利益。二是制定商标战略，以商标保护树立中医药的国际品牌。中医药产品应以形成国际标准为目标，扬长避短，塑造中医药驰名品牌，敢于和国际上的名牌较量。三是保护好商业秘密，以商业秘密保护中医药的独特配方和制作工艺。四是进行著作权保护。对中医药传统思想和文化理念进行挖掘并整理出版图书，树立中医药文化在世界的优势地位，为中医药文化和产品走向世界奠定思想基础。从而形成一个中医药知识产权复合保护体系，如在选题阶段，其新思想、新方案等可运用技术秘密保护；在开发阶段，其处方、工艺等运用专利保护；在市场推广阶段，运用商标、药品注册管理办法对新药监测保护等。把知识创造与扩散，技术创新与实施严格置于法律保护之下，将知识产权牢牢握在自己手中。

2. 完善中药领域知识产权法律制度

针对我国中药领域无形资产流失的现状，除加强管理，宣传引导外，还应对我国现行的《专利法》、《商标法》、《著作权法》、《植物新品种保护条例》等相关的知识产权法律法规进行必要的修订和完善，加大保护范围，增加保护内容，尽快建立一个与国际规则接轨的公平竞争的法律环境。从制度上激励开发中医药知识产权的积极性，从法律上保护我国中医药的珍贵资源和传统优势。

现行的《专利法》中，有关药品专利保护条款是借鉴了国外专利法的内容，但中药与西药属于完全不同的两个理论体系，用西药的保护方式来保护中药专利难免不尽如人意。虽然一般性原则对中药专利也有约束力，但只根据《专利法》很难对中药实行专利保护。中药专利申请困难以及难以对侵权行为进行认定，对企业来说，中药品种保护是一种比中药专利更现实、更有利的保护措施。而且，只有非专利中药才有资格申请。因此造成了国内中药企业漠视专利的主要原因。

目前《中药品种保护条例》只是一个行政法规，而且其与《专利法》容易产生冲突。《中药品种保护条例》规定："申请专利的中药品种，依照专利法的规定办理，不适用本条例。"但是，由于《中药品种保护条例》没有规定强制性专利检索措施，这一条款的执行很难得以保障。事实上，即使具备了强制性的专利检索措施，由于专利申请日与公开日之间的专利申请检索不到，而《中药品种保护条例》又没有规定后续的撤销程序，同样会不可避免地出现与规定不符的情况。结果可能是授予专利权的药品，又给予了中药品种保护，甚至会出现不一致的现象。解决这一问题的关键是尽快地进行法律、法规的协调与统一，使我国医药知识产权的保护更加规范合理化。

3. 培养中药领域知识产权管理人才

中医药领域是一个直接关系生命健康的特殊行业。长期以来培养造就了大批中医药人才。但是，长期以来却忽视了知识产权管理人才的培养。因此，当务之急，就是要下大力气集中培育一批既懂中医药技术又通晓知识产权管理的复合型人才。一是在从事中医药的队伍中普及知识产权法律知识，提高知识产权保护意识；二是在中医药领域的科研人员中进行专门培训，使其既掌握基本的法律知识，又学会运用知识产权战略的技能；三是在中医药院校中开设知识产权课程，使学生能够较早受到知识产权的普及教育，掌握知识产权的运用技能；四是在中医药企业内部建立知识产权工作机制，统筹管理知识产权的申请、登记、注册、维权等事务。

4. 研发中医药领域的核心技术

我国是中医药资源的大国，理应成为生产和出口大国。但是，由于研发力量不足，投入不够，许多产品科技含量不高，而且重复开发，缺少核心技术支撑。因此要充分利用专利信息文献资源，吸收优秀成果，提高研发起点，缩短研发周期，不断开发出新的中医药配方和产品，控制核心技术，提高传统中医药的市场竞争力和占有率。

5. 提升中医药行业的准入标准

现在社会上流传"三流企业卖力气、二流企业卖产品、一流企业卖专利、超一流企业卖标准"的说法。中医药企业大多属于前者。没有核心技术支撑就无法形成被市场认可的标准。因此，我们必须牢牢抓住近几年中医药大发展的机遇，集中人才、集中资金，大力开发核心技术，并以此为支撑，形成企业、行业技术标准，并逐渐上升为国家标准和国际标准。为我国的中医药走出国门，提高市场占有率，造福人类奠定坚实的基础，同时，也为弘扬中医药传统文化和现代文明提供智力支持。

中国的现代医疗体系以西医为主流，以中医为补充。中医被认为是辅助治疗方式，这种状况不利于中医的发展。需要给中医一个公平的机会，中医也必须采用客观的标准（如治疗效果、药物风险和治疗成本）与现代治疗方法进行疗效对比评估。许多国家都在自身历史和文化的基础上建立了传统医药体系。中国历史悠久，中医尤为发达，而且应用广泛。中医非常强调医生与病人之间的互动，这与西方的治疗方法（西医）形成了鲜明的对比。在西医里，药物通常被认为是独立发挥作用，与医生没有什么关系。中医则是提供个性化的医疗服务，这与病人希望自己被当作每一个个体来治疗的愿望不谋而合。

第三节　药品的强制许可

我国《专利法》第六章专门规定专利实施的强制许可，专利权人负有在中国制造其专利产品、使用其专利方法或者许可他人在中国制造其专利产品、使用其专利方法的义务。发明和实用新型专利权人自专利权被授予之日起满三年，且自提出专利申请之日满四年，无正当理由没有实施或者没有充分实施其专利的，专利局根据具备实施条件的单位或者个人的申请,可以授予实施该专利的强制许可。《专利法》自 1984 年制定以来,经历了 1992 年、2000 年、2008 年三次修改,这三次修改均对第六章的规定进行了调整。第一次修改是为了顺应专利保护的最新国际发展趋势。第二次修改是根据 TRIPs 协议的规定,进一步修改了从属专利的专利权人请求强制许可的条件,补充了对强制许可的范围和时间的规定,增加了对裁决费用不服可以向人民法院起诉的规定。❶ 第三次修改是为了与 TRIPs 协议的修改相一致,并对《多哈宣言》以及《多哈宣言第六段的执行决议》予以回应。增加了为公共健康目的,对于取得专利权的药品,可以给予制造并将其出口至中国参加的有关国际条约规定的国家或地区的强制许可。近年来,一些发达国家、发展中国家和最不发达国家均面临着公共健康危机,强制许可的功能再次受到重视。

一、强制许可的功能

专利强制许可制度的功能在于抑制专利权的滥用。《巴黎公约》第 5 条第 A 款第 (2) 项、第 (4) 项规定❷,各成员国有权立法规定强制授权,以防止因行使专有权而产生的滥用,例如不实施或提出申请之日四年后仍未在该国实施或未充分实施。世

---

❶ 国家知识产权局条法司:《新专利法详解》,知识产权出版社 2001 年版,第 286 页。

❷ 《巴黎公约》第 5 条第 A 款第 (2) 项规定:本联盟各国都有权采取立法措施规定授予强制许可,以防止由于行使专利所赋予的专有权而可能产生的滥用,例如:不实施。第 (4) 项规定:自提出专利申请之日起四年届满以前,或自授予专利之日起三年届满以前,以后满期的期间为准,不得以不实施或不充分实施为理由申请强制许可;如果专利权人的不作为有正当理由,应拒绝强制许可。这种强制许可是非独占性的,而且除与利用该许可的部分企业或商誉一起转让外,不得转让,甚至以授予分许可证的形式也包括在内。

界贸易组织在TRIPs协议中对于强制许可没有硬性规定,仅就强制许可必须具备的条件加以规范,对于授权事由则保持开放与弹性。TRIPs协议第31条第(b)款允许对以合理条件、合理期限经协商而未获得授权者授予强制许可。但在国家紧急状态或其他特别紧急的情况下或在公共的非商业性使用场合不受上述条件的约束,这对专利权人课以一般性的授权义务。由此看出,TRIPs协议扩大了强制许可的弹性空间。

二、强制许可再次受到重视

(一) 强制许可的发展历程

对于强制许可制度实际上所能发挥的功能,以往的研究大致有两种不同的看法:一种观点认为,强制许可制度虽然被《巴黎公约》和TRIPs协议所承认,且世界各国的立法普遍采用,但实际案例并不多见,这一制度是否能发挥原本期待的功能,值得商榷。中国专利法规定了强制许可制度,并且不断完善,但在实务上还未有一件授予强制许可的案例。国际上除加拿大曾有较多的强制许可的案例外,其他各国并不多见。另一种观点认为,各国强制许可的申请与授权虽不多见,但是强制许可制度本身的存在是进行专利授权谈判的有力筹码,足以增强交涉一方的地位。其实际功能虽不易衡量,但不可随意加以低估。因此在专利立法上,仍将强制许可列入必备的制度之一,这不仅有助于促成厂商间的授权协议,同时在国家出现紧急状况或其他出于公共利益的考虑之时,也可保留充分的弹性空间以应对紧急情况。[1] 以上两

---

[1] Carlos M. Correa, *Intellectual Property Rights, the WTO and Developing Countries: the TRIPS Agreement and Policy Options* 244 (2000); JAYASHREE WATAL, pp. 328-329.

种说法基本上是学者根据观察的推论,强制许可的实际功能值得进一步深入研究。

强制许可制度的运用在世界范围内都是比较少的,其实际运用机会并不多,但其潜在的功能不可忽视。在2001年,巴西政府、美国和加拿大两国政府以强制许可作为威胁,成功迫使Roche和Bayer两大药厂对艾滋病与炭疽热用药大幅降价,以充分供应这些国家的医疗需求。这一新发展不仅引起了发达国家与发展中国家、医药界与非政府组织的热烈讨论,强制许可制度成为国际知识产权法的热门议题,也为证明强制许可的实际功能提供直接的证据。同时也不难看出,强制许可若要发挥实质功能,必须具备一定的前提条件,其适用对象与施行国家要视具体情况而定。

(二) 药品专利强制许可引发的争议

据联合国贸易与发展会议的资料显示:2000年巴西有53万名艾滋病患者,为拉丁美洲各国之首,约占该国成年人口的0.57%。从1996年开始,巴西政府对于国内艾滋病患者广泛推动治疗计划,通过国有药厂Far-Manguinhos自行生产未受到该国专利法保护的抗艾滋病药物,并且与外国药厂协商降低药品价格,以使艾滋病用药得到普及。据巴西卫生部统计,在该计划的努力下,2000年约有9万人接受其提供的免费鸡尾酒疗法,并且在1997~1999年间已经减少14万余人次的住院需求。该计划的治疗成果受到医学界的好评,为其他发展中国家树立了典范。在该计划使用的12种抗艾滋药物中,Roche生产的nelfinavir(品牌为Viracept),其药费支出占该计划药品总成本的28%。巴西政府虽与该公司一再谈判,要求降价,但Roche公司以其售价已为美国批发价的一半为由,拒绝再次降价。巴西政府在2001年8月22日宣布将启动强制许可授权Far-Manguinhos生产该药,以节省成本,救治更多的艾滋病患者。此后,双方在 8 月 28 日重新开始谈判,Roche 公司作出让步,并在 31 日达成最后的协议。

曾获诺贝尔和平奖的"无国界医师组织"(Medecins Sans Frontieres, MSF)指出,巴西政府的专利政策是其提供艾滋病药物计划的关键。在此计划实施过程中,美国政府曾试图打击巴西的专利政策。巴西《工业财产法》第 68 条规定,专利核准后 3 年内未在该国实施,即在该国自行生产或授权他人生产的,该国政府强制许可他人实施。美国政府主张此项规定违反 TRIPs 协议第 27 条第 1 项,不得就输入的专利产品与当地生产的专利产品进行有歧视性的对待,以及第 28 条第 1 项所规定的专利权人专属实施的权利。美国政府在 2000 年 4 月 30 日向 WTO 正式提出控诉,接着在 2001 年 1 月请求成立争端解决小组。巴西政府反诉美国《专利法》第 204 条、第 209 条同样违反前述 TRIPs 协议第 27 条第 1 项。WTO 在 2001 年 2 月同意就本案成立争端解决小组,美国政府在舆论与非政府组织的强大压力下,同年 6 月 25 日与巴西政府达成协议,决定撤诉。巴西政府则承认将来依照该规定对于美国人持有的专利实施强制许可之前,将事先通过两国间的双边磋商机制,与美国政府进行协商。❶

无独有偶,美国在"9·11"恐怖袭击之后遭受炭疽热的攻击,但是制造治疗药物 Cipro 的专利厂商 Bayer 却不愿及时、大量地提供平价药品。面对这种情况,美国政府也立即表明考虑取

---

❶ WHO AND WTO SECRETARIAT, WTO AGREEMENTS AND PUBLIC HEALTH 104 – 105 (2002); United States Drops WTO Case against Brazil over HIV/AIDS Patent Law, WTO Report http://www.cptech.org/ip/health/c/brazil/bna06262001.html. visited on July 10, 2004.

消 Cipro 的专利保护，有意让印度 Cipla 等厂商大量平价供应此类药物。加拿大政府也要动用强制许可，让国内药厂开始生产该药物。Bayer 公司的态度不久后就发生了转变，将每片 Cipro 的价格从 1.77 美元降低到不足 1 美元，并将数百万药品捐赠给警察、消防、邮政人员等高危人群。❶

由于发展中国家对艾滋病治疗药品需求日益迫切，发达国家面对炭疽热的出现，也急需治疗药品以安定民众的恐慌心理。然而这两类药品的销售价格不但偏高并且供应不足，巴西、美国与加拿大拿出强制许可的砝码压低价格、增加供应。这是国际间以国家的力量主动使用强制许可措施，大规模介入管制药品供应与管理的特例。这一现象引起了各方争议，为研究强制许可制度的功能提供很好的实例。因为发展中国家的公共健康问题已非常严重，为了消除对使用强制许可、平行进口等药品普及措施的疑虑，避免发达国家与国际药厂以违反 TRIPs 协议为由横加干涉，WTO 在卡达多哈召开第四次部长会议中，特别通过《多哈宣言》，宣告 TRIPs 协议不会也不该阻挠成员国采取行动保护其公共健康，成员国完全有权利用 TRIPs 协议提供的弹性空间使用强制许可、平行进口等措施。这为发展中国家运用强制许可解决公共健康问题提供坚实的法律依据。

三、难以解决的现实障碍

从巴西、美国、加拿大等国运用强制许可制度对抗药品专利

---

❶ HANNAH E. KETTLER And CHRIS COLLINS, HANAH E. KETTLER AND CHRIS COLLINS, USING INNOVATIVE ACTION TO MEET GLOBAL HEALTH NEEDS THROUGH EXISTING INTELLECTUAL PROPERTY REGIMES 48（Commission on Intellectual Property Rights Study Paper 2b）8－9. http：//www.iprdcommission.org/documents/Kettler_ study.pdf. visited on Dec. 24, 2004.

的经验来看，这一制度可有效地应对药品不足或价格过高等专利未充分实施的情形。同时在艾滋病与炭疽热用药事件中，巴西、美国和加拿大并未实际执行强制许可，而是运用强制许可作为与国际药厂谈判的重要筹码致使双方达成协议。但是，上述事件却只是解决公共健康问题中的少数成功的案例。从这些事件的发展过程来看，发达国家与国际制药厂商反对力量是非常强大的，实际执行强制许可制度十分不易。根据实施强制许可的情况来看，在目前国际环境下各国可能面临着难以解决的现实障碍。

（一）国内立法

WTO在多哈部长会议中虽已通过多哈宣言，确认成员国可充分使用TRIPs协议所赋予的任何弹性空间。但在许多发展中国家，尤其在最不发达国家，因缺乏知识产权相关法制经验与能力，导致在国内立法上无法充分利用TRIPs协议所赋予的弹性空间。而国际组织中负责协助发展中国家建立相关法律制度的世界知识产权组织，由于受到发达国家与出资国的压力，往往未将《多哈宣言》的最新发展充分告知发展中国家，而是利用发展中国家希望国内立法符合TRIPs协议的心理，引导发展中国家制定较高标准的知识产权法。换言之，世界知识产权组织现阶段对发展中国家的技术协助，实际上是以协助建立知识产权法制为主，并没有站在发展中国家的立场，为其谋划符合本国实际状况和充分运用弹性空间的知识产权法律。❶ 例如，TRIPs协议规定的权利耗尽原则，成员国究竟采取国际耗尽还是国内耗尽，并未硬性加以限制。对强制许可的供应对象，只规定必须以供应国内市场

---

❶ 在此次研讨会中，非政府组织虽然一再质疑WIPO现行技术协助不利于发展中国家，然而塞内加尔代表仍然希望WIPO继续给予技术协助，并表示：我们最需要的是立法样本，现阶段需要的是符合《多哈宣言》的版本。

为主。在《多哈宣言》中要求 TRIPs 理事会解决由于制药能力不足，导致强制许可功能受到局限的问题。2003 年 8 月 30 日 TRIPs 协议理事会通过了决议，解决了《多哈宣言》第 6 段的执行问题，决定将不发达国家实施药品专利的缓冲期限，从 TRIPs 协议原本规定的 2006 年延至 2016 年。然而，世界知识产权组织对于这些弹性规定与最新发展，并不一定充分告知发展中国家。例如，1999 年世界知识产权组织协助修订的非洲工业财产组织（OAPI）❶ Bangui 协定，无视国际耗尽原则允许平行进口低价药品，有助于降低国内药品价格，竟然采取缔约国间的耗尽原则。此外，该协定禁止强制许可进口他国产品，同时将原来为期 10 年的药品专利期间延长为 20 年。

（二）发达国家与国际制药厂商的抵制

TRIPs 协议在乌拉圭回合谈判过程中，发展中国家因国际谈判经验不足，国家间相互配合不够默契，以及美国动用"特别 301 条款"各个击破，对于发展中国家而言难以有公平的结果。❷ 但是 TRIPs 协议的内容终究是多边贸易谈判下各国共同接受的结果，仍然要相当程度地顾及发展中国家的发展程度与能力局限。《建立世界贸易组织协定》前言第二段所揭示的积极确保发展中国家因经济发展所需的国际贸易成长，与 GATT/WTO 长久以来所确立的对于发展中国家给予"特殊且差异的待遇"（Special and Differential Treatment）原则。然而，美国政府在谈判结束之后，竟然背弃承诺，依其单边利益，自行宣布 TRIPs 协议对于知

---

❶ OAPI 由西非与中非国家组成，有 16 个成员国，其中 12 国为最不发达国家，4 国为发展中国家。

❷ 例如 TRIPs 协议第 70 条第 9 款赋予农用化学品与药品专利实施前的专属行销权，相当程度削减了第 65 条、第 66 条赋予发展中国家的缓冲期。

识产权的保护未必适当,美国在签署 TRIPs 协议后,仍将继续通过双边的方式,包括使用"特别 301 条款",寻求提高各国知识产权的保护水准。❶ 这种做法属于滥用"公平贸易"概念,单方破坏国际社会尊重发展中国家各自发展进程的共识,具有强烈的新保护主义的色彩。❷ 并且严重违背了美国一向标榜的"程序正义"原则。

在公共健康议题上,美国政府在 2000 年 5 月 20 日发布第 13155 号行政命令,表明对于撒哈拉以南非洲国家促进艾滋病用药与医疗技术普及使用的各项知识产权措施,只要符合 TRIPs 协议,美国将不会寻求变更。布什政府也在 2001 年表示将延续这一支持全球对抗艾滋病的政策。❸ 但是,美国仍然反对其对于专利药品采取强制许可或平行进口措施,并以取消普遍化优惠制度(Generalized System of Preferences,GSP)对于该国的进口优惠、各种援助或是采取经济制裁作为威胁。例如泰国卫生官员表示,在多哈部长会议后,美国大使馆关切泰国是否将采取强制许可,而泰国政府由于惧怕美方压力,仍然再次确认并无此计划。除了美国以外,欧盟对于药品强制许可也曾对发展中国家表示关切,

---

❶ WHO AND WTO SECRETARIAT, WTO AGREEMENTS AND PUBLIC HEALTH 103 (2002); United States Drops WTO Case against Brazil over HIV/AIDS Patent Law, WTO Report http://www.cptech.org/ip/health/c/brazil/bna06262001.html. visited on July 10, 2004.

❷ 目前美国新右派政府类似这种高于国际法与国际标准的态度,已经使得欧洲国家越来越无法忍受。参见南方朔:"说出德国人憋在心里的话,施洛德反败为胜",载《新闻周刊》2002 年 812 期,第 78–81 页。

❸ WHO AND WTO SECRETARIAT, WTO AGREEMENTS AND PUBLIC HEALTH 103–104 (2002); United States Drops WTO Case against Brazil over HIV/AIDS Patent Law, WTO Report http://www.cptech.org/ip/health/c/brazil/bna06262001.html. visited on July 10, 2004.

近年来这种现象已不复存在。[1]

除了发达国家之外,国际药厂对于药品强制许可也极力反对。首先,跨国公司一致认为,知识产权保护程度的高低,将会影响外国公司对于该国的投资意愿。发展中国家担心强制许可的实施,将会影响其吸引外国的直接投资。其次,国际药厂的抗拒态度,可以从南非准备实施平行进口的过程中窥知端倪。相对于其他发展中国家,南非具有较完备的知识产权法。据估计,南非2000年有420万人患有艾滋病,占成年人口的20%,其中大部分因药价过高而无法使用抗艾滋病药物。该国国会在1997年12月通过《药品与相关物质控制修正法案》(the Medicines and Related Substances Control Amendment Act),在第15(c)条授权卫生部部长对用于治疗诸如艾滋病之类严重影响公共健康的流行病的药品可以授予强制许可,允许药品平行进口,以供应民众负担得起的药物。许多发展中国家和非政府组织表示支持南非的做法。在国际舆论的压力下,美国和欧盟开始软化原来强硬的立场。1999年为了争取选民的支持,戈尔改变了支持制药公司的立场,9月撤回了对南非进行贸易制裁的威胁。美国政府在取得南非政府遵守TRIPs协议的承诺之后,在1999年12月宣布不再

---

[1] JONATHAN HEPBURN, A DEVELOPMENT AGENDA FOR IMPLEMENTING TRIPS: ADDRESSING BIODISVERSITY, FOOD AND HEALTH NEEDS 28, Report of seminar held by the Quaker United Nations Office, Jongny-sur-Vevey, Switzerland, Sept. 6-8, 2001. http://www.geneva.quno.info/pdf/final%20Jongny%20report.pdf. visited on May 21, 2004.

将南非列入"特别301条款"观察名单;❶ 在南非政府与各大药厂协商修改备受争议的法条之前,这些药厂仍然坚持不愿意撤回诉讼。2001年2月,美国发布声明:美国将使其保护美国制药工业投资利益与制订解决艾滋病危机的计划彼此协调一致。本案在2001年3月进入法院的审判程序,在南非总统与联合国秘书长等人紧急协商奔走之下,双方终于在4月19日达成协议,南非政府承诺将邀请药品产业与公众代表,共同协商制订争议法律的相关执行措施,药厂方面终将撤诉。❷ 这场斗争为《多哈宣言》的达成奏响了序曲。各成员有权授予强制许可,并可以自由决定授予强制许可的理由。事实上,平行进口本来就是TRIPs协议允许的弹性措施,各大药厂却可将国际舆论置之不理,与南非政府之间的纠葛长达三年之久,其顽强的抗拒态度可见一斑。

(三)艾滋病与炭疽热事件的特殊性

对于强制许可而言,前述艾滋病与炭疽热事件属于非常特殊的案例。首先,这两项疾病分别为当代最难治愈的致命性传染病。对公共健康构成了极大的危害,并且威胁发生国的国家安全。因此两者在发达国家与发展中国家都引起了广泛的关注与重

---

❶ 美国政府先在1999年拒绝美国制药协会(U.S. Pharmaceutical Manufacturers' Association)将南非升级为"特别301条款"优先国家(Priority Foreign Country)的请求,而将其维持在观察名单之列。此被视为其态度软化的征兆。而在获得南非遵守TRIPs协议的承诺后,美国先在1999年6月表示愿意授予南非前述的关税优惠,后在年底宣布将其排除在观察名单之外。

❷ 参见:The South African Drugs Case, Report For Commission on Intellectual Property Rights http://www.iprcommission.org/documents/S_ Africa. pdf. visited on June 1, 2003; Who And WTO Secretariat, WTO Agreement and Public Health 105 – 106 (2002); United States Drops WTO Case against Brazil over HIV/AIDS Patent Law, WTO Report http://www.cptech.org/ip/health/c/brazil/bna06262001.html. visited on July 10, 2004.

视。国际舆论与非政府组织也相当支持巴西等国就此采取强制许可措施抑制药价,以避免因高昂的药价而断送患者的性命。英国的牛津济贫会在发达国家发起抵制运动,将这些药厂描绘成为富不仁、把专利利益置于人命之上的剥削动物,使其形象大为受损,对其造成强大的压力。其次,这两个事件的强制许可均由国家政府出面主导,并且以强硬立场与国际药厂进行谈判,这与由一般争取授权失败,然后提出申请,再由政府有关部门审查是否准许的强制许可案件,对于国际药厂的威胁程度,确实不可相提并论。再者,这二事件都发生在要求强制许可的国家,由于疾病的原因都拥有相当规模的国内药品市场,因而引发国内与国际药厂争取强制许可,都有参与相关药品制造和供应的兴趣。巴西、美国和加拿大政府成功的降价谈判大获全胜的背后,是因为有以上事件的特殊性所致。一般专利的强制许可案件,其未必能同时具备以上特性和条件。

(四) TRIPs 协议的限制

现行 TRIPs 协议对强制许可所造成的障碍主要在于第 31 条 (f) 项,该款规定必须以供应强制许可国的国内市场为主。由于制造业具有规模经济的特性,各地的生产条件、制造成本与市场规模也不相同,制药商自然不可能在各个国家设厂制造。尤其是以有效促进价格竞争,尽量让一般民众负担得起为目标,当然必须要求制造成本最低,如印度的学名药产业已有相当的生产规模,若从印度进口药品,可能充分带动药价竞争,符合民众的医疗需求。该款规定虽未限制被授权人不得从国外进口该专利产品,然而依照《巴黎公约》第 4 条所规定的专利独立性原则,发明人就某发明所取得的各国专利权,其相互之间均为独立存在,因此一国所做的强制许可决定,不能对于他国境内的同一发明的专利权发生任何效力。因此,除非出口国对于该项药品未给予专利保护，否则经强制许可的进口商或外国制造商，在出口国仍然受限于原厂在该国所拥有的专利权，无法制造该药品以供应强制许可国的需求。目前印度、巴西等发展中国家都已建立药品专利制度，未受到专利保护的药品来源逐渐减少，发展中国家如果无法突破TRIPs协议的限制，即便动用强制许可制度，仍将面临缺乏适当药品来源的困境。就此《多哈宣言》已经要求TRIPs理事会在2002年年底前提出迅速解决之道。在理事会讨论过程中，各大药厂都对其施以强大压力，美国政府不仅主张对《多哈宣言》的适用范围严加限制，而且建议以暂时放弃提交争端解决权利的方式解决此问题。❶因此直到2003年8月30日坎昆部长会议前夕，各国会员国间方才达成共识，由总理事会通过最后决定。

四、强制许可的授权目的

强制许可既然存在现实的障碍，在政策制定和法律执行上，应考虑其个案中所要达到的授权目的，及达到该目的所必须具备的前提条件与配套措施，才能有效地达到其抑制专利权滥用的功能。

专利强制许可的授权目的可以分为三类：❷

首先，以他人发明为基础的再发明，以及根据他人专利产品所为的方法发明（或称第二专利或从属专利），因其实施时必须

---

❶ FREDERIDK M. ABBOTT, COMPULSORY LICENSING FOR PUBLIC HEALTH NEEDS: THE TRIPS AGENDA AT THE WTO AFTER THE DOHA DECLARATION ON PUBLIC HEALTH 7–11, Quaker United Nations Office-Geneva Occasional Paper 9 (Feb. 2002). http://www.geneva.quno.info. visited on June 25, 2004.

❷ WILLIAM RODOLPH CORNISH, INTELLECTUAL PROPERTY: PATENTS, COPYRIGHT, TRADE MARKS AND ALLIED RIGHTS 206~210.18 (2d ed.1989).

取得原发明或产品专利（或称第一专利）的授权，否则将侵害其专利权。为维护科技发展，避免专利权人阻碍后续科技研发，防止原发明人利用其专利权，阻止他人运用其公开的技术内容，违背专利制度的促进技术进步的建制目的，因此承认实施第二专利也是强制许可的目的之一。然而，对此种强制许可，TRIPs 协议第 31 条第（1）款限定于其对于第一专利具有相当经济意义的重要技术改良时，才可准许，且第二专利权人必须同时授权其专利予第一专利权人。

其次，专利权人若未对该国充分实施其专利，或滥用专利赋予的专属排他权，订立不合理的交易条件，经他人以合理条件经相当期间协议授权而未获得许可的，主管机关也可准予强制许可。本目的之下又可分为几种不同的情形。在国家紧急状态或其他紧急状况发生时，前述请求协议授权（TRIPs 协议第 31 条（b）项）。对于一般未充分实施专利的情形，由于专利制度虽然是通过专利排他权的赋予，鼓励创新发明，然若发明完成之后拒不上市或授权他人使用，或者抬高价格，限制供应数量等，未在该国适度实施其专利技术，则该专利权的赋予，对于社会福祉不仅缺乏正面效益，同时还可能造成无谓的损失与财富分配不公等不良效应。因此其充分实施与否，若将影响重要公共利益的实现时，通过实施强制许可引进其他供应来源，促使其市场供给回归价格机制，以充分供应该国需求，在法理上应有其正当基础。至于本地实施，即在该国境内利用专利技术实际进行产品制造，以往一直也被认为是强制许可的目的之一。然而是否在该国制造与可否充分供应该国市场需求属于不同的情形。在经济规模与生产因素等影响下，国外生产的进口专利产品，有时更能有效供应国内市场需求。事实上，本地制造要求的基本考虑，应是出于增加投资与就业机会等保护主义思想。而消除各国保护主义，正是成立 GATT 与 WTO 的主要宗旨。因此在知识产权正式纳入世界贸易组织的管辖范畴，各成员国在 TRIPs 协议第 27 条第 1 款明文规定不得就进口与国产专利产品给予差别待遇。这种非关税障碍的本地实施要求，在世界贸易组织现行的法律架构中，没有继续合法存在的空间。❶

最后，非营利公益使用。在英国称为 Crown Use，经常适用于政府使用他人专利技术的情形。其主要考虑是基于国家安全，可能适用范围包括国防、武器、原子能技术等。这类强制许可除不需要进行协议授权的前置程序外，在要件及效果上均与一般强制许可相同。

五、有效执行强制许可的条件

就公共健康议题而言，强制许可主要用于前述未充分实施或滥用专利权的情形，若成员国是通过政府渠道进行药品生产与配置，也涉及非营利公益使用。由于发展中国家依照 TRIPs 协议第 65 条第 2 款、第 4 款规定，必须在 2000 年以前将专利法扩展到原来未给予保护的技术领域，并且最迟在 2005 年开始适用，最不发达国家在发达国家的压力下，纷纷提前实施药品专利制度。

---

❶ 依照这种观点，巴西《工业财产法》第 68 条规定已违反 TRIPs 协议。但是，美国向世界贸易组织挑战该条规定，实在没有太大意义，除有引发贸易战的危险外，纵使巴西修改该条规定后，也可引用前述国家紧急状态或其他紧急状况事由，直接准予强制许可，其程序要求更为宽松。至于美国专利法第 204 与第 209 条，前者规定受联邦政府资助完成，而由小企业与非营利组织享有专利权的发明，专利权人原则上仅可以将美国专利授予同意在美国境内实质制造者。后者规定联邦政府就其拥有的发明专利，仅可以将美国专利授权给同意在美国境内实质制造者。这些规定是针对美国政府本身或其资助取得的专利权管理事宜，与政府对于发明专利的本地实施要求是两回事，因此没有违反 TRIPs 协议。

因此，目前全球未受到专利限制的学名药来源迅速减少，未来专利药品的替代来源，只有依赖强制许可与平行进口。强制许可制度对于世界各国解决公共健康问题，将扮演越来越重要的角色，而强制许可条件的准备与障碍的排除，将成为发展中国家专利政策的重要课题。❶

(一) 被授权者应具有实施能力

由于发展中国家国民收入比较低，虽然人口众多，但是购买能力低，其药品市场若以营业额计算，规模可能很小。因此除在发达国家也有市场潜力的药物（例如艾滋病用药）或是旅游者所需药物（例如疟疾用药），发展中国家特有的疾病用药，可能强制许可的授权对象难寻，其药品研发能力严重不足。目前国际上也在研究如何通过知识产权制度的设计，积极鼓励厂商研发此类药物。❷ 除此之外，国际药厂虽然数量不多，但生产的药品种类很多，特定药物的国际市场往往被少数的厂商占据，国际制药厂商对于强制许可一致采取抗拒态度，除印度采取强制许可，授权国内药厂生产特定药物之外，其他具有生产能力的国际药厂，经常不愿出面接受强制许可，以避免形成专利药厂相互进行价格竞争、压低专利药或品牌药一向维持的高价格水准。成功的强制许可措施，其前提条件是在专利权人之外，存在具备生产能力的

---

❶ FREDERICK M. ABBOTT, the trips agreement, access to medicine and the wto doha ministerial conference 12, Quaker United Nations Office-Geneva Occasional Paper 7 (Sept. 8, 2001) http://www.geneva.quno.info/new/doc/P7% 20Abbott1. visited on September 20, 2004.

❷ HANAH E. kettler and chris collins, using innovative action to meet global health needs through existing intellectual property regimes 12~39 (Commission on Intellectual Property Rights Study Paper 2b) http://www.iprdcommission.org/documents/Kettler_study.pdf. visited on Dec.24, 2004.

国内外厂商,作为强制许可授权的对象。被授权人不仅必须具备技术能力,同时也具有可以使用的生产设施。而就制药产业而言,由于生产上具有规模经济的特性,被授权人必须具有相当的生产规模才能有效降低专利药品的价格,并且能大量供应该国市场。制药产业是属于高研发投资与低变动成本的产业,而依照TRIPs协议第31条(h)项的规定,被授权人对于原专利权人应给付的补偿金,原则上依照被授权人的预期收入计算。[1] 因此,被授权者的生产成本应该不至于太过高昂。不过在其他规模经济更为明显或成本控制较复杂的产业,强制许可虽然可以引进竞争,然而被授权人的成本则未必较原专利权人为低,在此情形下,强制许可的价格抑制效果将会受到影响。

(二)技术指导需求低

由于专利技术的有效实施,除涉及专利技术本身外,相关的操作技术、产品商业化、方法涉及与较好的比例控制,也都是关键因素,因此原专利权人的技术指导,经常被视为技术移转是否成功的重要因素。与原研发单位进行人员交流、挖人才,甚至整个研发设施与人员团队独立出来成立新公司,负责该产品的商业化与后续研发工作,这种现象屡见不鲜。这些技术指导许多内容属于经验的总结,往往以商业秘密的形式进行保护,无法通过强制许可转移给被授权人。无法通过反向工程获知的专业技术的行

---

[1] JAYASHREE WATAL, intellectual property rights in the WTO and developing countries (2001); WTO Committee on Trade and Environment and TRIPS, WT/CTE/W/8. June 8, 1995.

业，强制许可不易成功，技术指导需求也比较高。❶ 就药品产业而言，由于药物成分大多数记载在专利请求范围和相关资料中，其他制剂的生产过程大致属于共同流程，只要被授权人具备生产活性物质与制剂的能力，通过研究专利资料和还原工程，自行研发出来的可能性比较高，其技术指导需求比较低。

(三) 如何逾越TRIPs协议和发达国家的障碍

TRIPs协议第31条 (f) 项规定，未经权利人许可的其他使用必须以供应国内市场为主。这使得国内生产制药能力不足，需要依赖进口的发展中国家或最不发达国家实际上无法运用符合规定的强制许可措施，以应对危害公共健康的各种疾病的威胁。由于发达国家的国内制药能力较强，此规定的适用结果，对于发展中国家或最不发达国家已构成不公平的差别待遇，并有歧视后者的嫌疑。❷

针对此问题，有几种解决方式。首先，以TRIPs协议第31条为依据的，有平行强制许可、建立区域专利法与药品制造出口等几种方式。❸ 建立区域专利法，以使接受强制许可授权的厂商可自由供应区域内各国，难以解决急迫需求，同时社会大众所需

---

❶ Hanah E. Kettler and Chris Collins, using innovative action to meet global health needs through existing intellectual property regimes 7 (Commission on Intellectual Property Rights Study Paper 2b) http://www.iprdcommission.org/documents/Kettler_study.pdf. visited on Dec.24, 2004.

❷ OXFAM INTERNATIONAL, trips and public health: the next battle 8, Oxfam Briefing Paper (15 Mar, 2002), http://www.oxfam.org.uk/policy/papers/15trips.rtf. visited on July 29, 2004.

❸ FREDERICK M. ABBOTT, THE TRIPS AGREEMENT, ACCESS TO MEDICINE AND THE WTO DOHA MINISTERIAL CONFERENCE 28－33, Quaker United Nations Office-Geneva Occasional Paper 7, Sept.8, 2001. http://www.geneva.quno.info/new/doc/P7%20Abbott1. visited on September 20, 2004.

的治疗药品，未必均可由区域内国家找到替代来源。而药品制造出口区（区内制造药品仅提供外销）与平行强制许可（出口国出于积极合作，与进口国同时核准强制许可），由于是基于他国国内的公共健康需求所为，不符合强制许可抑制国内专利权滥用的制度宗旨，同时也未解决第31条（f）项的出口限制，必须另从TRIPs协议的其他条文中寻求依据。

另一种方式是直接删除出口限制的规定。这种解决方式将会改变强制许可措施原本限于控制国内专利权滥用的目的设定，使之兼顾以出口为目的的情形。在效果上也容易造成强制许可药品在国际间的流动，使强制许可产生的域外影响（Extraterritorial Effect），成为强制许可国家专利侵权药品的来源。即使不宜直接删除，第31条（f）项的出口限制，在确保强制许可措施是为应对国内专利权滥用的前提下，仍应予以放宽解释。基于专利独立性原则，一国的专利权仅就该国领土之内有其效力，至于同一发明在他国境内的侵害防范与法律保护，是他国专利权的效力范围。因此追究专利侵权，应是专利侵权发生国的责任，不应以输出药品在他国可能产生专利侵权为由，而严格限制合法药品的出口。至于强制许可制度的功能，虽然是在于控制各国国境内的专利权滥用，以充分、平价地供应国内市场需求，被授权实施强制许可的厂商根据实际需求进行生产。过度限制出口，将有损于强制许可措施的实际功能。即使同在TRIPs协议规定之下，各国专利保护程度也不相同，最不发达国家在2016年之前并没有义务全面实施专利制度，强制许可厂商即使出口药品，也不必然侵害他国专利权。即使涉及侵害他国专利权，也应该是该国的进口行为造成，应由该政府负责处理，而不能因此对该款规定进行过于严格的解释，而要求实施强制许可的厂商将大部分药品供应国内市场，不得对外出口。

TRIPs 协议第 30 条是专利授权的一般例外限制之规定，其包括三个条件：（1）必须是为了不使专利权妨碍第三方的合法利益而进行的限制；（2）这种限制不能与专利的正常使用冲突（包括不能损害专利"被许可使用人"的利益）；（3）这种限制不能够不合理地损害专利权人的利益。❶ 一般认为，这种专利权限制包括个人或非商业使用、实验研究或学术使用、专利即将到期的药品研发、穿越国境的外国交通工具、开始于专利之前的善意使用等。❷ 依照 TRIPs 协议第 31 条（g）项的规定，在适当保护被授权使用人的合法利益的前提下，一旦导致授权的情况不复存在，又很难再发生，则应中止该授权。因此，可以看出，TRIPs 协议为强制许可设有许多限制。就出口国而言，供应他国强制许可所需的药品，基本上对于出口国国内的专利权行使影响不大，同时被授权者需要对专利权人给予补偿金，对其合法权益也不会有过度影响。因此部分发展中国家与欧盟均认为就他国强制许可的制造产品出口行为，应该符合本条所称的专利权例外的限制。❸

如果采用 TRIPs 协议第 30 条的解决方式，各成员国则不得单独开放药品制造出口而不受专利权限制，而应限缩为仅对已经准许强制许可或对该药品无专利保护的国家出口，以免违反第 30 条的"有限例外"要件。WTO 加拿大药品专利保护案争端解

---

❶ 郑成思：《WTO 知识产权协议逐条讲解》，中国方正出版社 2001 年版，第 113－114 页。

❷ 参见 JAYASHREE WATAL, Intellectual Property Rights in the WTO and Developing Countries (2001).

❸ OXFAM INTERNATIONAL, TRIPS and Public Health: the Next Battle 8, Oxfam Briefing Paper (15 Mar, 2002), http://www.oxfam.org.uk/policy/papers/15trips.rtf. visited on July 29, 2004.

决小组在裁决中认为，对于TRIPs协议第28条所赋予专利权人的各项专属排他权利，不仅必须严格遵守其作为例外的法律定位，不得违反第28条的规定，同时在该例外范围内，也不可侵害该条赋予专利权人的各项法定权利。❶ 国际贸易规范目前尚未采取遵从先例的原则，个案裁决仅对该案的当事国具有拘束力。依照这一标准，TRIPs协议不可能允许成员国对于出口药品一概免除专利保护。同时为避免出口药品在国内流通，采取此种例外的成员国，可能尚需建立个案注册与监督管理制度。若采取此种解决方式，若欲合法进口强制许可的专利产品，无可避免必须在进口国与出口国双方分别取得许可。

由于TRIPs协议第30条与第31条的解决方式分别属于不同情形，第30条解决方式适用于输出国强制许可或无专利权保护的情形，第31条解决方式则适用于输出国强制许可的情况，各自都有局限。至于应以何种法律形式解决此问题，笔者认为，对于因条文缺陷产生的问题，以部长会议或总理事会采取正式解释或修正TRIPs协议方式较为妥当。其他如豁免、或暂时放弃争端解决权利等，在性质上均属短期措施。❷

WTO总理事会在2003年8月30日，就此问题已作出决定，以暂时豁免的方式，将TRIPs协议修正纳入该豁免内容之前，允许药品输出国在其设定的条件限制下，可通过强制许可向有需要的国家输出药品，不受第31条（f）项的输出限制。遭受传染病或其他公共健康问题的药品需求国，可将其所需药品名称、数

---

❶ Canada-Patent Protection of Pharmaceutical Products, WTO dispute settlement panel report, WT/DS114/R. Mar. 17, 2000. adopted Apr. 7, 2000.

❷ 《建立世界贸易组织协议》第4条规定，采取豁免时必须表明其所应对的例外状态、适用条件与终止时间，其适用期间超过一年以上的，部长会议（休会时由总理事会）必须每年检视前述例外状况是否依旧存在，及其适用条件是否被遵守。

量，以及证实其制药能力不足，与已经或即将准许强制许可等事项通知 TRIPs 理事会。有能力的出口国仅针对该药品及数量准许强制许可。所生产的药品除须全数出口至需求国外，还必须具有清楚可与同种药品相区别的标示。❶ 由于第 31 条（b）项并不在豁免范围，该决定并未创设新的强制许可事由。依其所为的强制许可，程序上仍须遵守第 31 条（b）项的规定。实际上，本决定部分豁免第 31 条（f）项的限制，与承认可针对他国公共健康需求进行强制许可，已经部分扭转了原本强制许可制度仅适用于处理国内问题之内在目的与外在条文的限制。这一决定可视为专利保护与公共健康争议之一大突破，对于发展中国家公共健康问题是否有所帮助，仍然决定于有生产能力的出口国政府合法强制许可的意愿。一些非政府组织抨击该决定无助于解决发展中国家所面临的问题。❷ 其实际成效如何有待进一步观察。

（四）完善的专利立法与迅速有效的审查程序

无论 TRIPs 协议有关国内生产能力不足的问题最后以何种方式解决，最终仍须各成员国在国内立法与执法层面上加以落实，才能真正发挥其功效。尤其在各国普遍实施专利制度之后，未受专利限制的替代药品来源逐渐减少，未来若以强制许可扩大公共健康所需药品的供应量，并且控制其药价，必须逐一在输入国与

---

❶ Implementation of Paragraph 6 of the Doha Declaration on the TRIPS Agreement and Public Health, Paragraph 1&2. 该决定并要求 TRIPs 理事会于 2003 年年底前开始准备修正条文，以便在 6 个月内通过。在作出决定同时，有 23 个发达国家声明将不会引用该决定输入药品，另有 21 个国家声明将仅在国家紧急状态下引用。The General Council Chairperson's Statement http://www.wto.org/english/news_e/news03_e/trips_stat_28aug03_e.ht. visited on Oct.10, 2004.

❷ Oxfam: WTO Patent Rules will Deny Medicines to the Poor. Press Release, Aug. 27.2003. http://www.oxfam.org/eng/pr030827_wto_patents.htm. visited on Dec. 11, 2004.

输出国之间建立强制许可与管控机制。因此，就公共健康所需药品需要在国家之间建立周密的强制许可交叉网络，才能真正克服TRIPs协议的限制，有效发挥强制许可制度的功能。这使得各国立法与执法的效力比以往显得更加重要。完善的专利立法与迅速有效的审查程序，不仅可以提高强制许可的实际功能，避免因为程序设计不良或程序繁杂，导致制药厂商放弃接受强制许可授权的意愿。完善的国内立法可减少发达国家与国际药厂找到诉讼的事由。前述南非"药品与相关物质控制修正法"因条文规定模糊，发生违宪与违反TRIPs协议的嫌疑，致使国际药厂阻碍强制许可生效长达三年之久。因此，发展中国家若要有效地运用强制许可措施，法律专门人才的培养与国际组织和其他国家的热诚相助也是必备的要件。

（五）议题的重要性与政府的决心

强制许可所涉及议题的重要性，以及政府实施强制许可的政治决心，也会影响强制许可的实际效能。在公共健康争议中，由于所牵涉的是广大民众的生命与身体健康，近年来又发生了艾滋病与炭疽热等焦点事件，引发了媒体、舆论和非政府组织的关注，因此在国际上赢得了相当广泛的支持。强制许可的推动，不仅需要建立迅速有效的审查程序，同时政府需要主动寻找适当的授权对象，以坚定的政治决心与灵活外交策略，设法抵御发达国家和国际药厂所施加的外在压力，才能顺利发挥强制许可制度的功能。

TRIPs协议与公共健康的冲突与纷争，尤其是艾滋病与炭疽热用药争端，重新唤起了各界对强制许可制度的重视。而巴西、美国与加拿大等国成功运用强制许可作为谈判砝码，要求国际药厂以低价充分供应所需药品，证实强制许可制度确有其实际功能。《多哈宣言》特别指出各成员国尽可能充分利用强制许可制度以维护公共健康,然而现实环境与 TRIPs 协议的限制,却仍然对强制许可的实际功能设下不少局限。自从巴黎公约以来,强制许可即被赋予抑制专利权滥用的功能。若欲有效发挥强制许可的功能,在客观上必须克服现有 TRIPs 协议的局限与发达国家和国际制药厂商的阻碍,在主观上完善国内立法与执法措施之外,合适的被授权人与技术指导需求低、议题的重要性与政府决心等,也都是重要的前提条件。知识产权虽为现行法律体系的重要制度,然而保护知识产权与鼓励创新研发,终非法律体系所追求的唯一价值目标。知识产权制度因为 TRIPs 协议与发达国家的推动而全球扩散,对于社会生活影响层面与深度随之扩大和加深,强制许可作为控制专利权滥用以调和其间价值冲突的法律机制,其重要性必将与日俱增。

六、实施强制许可的风险

(一) 发达国家的贸易报复

由于中国目前的经济发展对出口的依赖越来越大,美国和欧盟这两个专利药品的主要来源国家和地区是我国第一大和第二大出口市场,二者占到我国出口份额的近40%。❶ 因此,需努力与这两大贸易巨头保持良好的关系,尤其是美国,它对于其他国家的知识产权保护一向非常敏感,经常动用"特别301条款"等单边贸易措施给其他国家施加压力。这也许是中国没有实施强制许可制度的重要原因之一。

虽然《多哈宣言》和《多哈宣言第六段的执行决议》为发展中国家实施强制许可提供了法律依据,但是并不排除美国等国

---

❶ 参见 www.mofcom.gov.cn,visited on Oct. 16, 2004.

家运用其他贸易措施进行报复的可能。对于中国来说,反倾销和特别保障措施等措施一直是我们和美国、欧盟等纠缠不清的问题。因此,中国在这方面的考虑可能超过了对强制许可的意愿。发达国家一些媒体的分析也反映了这种倾向。❶ 但是,人的生命健康与对外贸易所获得的利益不可相提并论、同日而语。况且美国现在在国际舆论和国内有关人权和公共健康方面的非政府组织的游说下,其对于发展中国家实施强制许可的态度已经不再那么强烈。只要我们的做法符合 TRIPs 协议和《多哈宣言》等国际条约,就不用过多地担心来自美国等发达国家的阻力。

(二) 仿制药品质量问题

强制许可给药品本身带来的副作用就是仿制药品本身的质量可能不稳定或者达不到安全标准。因为强制许可只能允许被许可人根据已经公开的专利资料来进行仿制生产,被许可人无法获得专利权人所掌握的技术秘密。但有时候,技术秘密对于生产被许可的专利药品可能至关重要。❷ 但是,这对于中国、印度、巴西等有着医药科技技术的国家来说可能不是一个问题。通过反向工程等方法,这些发展中国家可以高质量地仿制很多药品。印度是一个很好的示范,大多数品种的抗艾滋病药物都被仿制并上市。印度最大的医药公司西普拉生产的抗艾滋病药物被出口到 30 个国家,该公司还成为世界卫生组织指定的抗艾滋病药物生产商之一。❸

---

❶ 参见 DONALD G. MCNEIL JR. plan to battle aids worldwide is falling short, the new york times, mar. 28, 2004 page A1.

❷ 参见李虎军:"启动强制许可,拯救万千患者",载《南方周末》2002 年 9 月 26 日。

❸ Cipla registers five anti-AIDS drugs in South Africa, Time News Network, 22 Sep., 2003.

中国也具有这样的生产能力。如对蛋白酶抑止剂等一些受到中国专利保护的抗艾滋病药物，很多生产商已经具备较强的生产能力，比如上海迪赛诺生物医药公司和万科科技药业，一旦授予强制许可，它们可以很快以低廉的价格向国内市场供应质量合格的药品，且实际上它们已经在印度生产这些药品向一些非洲国家出口。❶

在治疗的有效性和安全性方面最大的问题不在于药品，而是在于医疗服务。中国目前能够对艾滋病进行专业性治疗的医务人员相当匮乏，普遍医生并不具有根据患者病情指导用药的能力，这才是问题的关键所在。❷

（三）阻碍拥有自主知识产权的新药研发

根据强制许可生产的药品价格低廉，具有市场竞争力，这就会导致专利权人利润收入减少，从而影响到研发新药的积极性。这在很多情况下是政府不得不考虑的问题。对于那些根本不具有任何医药研发和生产能力的最不发达国家来说，他们可以对此风险忽略不计。但对于中国这样具备相当科研能力和一定经济实力的发展中国家而言，需要认真衡量各种利益孰重孰轻。

然而，在一些人命关天的医药产品领域，尤其是艾滋病防治药品方面，此种考虑不应当对强制许可构成障碍。一方面，生产这些药品的目的在于治病救人，对公共利益的考虑应当远远超过对专利权人利益的顾及。这些药品属于公共产品，不能够完全市场化运作，是现行专利制度对药品获得造成障碍的症结所在。对

---

❶ 参见"强制许可：划出抗艾仿制药百亿元市场"，载《中国中医药报》，2003 年 12 月 10 日。

❷ 参见中国卫生部和联合国艾滋病中国专题联合发布：《中国艾滋病防治报告》，2003 年 12 月 1 日。

于关键性药品的研发和市场供应都应当主要通过公共服务来进行。即使在发达国家如美国很多新药的研发都是由国家资助的或者在公共机构科研成果的基础上诞生的,❶ 将这些药品的生产、销售和进出口都交给私营公司通过专利来牟取高额利润是不合理的,也是对纳税人和消费者权益的侵犯。另一方面,对于艾滋病这样一种极难攻克的疾病来说,我国的科研实力还不具备独自开发出比现行药品更加有效的产品的能力。通常开发一种新药需要10年左右的时间,耗费数亿美元的资金。如生产惠妥滋和赛瑞特的百时美—施贵宝公司每年都要投入20亿美元左右用于新药研发,而我国2 000多家独立核算的化学制药企业,每年研发的投入大约只有10亿元人民币,差距极为悬殊。经费的匮乏也导致了高级科研人员的大量流失,而流动的方向无疑都是发达国家的实验室。目前虽然已经有一些中药制剂进入了临床实验阶段。然而从目前的状况来看,还没有任何一种药品能够得到公认对艾滋病有很好的疗效,还远不能代替"鸡尾酒疗法",因此动用强制许可生产现行药物是更加可行和急迫的选择。❷

第四节　中国医药的发展

一、前途命运不容乐观

长期以来,中国制药业以仿制国外药品为主,极少自主研发

---

❶ 参见包海波、盛世豪:"20世纪80年代以来美国专利制度创新及其绩效",见《专利法研究(2003)》,知识产权出版社2003年版,第329~330页。
❷ 参见"抗艾滋病药物的发展与中国用药的现状",见http://www.aidsonline.com.cn/shownews.asp? newsid=446.

新药品。在仿制的模式下,由于科研水平较低,研发投入不足,直接导致中国医药业新药开发水平较低。如今,中国已经加入WTO,中国的制药业不能再依靠原来的计划经济为其遮风挡雨,而是要走入市场经济去历练,去感受和体验生存的竞争。

对于中国制药业而言,无论是沿着仿制国外专利期已过药品的老路走下去,还是另辟一条自主开发新药的道路,都不可能回避中国已经加入世贸组织的现实。开发新药会面临资金与科研等难题;而仿制专利期限已满的药品,不但竞争激烈,而且利润微薄,且药效也可能会大打折扣。中国制药业到底应该向何处去,是一个值得深思、亟须解决的问题。

在过去,虽然中国原料医药的出口规模已高达145亿美元,居世界排名的第四位,但是,由于中国医药产业结构不尽合理,绝大部分产品属学名药,少有自主知识产权。从总体来看,中国制药业仍处于低水平的仿制阶段。加入WTO后,摆在中国医药业面前的选择有两个:要么放弃长期形成的仿制套路,走自主创新的道路;要么花费重金购买西方发达国家的药品专利。对中国医药业而言,两条路似乎均非坦途。尽管如此,中国医药业的未来发展方向却是明确的:必须走由仿制到创新的道路。

二、印度制药业发展的经验

我国的制药产业在改革开放之后发展迅速,成为当今世界上发展最快的医药市场之一,但是我国的制药业也存在着诸多的问题。制药企业数量多、规模小、研发创新能力薄弱,仍以仿制为主,创新药物很少。一个药物,多家仿制的情况层出不穷,致使国内厂商之间竞争激烈,行业赢利空间大大减小,甚至造成亏损。因此,我国医药产业亟须提升创新能力,拥有自主知识产权,提高核心竞争力。印度制药产业的发展模式值得我们去研究和借鉴。

印度是艾滋病较严重的国家,政府积极支持国内制药企业生产仿制药。印度主要的制药企业大多数是先在国内生产仿制药,完成其最初的原始积累。印度政府在1970年出台的专利法案规定:对化合物本身不提供产品专利保护,而仅为其工艺专利提供5年保护期。这一宽松的专利环境为印度制药企业提供了契机,通过避开药品原有的生产工艺路线来仿制国外的专利药使印度制药企业在其国内发展壮大。凭借低成本优势,印度制药企业的仿制药迅速抢夺跨国制药企业的市场份额,在国内市场确立了稳固的市场基础。20世纪70年代,跨国制药企业在印度国内市场的占有率曾高达75%,印度本土企业难以生存。然而到了2001年,跨国制药企业在印度国内市场中的市场份额已经萎缩到25%。印度制药企业在仿制药的研发和生产过程中形成了成熟的技术工艺和多种药品剂型的生产能力,为印度制药企业在国际市场中拓展原料药市场和非专利制剂药市场提供了最初的技术积累。

印度制药行业在20世纪80年代前表现为出口逆差,很多药品依赖进口;但在80年代后,行业的出口增速明显快于进口,并从90年代起出现了大幅的贸易顺差;药品出口占药品销售的比例从1981年的3%增长到2000年的34%。印度逐步发展成为国际市场中的药品出口大国。更为重要的是,在开拓国际市场的同时,印度制药企业利用世界药品市场中的格局变化完成了产业结构的不断升级:从80年代的大宗原料药发展到90年代的特色原料药,并在90年代末进入非专利制剂药业务,目前又开始介入新药研发,实现了在产业价值链上的不断上行。这种产品结构的调整也客观地反映在印度制药行业整体赢利能力的变化上:经过最初跨国制药企业的暴利阶段和随后无序竞争带来的微利阶段，从 90 年代起，随着产业结构的调整，印度制药行业出现了赢利能力的逐年回升。

印度制药行业也存在严重的两极分化，行业内部变革在很大程度上是由十几家大型制药企业所带动的。这些企业通过在国内和国际市场中的市场拓展和业务升级，经历快速增长，演变为国际化大型制药企业。其中规模最大的 Ranbaxy 是世界十大非专利药企业之一。2001 年 Ranbaxy 的 Augmentin（安灭菌）挑战专利成功，2003 年，Ranbaxy 收购安万特制药公司的 ROG 安万特制药公司，进入了法国市场。Ranbaxy 已经有自主研究开发新药能力，如治疗哮喘的 RBx7796；治疗过敏性鼻炎和哮喘的 RBx9001；治疗前列腺肥大的 RBx9841 等都已经在海外进入 II 期临床试验，BBx9841 已经在印度申请上市治疗肿瘤。另一家印度制药厂商 Dr. Reddy's 2002 年挑战 Fluoxetine（Prozac，百忧解）专利成功，获得 3 个月的单独销售权。Ranbaxy 和 Reddy's 的崛起标志着印度制药企业已经跻身于世界非专利药市场。❶

值得我们关注的是印度制药产业的迅速发展，首先依赖于宽松的专利制度与政策。1970 年的专利法案对化合物本身不提供专利保护，为印度制药业生产仿制药提供契机。在生产仿制药的过程中，注意避开原有的生产工艺，不断改进，形成了成熟的生产技术，而不依赖于国外的技术，同时逐渐具有了多种药品剂型的生产能力，以价格优势不断地拓展国际市场。其次，注重自主研发。印度制药产业在推出仿制药的同时，不断拓展其研发新药的能力，逐步跻身于专利药品市场。

我国的专利制度方面为制药业的发展提供了宽松的环境。

---

❶ "印度模式的借鉴意义"，见 http://kbs.cnki.net/forums/10621/ShowThread.aspx，2012 年 8 月 23 日访问。

2008年《专利法》的修改，新增了Bolar例外的规定，在专利保护期内，为了提供行政审批所需要的信息，可以制造、使用、进口专利药品，而不视为侵权。在专利届满后，仿制药可以及时投放市场，社会公众也可以尽快获得廉价的药品。《专利法》还规定，为了公共健康目的，对于专利药品，专利行政部门可以给予制造并将其出口到中国参加的有关国际条约规定的国家或者地区的强制许可，以帮助没有生产能力或者生产能力不足的国家解决公共健康问题。目前，凭借我国制药产业现有的技术力量，完全能够以较低成本生产仿制药，如果能在质量上、药效上达到专利药的水平，及时将仿制药推向市场，进而出口至国外，为解决公共健康问题作出贡献，我国的制药业将会有更大的发展。

三、力图创新与发展

在过去的20多年间，中国医药业的发展迅速。医药工业的总产值年均递增17.6%，高于同期其他工业4.4%。仅2002年上半年，全国医药工业完成的总产值就高达1 535.2亿元人民币，同比增长20.76%，其增幅仅次于电力、煤炭和机械工业。由于大规模的技术创新和技术改造，中国事实上已经成为医药原料药的出口大国。在全球2 000余种医药原料药产品中，中国生产的就有1 500余种，其产量高达45万吨。仅化学原料一项，中国的年生产能力就高达38万吨，仅次于美国，位居世界第二位。中国作为化学原料药的生产大国，有60多种化学原料药在国际市场具有较强的竞争力。这些是中国医药业参加未来国际竞争的本钱，必须给予高度重视。因此，国家和政府应积极鼓励企业加大利用高新技术和先进实用技术改造传统产业的力度，进一步巩固和提高化学原料药的国产化程度，增强相关产品的国际竞争力。

目前，中国境内的制药企业已有6 000家之多，在当今世界上，没有任何一个国家的制药业能够与这个数字匹敌。然而，这种状况丝毫不能表明中国已经迈进世界制药业的先进行列；事实恰好相反，中国制药企业普遍存在散、乱、小的情况，大部分企业没有经过世界通用最佳药品生产质量规范 GMP 认证。国家药监局药品注册司每年收到的新药申报只有寥寥几十个，与中国制药企业的数目远不成比例。

中国制药业普遍存在着新药开发能力弱、开发成本高的问题，形成了制约中国公共健康及医药产业的瓶颈因素。中国政府和制药业在未来发展过程中，应对 TRIPs 协议所提供的法律空间进行认真研究，并积极合理地加以利用，以保护民族药业的初期发展，减缓入世给中国制药业所带来的巨大冲击。

中国制药业要在国际市场上拥有竞争力，而不仅仅是原料供应商，根本的出路还是要提高自主创新能力。制药产业仿制生产的通常是专利期届满的药品，仿制新药是受到种种限制的。国内生产仿制药的企业很多，竞争激烈而且利润很低，要想在激烈的市场竞争中生存与发展，只有走创新的道路。大型跨国医药公司拥有优秀的研发团队、充足的研发资金、完善的创新体制、精良的仪器设备，能够不断推出新药上市。在这种情况下，技术引进不失为一条发展路径，通过专利许可，以经济、便捷的方式获得生产专利药品的权利。但是，光靠技术引进，企业的命运往往难以自我掌控，需要通过引进、消化、吸收，最后进行创新，企业才会有更大的发展。

药品研发主要类型包括基础性研究和应用性研发。以我国企业目前的研发实力而言，投入大量资金进行基础性研发还是非常困难的，因此需要政府投入资金在科研院所、高校进行基础研究，企业主要承担应用开发性研究。另外，中药生产是我国的医药企业的传统优势，应在新的剂型、新的适应症方面进行深入研究,采用现代化的制备方法和测试手段,使中药生产现代化,与国际医药生产水平接轨。化学制药研发投资巨大,技术要求高,我国制药企业难以在新药研发方面大有作为,可以在新的适应症和剂型改进方面做些努力。生物技术包括发酵工程、酶工程、细胞工程和基因工程,我国现代生物技术发展迅速,为生物制药奠定了基础,我国制药企业应在生物制药领域有所作为,在未来的国际药品市场中争得一席之地。

四、扬长避短积极应对

中国制药业的未来命运还是掌握在自己手中,应该在科学分析的前提下,制定合理有效的应对策略,积极接受挑战。中国制药业必须走自主开发新药的道路,扬长避短、稳中求进不失为一条良策。强调对制药业的知识产权保护,不仅可以兑现中国加入世贸组织时所作出的承诺,同时也可以为处于弱势地位的中国制药业营造一个良好的法治环境。

从总体上讲,对中国制药业的知识产权保护应该是一个全方位、多层次的概念。中国现行的法律法规依其各自职能,从不同角度和水平上为中国制药业提供知识产权法律保护,这种保护体系中的许多方面尚有待于进一步完善。

对药品进行多层次的知识产权保护,不仅是中国加入世贸组织必须履行的义务,也是中国制药业未来发展的必然趋势。强调中国制药业的知识产权保护,首先是法律层面上的保护,将专利保护、品种保护、地理标记保护有机结合;其次是技术层面上的保护,包括保密措施;最后还应辅以行政法、反不正当竞争法、民法乃至刑法保护。在中国制药业的某些方面尚具技术优势时,就应该及早确立品牌优势,重视商标的保护。只有这样,才能在其技术优势不复存在时,继续利用其已经形成的商标优势在市场竞争中保持有利地位。

第五节 公共健康问题的应对策略

一、我国的药品法律制度

1984年9月20日我国通过了《药品管理法》，1985年7月1日开始施行，2001年进行修改。与之配套的《药品管理法实施条例》自2002年9月15日施行。另外还制定了《新药审批办法》、《新药保护和技术转让的规定》、《药品行政保护条例》、《中药品种保护条例》等法规。

与药品保护有关的法律制度最为重要的是专利制度。我国的第一部《专利法》于1984年通过，此部专利法具有博采各国之长、遵守国际条约的特点。其中第25条规定，对药品和用化学方法获得的物质不授予专利权。

1992年我国落实改革开放的方针，履行《中美关于知识产权的谅解备忘录》的承诺，进行了《专利法》的第一次修改，扩大了专利保护的技术领域，延长了三种专利的保护期限，专利保护水平方面基本达到了TRIPs协议的规定，从1993年1月1日开始对医药产品实行专利保护。增加了"在国家出现紧急状态或者非常情况时，或者为了公共利益的目的，专利局可以给予实施发明专利或者实用新型专利的强制许可"的规定。

2000年为加入WTO，进行了《专利法》的第二次修改，加大专利保护力度，简化专利审批程序。按TRIPs协议进一步调整完善专利法。明确规定了强制许可实施的范围和时间，并针对强制许可的具体实施问题，2003年颁布了《专利实施强制许可办法》。

2008年12月,《专利法》第三次修改,进一步完善专利制度,提高自主创新、建设创新型国家。增加了《专利法》第50条的规定,为了公共健康目的,对取得专利权的药品,国务院专利行政部门可以给予制造并将其出口到符合中国参加的有关国际条约的规定国家或地区的强制许可。此项规定与TRIPs协议的修改相一致。2001年11月《多哈宣言》指出,应当关注解决发展中国家所面临的公共健康问题,特别是医药企业不具备生产能力或生产能力不足的成员无法有效使用目前的强制许可制度的问题。2003年8月,WTO总理事会通过了《多哈宣言第六段的执行决议》,规定在符合有关条件的情况下,成员可以授予其国内企业生产并出口特定专利药品的强制许可,不受TRIPs协议第31条(f)项关于使用强制许可主要为供应国内市场的规定限制。为了适用该执行决议,2005年11月29日国家知识产权局颁布了《涉及公共健康问题的专利实施强制许可办法》,标志着在解决公共健康问题与专利保护平衡问题上取得了突破。2005年12月,WTO总理事会通过了《修改TRIPs议定书》,2007年10月28日我国通过了全国人大常委会关于批准《修改〈与贸易有关的知识产权协议〉议定书》的决定,以平衡知识产权与公共健康的关系。此次《专利法》的修改与TRIPs协议的修改相协调。

二、我国公共健康概况

中国是一个发展中国家,经济发展水平不均衡,医疗资源在一些地区严重不足,医疗保健整体水平较低。近年来,我国政府积极推进医疗体制改革,加强农村医疗基础设施的建设,完善疾病预防控制体系。2012年7月19日,国务院副总理、深化医药卫生体制改革领导小组组长李克强在会议上强调要围绕"十二五"深化医改重点工作和人民群众迫切需要,健全多层次的医疗保障体系,提高重特大疾病保障水平,破除以药补医,形成公立医院运行新机制,把医改不断推向深入。医疗体制改革虽然取得了一定的成就,公共健康问题仍然不容忽视。

2011年(2011年1月1日零时至12月31日24时),全国共报告法定传染病发病6 320 099例,死亡15 802人,报告发病率为47.13‰,死亡率为0.12‰。

2011年,全国共报告甲类传染病发病25例,死亡1人,报告发病率为0.00019‰,比2010年下降84.55%,死亡率为0.00001‰,比2010年减少1人。乙类传染病除传染性非典型肺炎和白喉无发病、死亡报告外,其他共报告发病3 237 533例,死亡15 263人,报告发病率为24.14‰,死亡率为0.11‰,分别较2010年上升1.16%和6.34%。报告发病数居前五位的病种依次为病毒性肝炎、肺结核、梅毒、细菌性和阿米巴性痢疾、淋病,占乙类传染病报告发病总数的94.41%,报告死亡数居前五位的病种依次为艾滋病、肺结核、狂犬病、病毒性肝炎和流行性出血热,占乙类传染病报告死亡总数的97.56%。同期,丙类传染病共报告发病3 082 541例,死亡538人,报告发病率为22.99‰,死亡率为0.004‰,分别较2010年下降4.83%、44.69%。报告发病数居前五位的病种依次为手足口病、其他感染性腹泻病、流行性腮腺炎、流行性感冒和风疹,占丙类报告发病总数的98.70%。报告死亡数居前三位的病种依次为手足口病、其他感染性腹泻病和流行性感冒。

与2010年相比,2011年甲乙类传染病中的肠道传染病、呼吸道传染病报告发病率分别下降4.73%和2.38%,自然疫源及虫媒传染病、血源及性传播传染病报告发病率分别上升1.31%和4.66%。肠道传染病中除戊型肝炎发病数上升外,霍乱、甲型肝炎、伤寒/副伤寒、细菌性和阿米巴性痢疾及未分型肝炎发病数均有所下降；呼吸道传染病中传染性非典型肺炎和白喉无发病、死亡病例报告，猩红热、百日咳和甲型 H1N1 流感报告发病数有所上升，麻疹、流行性脑脊髓膜炎和肺结核报告发病数均有所下降；自然疫源及虫媒传染病中鼠疫、登革热、疟疾、钩端螺旋体病、流行性乙型脑炎和狂犬病报告发病数有所下降，人感染高致病性禽流感（1 例）与 2010 年相同，流行性出血热、布鲁氏菌病、炭疽和血吸虫病报告发病数则有不同程度上升；血源及性传播传染病中除淋病报告发病数略有下降外，艾滋病、丙型肝炎、梅毒和乙型肝炎报告发病数均上升。

2011 年全国共报告鼠疫发病 1 例，死亡 1 人，报告发病数和死亡数分别较 2010 年减少 6 例和 1 人；共报告霍乱发病 24 例，无死亡，报告发病率为 0.0001‰，较 2010 年下降 84.75%；报告人感染高致病性禽流感发病 1 例，死亡 1 人，报告发病数和死亡数均与 2010 年相同；报告脊髓灰质炎病例 20 例，死亡 1 人，报告病例均由境外输入的 I 型脊髓灰质炎野病毒感染引起。❶ 可见，传染病仍然威胁着公共健康。艾滋病仍然是造成死亡人数最多的传染病。以下以艾滋病为例，讲述中国公共健康状况与防治情况。

1985 年我国境内发现首例艾滋病患者，我国艾滋病传播呈快速增长的趋势，2010 年 11 月 29 日，卫生部通报了中国艾滋病疫情及防治工作情况。通报显示，截至 2010 年 10 月底，累计报告艾滋病病毒感染者和病人 370 393 例，其中病人 132 440 例；

---

❶ 卫生部："2011 年度全国法定传染病疫情概况"，见 http://www.moh.gov.cn/publicfiles/business/htmlfiles/mohjbyfkzj/s3578/201202/54106.htm，2012 年 8 月 20 日访问。

死亡68 315例。中国艾滋病疫情呈现三个特点：一是艾滋病疫情持续上升，上升幅度有所减缓。近几年，随着我国艾滋病宣传教育、咨询检测和抗病毒治疗等工作力度的不断加大，发现的感染者和病人越来越多，治疗后病人的病死率显著降低，根据艾滋病疫情的发展规律和国际艾滋病流行经验，我国累计和存活的感染者与病人数量将在一段时间内持续上升。二是性传播已成为主要传播途径，男性同性性传播上升速度明显。历年报告病例中异性传播所占比例从2008年的40.3%上升到2009年的47.1%；男性同性性传播所占比例从2008年的5.9%上升到2009年的8.6%。三是局部地区和特定人群疫情严重。云南、广西、河南、四川、新疆和广东6省累计报告感染者和病人数占全国报告总数的77.1%。❶

艾滋病引发的公共健康问题备受关注。为了预防、控制艾滋病的发生与流行，保障人体健康和公共卫生，2006年1月18日通过了《艾滋病防治条例》，2006年3月1日施行。艾滋病防治工作以预防为主、防治结合，建立政府组织领导、部门各负其责、全社会共同参与的机制，加强宣传教育，采取行为干预和关怀救助等措施，实行综合防治。我国政府承诺对于经济困难的艾滋病患者免费提供治疗药物。昂贵的治疗艾滋病药物已成为政府与患者的重负。目前抗艾滋病毒的药物共有二十余种，可组成多种的鸡尾酒配方。这些药物没有国产化之前，最便宜的配方，每人每年的药物费用需要3~4万元，现在国产药物的市场价格已经降到每人每年6 000元，政府统一采购价为3 500元左右。按照免费治疗的人数为8万人计算，我国政府每年至少需要投入2.8

---

❶ 中国新闻网："中国艾滋病疫情呈现新特点"，见http://www.chinanews.com/jk/2010/12-01/2691285.shtml，2012年8月20日访问。

亿元的专项经费，已经超过了2004年2亿多元的艾滋病的专项防治经费；从长远来看，要解决65万感染者的免费治疗问题，每年需要29.4亿元药物费用，已超过2001年启动的"遏制与预防艾滋病五年行动计划"的总投入。❶

传染病的传播没有国界，近些年在世界各地爆发的禽流感也在中国蔓延。2005年10月确认湖南省9岁男童感染禽流感病例，2006年2月13日，卫生部报告我国已有12例实验室确诊的人感染禽流感，其中8人死亡。2011年全国共报告人感染高致病性禽流感病例1例，死亡1人。瑞士罗氏制药公司拥有禽流感防治专利药物达菲（Tamiflu）。为应对禽流感引发的公共健康问题，2005年11月2日，国务院决定启动全国防控高致病性禽流感指挥部加强防控工作的统一领导，并确定设立20亿元的防控基金。上海医药集团积极向罗氏制药公司提出申请，希望获准授权实现达菲的本地化生产，增加该药品对中国的供应。罗氏公司2005年12月11日授权上海医药集团在中国生产达菲，并承诺全力提供技术支持。但中国版达菲的销售渠道仅限于政府采购，上药集团没有权利自行通过零售渠道进行销售。❷

综上所述，中国同样面临着公共健康的问题，政府也采取了许多举措帮助病人获得医治药物。中国是一个人口大国，人口因素对公共健康问题的解决提出了挑战。中国药品可及性问题的解决，需要考虑基本药物的数量与种类，庞大的患病人群需要种类尽可能多和价格尽可能低的药物。

---

❶ 严晓梅："中国艾滋病防治遭遇低价进口药物专利壁垒"，载《东方早报》2004年5月28日。

❷ 钟建伟："上药获罗氏授权造中国达菲 国产达菲将降价一半"，载《青年报》2005年12月12日。

三、如何解决公共健康所需药品

世界上每年有许多人死于艾滋病、肺结核、疟疾等疾病,非典、禽流感等新类型传染病也不断出现,公共健康问题已成为全人类共同面临的严峻挑战。许多发展中国家和最不发达国家不仅没有药品研发的能力,而且缺乏药品的制造能力。当出现公共健康危机时,法律上虽然规定可以实施强制许可自行生产仿制药,但由于技术水平所限,很多国家只能依靠进口药物。进口药物往往价格高昂,病人无法负担。因此需要寻找一条可以从国际市场上获得价格较低的仿制药的途径。我国作为WTO的成员,可以充分利用TRIPs协议、《多哈宣言》、《多哈宣言第六段的执行决议》等国际法律文件所规定的弹性空间,根据我国的国情,借鉴其他国家的经验,采取相关措施解决我国药品可及性问题。

(一)充分运用弹性空间

我国目前的经济实力和科技水平与发达国家相比有较大的差距,高新技术领域的专利权绝大多数由外国人或外国企业所拥有,我国产业发展在相当程度上依赖于国外技术和设备的引进,应当充分利用TRIPs协议和《多哈宣言》的弹性空间,允许平行进口,在必要的时候,可以从国外进口我国尚不能制造或制造能力不足的药品。2008年修改的现行《专利法》第69条增加了"专利产品合法售出后,进口该产品不视为侵犯专利权"的规定,即允许平行进口。根据专利权国际用尽原则,将合法售出的专利产品进口到专利权人取得专利权的其他国家,无需经过该专利权人的同意。《专利法》增加允许平行进口的规定,主要是考虑我国属于技术输入国,对于一些核心技术和关键产品还不得不依赖进口,允许平行进口可以购买到国外的专利产品并合法地进入我国,有利于解决公共健康问题。

(二) 引入 Bolar 例外，加快仿制药的上市

现行的《专利法》增加了一项例外的规定："为提供行政审批所需要的信息，制造、使用、进口专利药品或者专利医疗器械的，以及专门为其制造、进口专利药品或者专利器械的，不视为侵犯专利权。"药品或医疗器械关系到公众健康，各国对其投放市场都实行严格的审批制度，且审批时间较长。为了通过审批，生产厂家要进行研究、分析和临床实验等一系列活动，以取得审批需要的数据和其他信息。对获得专利的药品和医疗器械，仿制企业为了在专利权保护期届满后及时推出仿制品，往往需要在专利有效期内制造、使用或进口这些药品或器械，以从事研究、分析等活动，即提前获得审批需要的数据和信息。❶ 如果等到专利保护期届满后再进行制造等行为，其产品上市就要滞后一段时间，在客观上就延长了专利保护期限。专利法的上述例外规定是为了解决这一问题，这一规定又称 Bolar 例外，源于 1984 年美国联邦巡回上诉法院对 Roche Product, Inc. v. Bolar Pharmaceutical Co. 案件的判决。原告 Roche 公司拥有一项"盐酸氟胺安定"的安眠药有效成分的专利，保护期限至 1984 年。被控侵权人 Bolar 公司准备在专利权期限届满后立即推出盐酸氟胺安定的普通药品。为了能够在专利期限届满后尽快获得美国食品与药品管理局的批准，就在专利权保护期内从国外进口少量的该专利产品进行实验，收集批准所需的信息。专利权人认为 Bolar 公司的行为构成了侵犯专利权，向联邦地方法院提起了诉讼。一审法院认为被控侵权行为属于研究实验行为，并且涉及的专利产品数量很少，因此判定侵权指控不成立。专利权人不服，上诉到美国联邦巡回

---

❶ 全国人大常委会法制工作委员会经济法室编著：《〈中华人民共和国专利法〉释解及实用指南》，中国民主法制出版社 2009 年版，第 128 页。

上诉法院。二审法院否决了一审的判决，认定 Bolar 公司的行为侵犯了原告的专利权。

Bolar 公司在上诉中指出，由于美国食品和药品管理局的审批周期长达数年，普通药品制造公司等候审批的过程实际上延长了专利保护的期限。上诉法院在判决中承认这一问题的存在，但是指出该问题应当由美国国会通过立法来解决，法院不是辩论该问题的场所。此判决实际上是敦促美国国会采取必要的措施，解决专利制度存在的这一不合理的现象。

在 Bolar 案件判决和美国普通药品公司的影响和推动下，美国国会很快采取了行动。1984 年在美国《专利法》第 271 条中增加（e）款的规定：在美国制造、使用、许诺销售、销售或者向美国进口被授予专利的发明的行为，如果单纯是为了依照有关法律的规定获得并提供为制造、使用或者销售药品或者兽医用生物产品所要求的有关信息，则不构成侵犯专利权的行为。❶

当时 Bolar 例外适用于药品专利，是否适用于医疗设备并不明确，美国最高法院 1990 年对 Eli Lilly and Co. v. Medtronic 案件判决中认定 Bolar 例外也适用于医疗设备专利。上述规定在美国专利法中增加了一种新的侵犯专利权的例外情况。该例外规定是 Bolar 一案引起，因此被专利界称为"Bolar 例外"。❷

Bolar 例外对发展中国家解决公共健康问题具有重要意义。英国知识产权委员会在 2000 年 9 月公布的《知识产权与发展政策的整合》中指出：美国在 1984 年引入的 Bolar 例外推翻了美

---

❶ It shall not be an act of infringement to make, use, offer to sell, or sell within the United States or imported in to the United States a patented invention solely for uses reasonable related to the development and submission of information under a Federal.

❷ 参见尹新天：《专利权的保护》，知识产权出版社 2005 年版，第 225 页。

国的先前重要判决，使普通药品制造商可以在专利期满之前合法地进口、制造和使用专利产品，以便满足法律所规定的普通药品上市的条件。在2000年欧盟与加拿大的贸易争端案件中，世界贸易组织认定这种例外是合法的。对于发展中国家来说，特别是对于实际上或者可能是普通药品制造商来说，该例外对确保低价普通药品在专利保护期届满之后就能够立即进入市场非常重要。即使一个发展中国家在不久的将来还不能制造普通药品，出于长远考虑，也应当在有关法律中规定这一例外。

目前，中国是世界学名药的生产大国之一。2001年，中国的药品行业销售收入达到210亿元人民币。到2020年，中国将会成为世界最大的药品市场。中国目前生产的药品达24类，1 350种，绝大多数属于学名药。❶ 实践证明，我国制药企业已经有能力生产专利药品，法律应当保障制药企业在专利保护期届满后能够在最短的时间内生产上市学名药，专利法明确规定此项专利权效力例外情况，赋予专利药品和专利医疗设备研究实验者以充分的自由，可以加快国内药品和医疗器械的研发。

（三）与跨国公司进行谈判

过期专利品牌药品占到了跨国制药公司在中国销售总额的一半左右，占它们保底利润的比例更高。这一块的市场份额是跨国制药公司的"摇钱树"，一旦下降会对他们构成严重的商业威胁。因此，跨国公司反对把仿制药品政策作为基本药物制度的组成部分，并为此积极游说。他们用所谓"质量"来说话，特别是强调中国制造的仿制药品比他们自己生产的质量要差。医生也

---

❶ 郑平安、胡继春："药品研发、参考定价与知识产权"，载《医学与社会》2005年第6期，第5页。

倾向于支持这种论调，因为他们要对病人的治疗效果负责，更重要的原因是，当医生从卖药中获得直接补偿的时候，他们实际上已经变成了制药公司的药品推销员。

此外，跨国制药公司的长期业务是要生产和销售创新药品。为化解跨国公司对低成本仿制药品和具有相同成分的原研药和仿制药实行统一报销上限政策的抵制，政府可以作出一些让步，例如允许跨国制药公司的创新药品进入高端市场。中国的医院和城市保险基金管理者可以采用其他地方的成功谈判策略。在美国和欧洲，药品利益管理公司就使用各种合同模式确保创新型制药企业能够进入市场。同时，他们还通过谈判来获得折扣或限量优惠，从而限制了成本。制药企业有时候也愿意通过协商支持一些特殊项目，免费或以很便宜的价格为贫困人口提供新型的救命药品。要做到这些，市场必须细分，要有能够负担起昂贵新药的市场让他们销售相关产品。这种谈判策略在中国并非不可行，例如，可以将具有"关键疗效"的创新药品纳入供穷人使用的基本保障计划。

（四）整合国内制药行业

改革开放以来，我国医药工业的发展驶入快车道，整个制药行业生产年均增长17.7%，高于同期全国工业年均增长速度的4.4%，同时也高于世界发达国家中主要制药国近30年来的平均发展速度年递增13.8%的水平，成为当今世界上发展最快的医药市场之一。但是，中国制药产业存在诸多问题：制药企业数量多、规模小、研发创新能力薄弱、以仿制药为主、几乎没有创新药物。我国现有制药企业6 700多家，但是只有2 700多家通过了GMP认证，我国医药产业2003年产值为3 300亿元人民币，而世界最大的制药公司辉瑞制药2003年的总收入就达到451.88亿美元。"一个药物，多家仿制"的情况层出不穷，例如国内对

"加替沙星"仿制厂家近 30 家之多,这样的格局导致厂商之间杀价竞争现象严重,行业赢利空间大大萎缩,甚至造成亏损。而我国目前创新型的药物品种数量仍然寥若晨星。❶

中国制药企业要成为全球药品市场上的重要参与者,必须克服过于分散带来的不利影响。除了采取效率更高的采购战略之外,还应制定相应的产业政策改变现状,鼓励行业整合,减少对企业并购的限制。国家食品药品监督管理局通过提高生产标准,逐步向国际最佳生产标准看齐,这也有利于提高人们对仿制药品的信心。在行业整合以后,企业数量会减少,更容易实施质量控制评估,减轻国家食品药品监督管理局的负担。此外,还应对采取支持行业整合政策的省市给予奖励。

总之,我国解决公共健康问题,需要充分利用 TRIPs 协议、《多哈宣言》等国际法律文件所提供的弹性空间,在不违背 WTO 成员义务的前提下,通过国内立法争取更大的自由度。与跨国公司进行谈判,参与自由降价协议。整合国内制药行业,提高药品的质量,降低药品的价格,使患者能够及时得到安全、有效、可负担的药品。

---

❶ "中国制药产业的现状",见 http://kbs.cnki.net/forums/10621/ShowThread.aspx,2012 年 8 月 20 日访问。

结 束 语

从知识产权制度诞生以来，利益平衡是其基本原则，但要做到利益平衡绝不是一件简单容易的事情。从某种意义上说，药品专利的保护，就是在不断地寻求患者利益与专利权人利益之间的平衡。TRIPs协议已经认识到专利权和健康权之间的矛盾，力图寻找平衡点。TRIPs协议更多地体现了发达国家的利益，国际社会不得不接受他们提出的国际知识产权保护体系，而《多哈宣言》在关于知识产权与公共健康之间的平衡方面更多地关注到了公众利益。

药品专利与公共健康问题还涉及了国际知识产权制度的反思和合理定位。知识产权保护的国际化使得国际法开始介入对知识产权这种私人财产权的调整，这种调整不是对私人财产权的行使进行直接调整，而是通过对国家行使权利、履行义务和承诺的监督来协调国家间在知识产权保护上的利益冲突，从而间接地影响着知识产权的获得和行使。国际知识产权制度的功能在于对相互冲突的利益进行调整，这不仅包括私人利益和公共利益的冲突，也包括发达国家和发展中国家利益的冲突。

专利制度对于医药产业是至关重要的，同时也严重影响着发展中国家药品的取得，药品的取得又是保障公共健康的重要一环。因此，我们既要认识到专利制度的重要性，又要考虑解决公共健康问题的迫切性。在目前情况下，我国对于已到期的专利药品，根据市场需求，鼓励仿制药的及时生产；对于未到期的专利药品，我们要正确理解TRIPs协议中的强制许可制度，依法、慎重使用强制许可,并且根据引入 Bolar 例外的规定,对专利药进行及时的研究与临床实验,为行政审批提供信息,专利期限届满后,尽快上市仿制药。同时我们又要认识到,中国是具有一定的科技基础的发展中国家,在基因序列等多学科领域的研究与开发方面具有优势,应该系统地研究发展中国家流行疾病的预防与治疗,对发现新药和新的治疗方法发挥重要的作用。

随着科技的发展和知识产权保护的加强,不免出现一些负面影响,知识产权与社会伦理道德、公共健康、人权等产生碰撞和冲突。如何解决药品专利的保护与公共健康之间的冲突,使得我们必须对知识产权制度重新审视与思考。

参考文献

一、中文著作

[1] 世界知识产权组织编写．知识产权纵横谈［M］．北京：世界知识出版社，1992.

[2] 郭寿康主编．知识产权法［M］．北京：中共中央党校出版社，2002.

[3] 王火灿．WTO与知识产权争端［M］．上海：上海人民出版社，2001.

[4] 郑成思．WTO知识产权协议逐条讲解［M］．北京：中国方正出版社，2001.

[5] 汤宗舜．专利法教程［M］．北京：法律出版社，1996.

[6] 汤宗舜．知识产权国际保护［M］．北京：人民法院出版社，1999.

[7] 博登浩森．保护工业产权巴黎公约指南（中文译本）［M］．北京：人民大学出版社，2003.

[8] 国家知识产权局主编．专利审查指南．北京：知识产权出版社，2010.

[9] 杨军．医药专利保护与公共健康的冲突研究［M］．北京：北京大学出版社，2008.

[10] 陈治世．国际法［M］．台北：台湾商务印书馆，1990.

[11] 陈洁、越倩编. WTO 与知识产权法律实务 [M]. 长春：吉林人民出版社, 2001.

[12] 赵维田. 世贸组织（WTO）的法律制度 [M]. 长春：吉林人民出版社, 2000.

[13] 国家知识产权局条法司. 新专利法详解 [M]. 北京：知识产权出版社, 2001.

[14] 国家知识产权局条法司. 专利法研究 [M]. 北京：知识产权出版社, 2003.

[15] 国家知识产权局条法司. 专利法研究 [M]. 北京：知识产权出版社, 2004.

[16] 洪净主编. 中药知识产权保护 [M]. 北京：中国中药出版社, 2003.

[17] 对外贸易合作部国际经贸关系司. 世界贸易组织乌拉圭回合多边贸易谈判结果法律文本 [M]. 北京：法律出版社, 2000.

[18] 李明德. "特别 301 条款"与中美知识产权争端 [M]. 北京：社会科学文献出版社, 2000.

[19] 全国人大常委会法制工作委员会经济法室编著. 中华人民共和国专利法释解及实用指南 [M]. 北京：中国民主法制出版社, 2009.

[20] 陈颖健. 公共健康全球合作的国际法律制度研究 [M]. 上海：上海社会科学院出版社, 2010.

[21] 中国人权研究室编译. 经济、社会、文化权利教程 [M]. 成都：四川人民出版社, 2004.

[22] 冯洁菡. 公共健康危机与 WTO 知识产权制度的改革——以 TRIPs 协议为中心 [M]. 武汉：武汉大学出版社, 2005.

二、中文期刊

[1] 郭寿康. WTO 与知识产权国际化的新发展 [J]. 中国版权, 2002 (2).

[2] 倪贵荣. WTO 智慧财产权保护与公共健康议题的发展趋势 [J]. 经社法制论丛, 2003 (31).

[3] 荣民. WTO "公共健康"最后法律文件简评 [J]. 世界贸易组织动态与研究, 2004 (1).

[4] 文希凯. 药品专利与 TRIPs 协议——评 WTO 协议"TRIPs 协议和公共健康宣言"第 6 段的执行 [J]. 专利法研究, 2003.

[5] 越宏. 关于 TRIPs 协定与公共健康谈判的思考——WTO 活动需要体现人类根本利益 [J]. WTO 经济导刊, 2003 (3).

[6] 莫瑶江. 加强知识产权保护推动中药现代化进程 [J]. 世界科学技术——中药现代化, 2001 (3).

[7] 林彩瑜. 发展中国家与 WTO 特殊且差异的待遇条款 [J]. 台大法学论丛, 2002 (1).

[8] 包海波, 盛世豪. 20 世纪 80 年代以来美国专利制度创新及其绩效 [J]. 专利法研究, 2003.

[9] 邓衍森. 从国际人权法论健康权之法理基础与实践方式 [J]. 东吴大学法学学报, 1998 (1).

[10] 黄美珠. 2001 年中药工业经济运行分析与 2002 年市场预测 [J]. 世界科学技术——中药现代化, 2002 (2).

[11] 师华. 从 TRIPs 弹性条款谈起 [J]. 政治与法律, 2003 (5).

[12] 程大为. 巴西、美国的药品争端——知识产权和公共健

康的关注 [N]. 经济日报, 2001 – 11 – 22.

三、英文文献

[1] Long C. International Property Rights in Emergingn [M]. Washington: The AEI Press, 2000.

[2] D. J. Harris. Case and Material on International Law [M]. 3rd ed., Blackstone Press Ltd., 1998: 624 – 625.

[3] P. Sieghart. The International Law of Human Rights [M]. Oxford University Press, 1983: 53 – 55.

[4] Henery Drabowski and John Vernon. Effective Patent Life in Pharmaceutical [J]. International Journal of Technology Management, 2000 (19): 98 – 120.

[5] Nuno Pires de Carvalho. The TRIPS Regime of Patent Rights [M]. Kluwer Law International, 2002: 171.

[6] Henry Grabowski and John Vernon. Longer Patents for Increased Generic Competition: The Waxman Hatch Act after One Decade [J]. Pharmaco Economics, 1996 (10): 849 – 850.

[7] James T. Gathii. Good Governance as a Counter Insurgency Agenda to Oppositional and Transformation [J]. Social Projects in International Law, 1999 (5): 301, 311.

[8] Ian Brownlie. Principles of Public International Law [M], 5th ed. Oxford University Press, 1998: 15.

[9] Panel Report. Canada-patent protection of pharmaceutical products, WT/ps/114/R.

[10] Kumar N. Intellectual Property Rights, Technology and Economic Development: Experiences of Asia Countries [M]. London: CIPR, 2002: 27 – 35.

[11] Attaran A, Gillespie-White L. Do Patents for Antiretroviral Drugs Constrain Access to AIDS Treatment in Africa? [J]. JAMA 2001: 1886 – 1892.

[12] Mansfield E. Patents and Innovation [J]. Management Science 1986: 173 – 181.

[13] DiMasi JA, Grabowski HG, Lasagna L. The Costs of Innovation in the Pharmaceutical Industry [J]. Journal of Health Economics, 1991 (10): 107 – 142.

[14] Scherer FM. The Patent System and Innovation in Pharmaceuticals. Revue International de Droit Economique [J]. Special Edition, Pharmaceutical Patents, Innovations and Public Health, 2001: 119.

[15] World Health Organization and World Trade Organization Secretariats: WTO Agreements and Public Health. Geneva: WTO, 2002.

[16] Arackaparambil R. India's Anti-AIDS Drugs Look for More Takers. Reuters, 2001 – 3 – 18.

[17] J. Nogues. Patents and Pharmaceutical Drugs: Understanding the Pressures on Developing Countries [J], The Global Trading System Vol. 3, London New York, 2002: 277.

[18] Henry Drabowski and John Vernon. Effective Patent Life in Pharmaceutical [J]. International Journal of Technology Management, 2000 (19): 98 – 120.

[19] Corlos Correa. Implications of the Doha Declaration on the TRIPS Agreement and Public Health, Health Economics and Drugs. EMD Series No. 12. WHO/EMD/PAR/2002. 3.

[20] Mossialos E, Kanavos P. Abel-Smith EB. The Impact of

the Single European Market on the Pharmaceuticals Market [J]. The Policy-Marker's View. Greece: LSE Health and Pharmaceutical S. A, 1994.

[21] Griffin JP, Griffin TD. The Economic Implications of Therapeutic Conservatism [J]. Journal of the Royal College of Physicians, 1993 (27): 121 - 126.

[22] Mcleland LN. O'Toole JH. Patent systems in less developed countries: the cases of Indian and the Andean Pact Countries [J]. Journal of Law and Technology, 1987 (2): 229 - 248.

[23] Government of Canada. Review of the Patent Act Amendment Act, 1992.

[24] Comanor W. The political economy of the pharmaceutical industry [J]. Journal of Economic Literature 1986: 24.

[25] Smith M. Patent Protection for Pharmaceutical Products [M]. Library of Parliament Research Branch, 1993.

[26] Lexchin J. Pharmaceuticals patents and politics: Canada and Bill C-33 [J]. International Journal of Health Services, 1993 (23): 147 - 160.

[27] PMAC. A Decade of Achievement, 1996 - 1997 Annual Review, Ottawa, 1996.

[28] Brown T. Pharmaceutical Profitability: New Strategies for Success in a Changing Market [J]. London. Financial Times Management Reports, 1994.

[29] Dhavan R, Harris S, Jain M. Power without responsibility on aspects of the Indian Patents Legislation. JILI 1991 (33): 70.

[30] Ahuja SD. GATT and TRIPS- The Impact on the Indian Pharmaceutical Industry [J]. Patent World 1994 (28): 34 - 46.

[31] Mcleland LN, O'Toole JH. Patent systems in less developed countries: the cases of Indian and the Andean Pact countries [J]. Journal of Law and Technology, 1987 (2): 229-248

[32] Kitch EW. The patent policy of developing countries [J]. UCLA Pacific Basin Law Journal, 1994 (13): 171-176.

[33] Adelman MJ, Baldia S. Prospects and limits of the patent provision in the TRIPS agreement: the case of Indian [J]. Vanderbilt Journal of Transnational Law, 1996 (29): 507-533.

[34] Adelman MJ, Baldia S. Prospects and limits of the patent provision in the TRIPS agreement: the case of Indian [J]. Vanderbilt Journal of Transnational Law, 1996 (29): 507-533.

[35] Kirchanski S. Protection of U. S. Patent Rights in Developing Countries: U. S. Efforts to Enforce Pharmaceutical Patent in Thailand [J]. Loyola LA International and Comparative Law Journal, 1994 (16): 537-585.

[36] Bermudez JAZ, Epsztejn R, Oliveira MA. The WHO TRIPS Agreement and patent protection in Brazil: recent changes and implications for local production and access to medicine [M]. Oswaldo Cruz Foundation, Rio de Janeir, 2000.

[37] Ministério Saúde. The Brazilian response to HIV/AIDS: Best practices Ministry of Health [M]. Brasilia, 2001.

[38] Nogues JJ. Patents and pharmaceutical drugs: understanding the pressures on developing countries [J]. Journal of World Trade Law, 1990 (24): 81-90.

[39] Subranaianm A. Putting some numbers on the TRIPS pharmaceutical debate [J]. International Journal of Technology Management, 1995 (10): 252-268.

[40] Bermudez J, Epsztejn R, Oliveira MA. Access to Drugs, the WTO TRIPS Agreement and Patent Protection in Brazil: Trends, Perspectives and Recommendation to Help Find Our Way. MSF/DND Working Group, 2002: 211 - 218.

[41] William Rodolph Cornish. Intellectual Property: Patents, Copyright, Trade Marks and Allied Rights [M]. 1989.

[42] Carlos M. Correa, Intellectual Property Rights, the WTO and Developing Countries [J]. The Trips Agreetment and Policy Opinions 2000 (244): 328 - 329.

[43] Frederick M. Abbott. The TRIPS Agreetment, Access to Medicine and the WTO Doha Ministrial Conference. Quaker United Nations Office-Geneva Occasional, 2001 - 9 - 8.

[44] Canada-Patent Protection of Pharmaceutical Products, WTO dispute settlement panel report, WT/DS114/R, 2000 - 3 - 17.

[45] Donald G. Mcneil JR. Plan to Battle Aids Worldwide Is Falling Short [N]. The New York Times, 2004 - 3 - 28.

[46] Cipla registers five anti-AIDS drugs in South Africa [N], Time News Network, 2003 - 9 - 22.

[47] World Health Organization and World Trade Organization Secretariats: WTO Agreements and Public Health. Geneva: WTO, 2002.

[48] Health Action International. The Ties That Bind: Weighing the Risks and Benefits of Pharmaceutical Industry Sponsorship. HAI Europe, 1999.

[49] Lankinen KS. Health and Disease in Developing Countries [M]. Macmillan 1994.

[50] Rozck R. Benefits and costs of IP protection in developing countries [J]. Journal of World Trade Law, 1990 (24): 75 -87.

[51] IMS data in Canadian Drug Manufactures Association (CDMA) 1995.

[52] Morrow J. Patentable Subject-Matter: Emerging Technologies [J]. Patent Law of Canada, 1994: 23 -40.

[53] Naomi A Bass. Implications of the TRIPS Agreement for Developing Countries: Pharmaceutical Patent Laws in Brazil and South Africa in the 21st Century [J], George Washington International Law Review, 2002.

[54] Amoldo Lacayo. Seeking a Balance: International Pharmaceutical Patent Protection, Public Health Crisis, and the Emerging Threat of Bio-Terrorism [J]. University of Miami Inter-American Law Review, Summer/Fall 2002: 295 -320, 313 -314.

[55] Frederic Abbott. The Doha Declaration on the TRIPS Agreement and Public Health: Lighting a Dark Corner at the WTO [J]. Journal of International Economic Law, 2002 (6): 490.

[56] Communication from the United States on Paragraph 6 of the Doha declaration on the TRIPS Agreement and Public Health, IP/C/W/352, 2002 -6 -20.

[57] Joint Communication from the African Group in the WTO, Proposal on Paragraph 6 of the Ministerial declaration on the TRIPS Agreement and Public Health, IP/C/W/351, 2002 -6 -20.

[58] Communication from Brazil, Bolivia, Cuba, China, Dominican Republic, Ecuador, India. Pakistan, Peru, Sri Lanka, Thailand, and Venezuela on Paragraph 6 of the Doha declaration on the TRIPS Agreement and Public Health, IP/C/W/355,

2002 – 6 – 20.

[59] Joint Communication from the African Group in the WTO, Proposal on Paragraph 6 of the Ministerial declaration on the TRIPS Agreement and Public Health, IP/C/W/351, 20 June 2002. World Health Organization, The World Health Report, 2001: 144.

[60] Olivier Cattaneo. The Interpretation of the TRIPS Agreement: Considerations for the WTO Panel and Applellate Body [J]. World Intelletual Propperty, 2000: 655 – 656.

[61] Appellate Body Report. India-Patent Protection for Pharmaceutical and Agriculture Chemical Products, WT/DS50/AB/R, 1997 – 12 – 19.

[62] Donald G. McNei Jr. Selling Cheap Generic Drugs, India's Copycats Irk Industry, New York TIMES, 2000 – 12 – 1: A1.

[63] Henry Grabowski. Patents, Innovation and Access to New Pharmaceutical [J]. Journal of International Economic Law, 2002 (12): 849 – 860.

[64] Chicago Journal of International Law, Spring 2002: 29.

[65] Robert Cooter & Thomas Ulen. Law & Economics [M]. 3rd ed., 2000.

[66] Theodore C. Bailey. Innovation and Access: The Role of Compulsory Licensing in the Developing Country and Distribution of HIV/AIDS Drugs [J]. University of Illinois Journal of Law, Technology & Policy 2001 (193): 205.

[67] Marcus Mabry. Give us This Day Our Daily Med [N]. Newsweek International, 1999 – 7 – 5.

[68] Gosian R. Extension of patent term and pipeline route in Brazil. Patent World, 1997 (1): 67 – 69.

[69] UNESO. CESCR General Comment 14: The Right to the Highest Attainable Standard of Health, E/C. 2000.

[70] Leanne M. Fecteau. The Ayahuasca Patent Revocation: Raising Questions About Current U. S. Patent Policy [J]. Boston College Third World Law Journal, Winter, 2001: 87 – 88.

[71] Jeffery J Schott. Comment on the Doha Ministerial [J]. Journal of International Economic Law, 2002 (3): 191 – 195.

四、电子文献

[1] http://www.chinesewto.net/jianjie.asp.

[2] Working Group 2 of the Commission on Macroeconomics and Health. 2001. "Global Public Goods for Health: New Strategi for the 21st Century", Synthesis Paper. [DB/DL]. http://www.cid.harvard.edu.

[3] TRIPS Council's discussion on "Intellectual Property and Access to Medicines". [DB/DL]. http://www.wto.org/english/tratop_ e/trips_ e/counciljun01_ e. htm.

[4] http://www.sipo.gov.cn/sipo/ywdt/gyzscqxx/t20030922_ 19650. htm.

[5] AIDS Epidemic Update: December 2002. [DB/DL]. http://www.who.int/hiv/pub/epidemiology/epi2002/en/.

[6] UN Commission on Human Right, Resolution 2001/51. [DB/DL]. UN Commission on Human Right, Resolution 2001/33, April 23, 2001, and UN Commission on Human Right, Resolution 2002/32, April 22, 2002. [DB/DL] www.unhchr.ch.

[7] Globalization and Access to Drug. January 1999. [DB/DL]. www.who-Dap-98-9rev.pd.

[8] Drahos P. Developing Countries and International Intellectual Property Standard-Setting. www. iprcommission. org.

[9] Supachai disappointed over governments: failure to agree on health and development issues. www. wto. org/english/news_ e/pres02_ e/pr329_ e. htm.

[10] Mike Moore. More Welcomes News of settlement of South Africa Drug Lawsuit www. wto. org/english/news_ s/spmm_ e/spmm 58_ e. htm.

[11] Text: USTR Fact Sheet Summarizing Results from WTO Doha Meeting. www. usembassy. it/file2001_ 11/alia/a1111516. htm.

[12] Paragraph 6 of the Doha Declaration on TRIPS and Public Health, Office of the United State's Trade Representative. March 2002, [DB/DL]. http://www. ustr. gov/sectors/doha-trips-graph6. PDF.

[13] Consumer Project on Tech. , Background Information on Fourteen FDA Approved HIV/AIDS Drugs (demonstrating the significant role for public funding in the development of AIDS drugs)", [DB/DL]. http://www. cptech. org/ip/health/aids/druginfo. html.

[14] WHO and WTO Secretariats: WTO Agreements and Public Health, 2002. [DB/DL]. http://www. wto. org/english/res_ e/booksp_ e/who_ wto_ e. pdf.

[15] Singh K. War Profiteering Anthrax. Drug Transnational and TRIPS. 2001/11/5 [DB/DL]. http://csf. colorado. edu/forums/ipe/2001/pdf00002. pdf.

[16] Medicines Sans Frontiers: Fatal Imbalance. MSR Report: 2001 - 10, [DB/DL]. http://www. msf. org.

[17] Globalization, TRIPS and access to pharmaceuticals. No. 3 March 2001, WHO Policy Perspective on Medicines, [DB/DL]. http://www.who.int/medicines/library/edm_general/6papers/PPM03ENG.pdf.

[18] Michael Scherer and Jayashree Watal, Post TRIPS Options for Access to Patented Medicines in Developing Countries. [DB/DL]. http://www.wto.org/english/res_e/booksp_e/who_wto_e.pdf.

[19] WHO and WTO Secretariats. Report of the Workshop on Different Pricing and Financing of Essential Drugs. Norwegian Foreign Affairs Ministry, Global Health Council. http://www.who.int/medicines/library/edm_general/who-wto-hosbjor/wholereporthosbjor-workshop-fin-eng.pdf.

[20]《与贸易有关的知识产权、药品和公共健康》http://www.twnchinese.org.my/iprs/intellectual12/c2.html.

[21] Medicine sans Frontieres. 2001 Policy papers. [DB/DL]. http://www.msf.org.

[22] Quaker United Nations Office. Report on a Workshop on: The WTO TRIPS Agreement and the protection of Public Health: Implementing Paragraph 6 of the Doha Declaration. http://www.geneva.quno.info/pdf/final%20Utstein%20report.pdf.

[23] UN Commission on Human Right, Resolution 2001/51 [DB/DL]. http://www.unhchr.ch.

[24] Hanah E. Kettler and Chris Collins. Using Innovative Action to Meet Global Health Needs Through Existing Intellectual Property Regimes. http://www.iprdcommission.org/documents/Kettler_study.pdf.

[25] Brazil and Roche Reach Discount Deal After Announcement of Compulsory License for Antiretroviral Drug Nelfinavir. [DB/DL]. http://www.cptech.org/ip/health/c/brazil.

[26] Swiss Company Agrees to Cut Price of AIDS Drug, Wash. Post, Sept. 1, 2001. [DB/DL]. http://www.washingtonpost.com/ac2/wp-dyn/A27532-2001Aug31? language = printer.

[27] United States Drops WTO Case against Brazil over HIV/AIDS Patent Law, WTO Report. [DB/DL]. http://www.cptech.org/ip/health/c/brazil/bna06262001.html.

[28] Surie Moon. Implementaion of the Doha Declaration on the Trips agreement and Public Health: Technical Assistance – How to get it right. Report of a conference convened by MSF, CP Tech, HAI and Oxfam, Geneva. [DB/DL]. http://www.oxfam.org.uk/policy/papers/dohareport.pdf.

[29] Jonathan Hepeburn. A Development Agenda for Implementing Trips: Addressing Biodiversity, Food and Health Needs 28. Report of seminar held by the Quaker United Nations Office, Switzerland [DB]. http://www.geneva.quno.info/pdf/final% 20Jongny% 20report.pdf.

[30] The South African Drugs Case, Report for Commission on Intellectual Property Rights. [DB] http://www.iprcommission.org/documents/S_ Africa.pdf.

[31] Implementation of Paragraph 6 of the Doha Declaration on the TRIPS Agreement and Public Health, Paragraph 1&2. The General Council Chairperson' Statement [DB]. http://www.wto.org/english/news_ e/news03_ e/trips_ stat_ 28aug03_ e.htm.

[32] Oxfam: WTO Patent Rules will Deny Medicines to the

Poor. [DB/DL]. http://www.oxfam.org/eng/pr030827_wto_patents.htm.

五、常用网址

http://www.wto.org

http://www.who.int

http://www.wipo.org

http://www.oxfam.org

http://www.geneva.quno.info

http://www.unaids.org

http://www.china.org.cn

http://www.msf.org

http://www.ftc.gov

附 录

附件1：TRIPs 协议与公众健康宣言

2001年11月14日多哈世界贸易组织部长级会议通过

1. 承认公共健康问题严重影响许多发展中国家和最不发达国家，特别是影响那些遭受艾滋病、肺结核、疟疾和其他传染病的国家。

2. 强调需要将 TRIPs 协议作为国家和国际行动中的一部分来解决这些问题。

3. 承认知识产权保护对于发展新药的重要性，同时也承认知识产权保护对价格产生的影响所引发的关切。

4. 同意 TRIPs 协议不会也不应该阻止世界贸易组织成员采取保护公共健康的措施。因此，在重申对 TRIPs 协议的承诺时，确认该协议能够也应当有助于实现各成员保护公共健康的权利，特别是促进所有人获得药品。

因此，重申世界贸易组织成员有权充分利用 TRIPs 协议为上述目的所制定的弹性条款。

5. 因此，根据第4段所述，在坚守对 TRIPs 协议承诺的同时，承认这些弹性规定包括：

a. 按照国际法的习惯解释规则，TRIPs 协议的每一条都应根据协议所表达的目标和宗旨，尤其是按照协议规定的目的和原则进行理解。

b. 各成员方有权批准强制许可，并且可以自由决定批准强制许可的理由。

c. 各成员方有权决定构成国家紧急状况或其他急迫情况的条件，可以理解公共健康危机，包括艾滋病、肺结核、疟疾以及其他传染病，构成了上述国家紧急状况或其他急迫情况。

d. 根据 TRIPs 协议第 3 条、第 4 条有关最惠国待遇和国民待遇原则的规定，TRIPs 协议有关知识产权权利用尽的规定应当使各成员方自由地建立其权利用尽体系。

6. 认识到世界贸易组织成员在其制药企业没有生产能力或生产能力不足时，按照 TRIPs 协议规定有效利用强制许可有可能会遇到困难。责成 TRIPs 理事会在 2002 年年底之前提出解决这一问题的方案，并向 WTO 总理事会报告。

7. 重申依照 TRIPs 协议第 66 条第 2 款的规定，发达国家成员应激励他们的企业和研究机构，促进和鼓励向最不发达国家转让技术。关于药品，同意在 2016 年 1 月以前，不强迫最不发达国家成员执行或适用 TRIPs 协议第二部分第 5 节和第 7 节的规定，同时不排除最不发达国家成员设法延长 TRIPs 协议第 66 条第 1 款所规定的过渡期。责成 TRIPs 理事会为实施 TRIPs 协议第 66 条第 1 款采取必要的行动。

附 录

附件2:"TRIPs协议与公众健康宣言"第6段的执行

TRIPs 理事会 2003 年 8 月 30 日决议(WT/L/540)

总理事会,

根据《建立世界贸易组织协定》(以下简称"WTO协定")第9条第1、3、4款的规定:

履行 WTO 协定第 4 条第 2 款所规定的在部长级会议休会期间的职能;

注意到 TRIPs 协议与公共健康宣言(WT/MIN(01)/DEC/2)(以下简称《多哈宣言》),特别是《多哈宣言》第6段部长级会议要求 TRIPs 理事会寻求一种方案,解决在制药领域没有生产能力或生产能力不足的 WTO 成员按照 TRIPs 协议的规定有效利用强制许可可能遇到的困难,并在 2002 年年底之前向 WTO 总理事会报告;

认识到"合格进口方"依照本决议所规定的制度寻求获得药品供应,在符合本决议的前提下,对上述需求作出迅速反应的重要性;

注意到如前所述,对医药产品而言存在有理由豁免 TRIPs 协议第 31 条 (f) 项、(h) 项所规定义务的特殊情况,决议如下。

1. 就本决议而言:

(a) "医药产品"是指在医药领域用于应对《多哈宣言》第1段中认可的公共健康问题的任何专利产品,或通过专利方法制造的产品,其中包括药品制造所需的有效成分和使用药品所需的诊断试剂。

(b) "合格进口方"是指任何最不发达国家成员,以及任何向 TRIPs 理事会发出通知,表明希望使用此制度作为进口方的其他成员。成员可在任何时候通知TRIPs理事会其将全部或有限制性地使用该制度，例如只在国家紧急状态、其他特别紧急情况或公共非商业性使用场合才使用。值得注意的是，某些成员将不会使用本决议确立的制度成为进口方，还有一些成员声明只在国家紧急状态和其他特别紧急情况下才使用本制度。

（c）"出口成员方"是指使用本决议确立的制度生产医药产品并将其出口到"合格进口方"的成员。

2. 根据本款所规定的下述条件，出口成员方为生产必要的医药产品并将其出口至合格进口方而批准强制许可，TRIPs协议第31条（f）项规定的义务应当被豁免：

（a）合格进口方成员事先向TRIPs理事会发出通知，通知内容包括：

（i）指定其所需药品的名称和希望的数量；

（ii）除最不发达国家成员之外，应当确认合格进口方已根据本决议附件中规定的方式之一证实在所需药品的制造领域中生产能力不足或没有生产能力；

（iii）确认医药产品在其地域被授予专利，根据TRIPs协议第31条和本决议的规定已授予或打算授予强制许可；

（b）根据本决议，出口成员方颁发强制许可应符合以下条件：

（i）根据该强制许可生产的药品数量只能是满足合格进口方所必需的数量，而且全部产品必须出口到已向TRIPs理事会通报有该项需求的成员；

（ii）根据该强制许可所生产的药品应当通过特别的标签或标记证明是依据本决议确立的制度所生产的，供应商应当采用特殊包装、特殊色彩或形状来区分此类产品，而且这些区分方式是可行的，并对价格没有显著影响；

（iii）在运送前，被许可人应当在网站上公布以下信息：

——运送到上面（i）所述各个目的地的数量；

——上面（ii）所述的产品区分特征；

（c）出口成员方应当向 TRIPs 理事会通报强制许可的授予，包括该强制许可所附加的条件。提供的信息应包括被许可人的名称和地址、被许可的产品、被许可的数量、被许可产品输送到的国家以及许可期间。通报还要指明上述（b）（iii）中提及的网站地址。

3. 当出口成员根据本决议确立的制度批准强制许可时，应当结合考虑许可给进口成员带来的经济价值，根据 TRIPs 协议第 31 条（h）项的规定应当支付适当的报酬。当合格进口方对同一产品授予强制许可时，出口成员根据本段第一句话已经支付报酬的，该出口成员可以免除第 31 条（h）项规定的义务。

4. 为了确保根据本决议确立的制度进口的产品用于公共健康之目的，合格进口方应在力所能及的范围内采取合理措施防止已根据此制度实际进口到其境内的产品再出口到其他地方。如果合格进口方是难以执行本条款的发展中国家或最不发达国家成员，发达国家成员应当应请求或者根据相互达成的条款和条件提供技术和金融协作，以促进本条款的执行。

5. 各成员方应当采用 TRIPs 协议所规定的有效的法律手段，依照本决议确立的制度，防止所生产的产品进口以及在其境内的销售。如有任何成员认为，并有证据表明为此目的采取的措施不够充分，可提出请求，TRIPs 理事会将对此进行审议。

6. 为了充分调动有一定规模的经济体，促进对药品的购买力和本地生产能力：

（i）WTO 发展中国家或最不发达国家的成员如果是 1994 年《关税与贸易总协定》（GATT）第 24 条和 1979 年 11 月 28 日

《关于发展中国家的差别与更优惠待遇、对等性和更充分参加的决议》（L/4903）所包含的区域性贸易协议的成员（其现有成员至少有一半列入了联合国最不发达国家名单），对该成员可以豁免 TRIPs 协议第 31 条（f）项规定的义务，使该成员能够将其在强制许可下生产或进口的医药产品出口到属于同一区域的贸易协议成员，而且面临同一健康问题的其他发展中国家或最不发达国家成员。本条款不损害有关专利权的地域性特征。

（ii）应当促进授予区域性专利的制度的发展，使之适用于上述成员。为此目的，发达国家成员应当依照 TRIPs 协议第 67 条提供技术协作，包括与其他相关政府间组织的协同合作。

7. 为了解决《多哈宣言》第 6 段中确认的问题，成员认识到有必要促进制药领域技术的转让和生产能力的建设。为此，鼓励合格进口方成员和出口方成员以一种促进实现上述目标的方式应用本决议确立的制度。成员在依照 TRIPs 协议第 66 条第 2 款、多哈宣言第 7 段所开展的工作以及 TRIPs 理事会的有关工作中，应当特别关注制药领域的技术转让和生产能力建设。

8. TRIPs 理事会将每年对本决议确立的制度的运行进行审议，以确保其有效运作并就其运行情况向总理事会做年度报告。此审议将被视为完成了 WTO 协议第 9 条第 4 款规定的要求。

9. 除 TRIPs 协议第 31 条（f）项和（h）项以外，本决议不影响 TRIPs 协议其他条款所规定的权利、义务和灵活性，包括多哈宣言予以重申的内容。本决议也不影响按照 TRIPs 协议第 31 条（f）项的规定，依据强制许可生产的医药产品的出口。

10. 各成员不得根据 1994 年《关税与贸易总协定》第 23 条 1（b）和 1（c）的规定对符合本决议豁免要求的任何措施提出质疑。

11. 对所有成员而言，本决议包括依据本决议所批准的豁免,将在修改 TRIPs 协议生效时终止其效力。TRIPs 理事会将于 2003 年年底之前启动修改 TRIPs 协议的准备工作,并争取在 6 个月内予以通过。各成员方同意,在合适的情况下,此次修改将以本决议为基础,并同意此次修改不作为多哈部长宣言(WT/MIN(01)/DEC/1)第 45 段所述的谈判内容。

制药领域生产能力的评估

最不发达国家成员被视为在制药领域内生产能力不足或没有生产能力;

对于其他生产能力不足或没有生产能力的合格进口方成员可通过以下方式之一予以确认:

(i) 提出主张的成员已确认其在制药领域没有生产能力;

(ii) 该成员在制药领域有一定的生产能力,但对此能力进行审查之后发现,除了专利权人所拥有和控制的生产能力之外,其现有生产能力不足以满足自身需求。一旦确认其制造能力足以满足自身需求,本决议所确立制度将不再适用。

后　记

本书是在我博士论文的基础上修改而成的。时隔七年，人们对于药品专利的保护与公共健康问题越来越关注，期间我参加了一些相关的国内、国际会议，借此也不断地补充、修改和完善书稿的内容，更新相关的数据。书稿改了多遍，至今自己都无法满意。由于时间有限，只能就此完稿，错漏之处在所难免，敬请读者批评指正。还有许多问题只能留到以后去思索，有道是"书山有路勤为径，学海无涯苦作舟"。

在论文的写作与书稿的出版过程中，许多人给予了我极大的帮助，借此机会向他们表示真诚的谢意。首先，把我最深的感谢献给导师郭寿康教授，他结合学生的知识结构和研究兴趣，帮助我确定了研究方向，他的鼓励与督促是我完成博士论文的动力。他平时读书看报，遇到与论文有关的内容，他都会及时告知，还时常为我提供参考资料和研究思路。在导师的帮助下，我将阶段性的研究成果发表在《专利法研究》上，使我更加有信心进行下一步的工作。导师今年已87岁，还在为知识产权学科的发展培养人才，百忙之余，欣然为此书作序，在此致以由衷的谢意。导师学业上的指导和师母生活上的关心，使我终生难忘。在人大学习期间和毕业之后，我受到王利明教授、姚欢庆教授、胡锦光教授、朱力宇教授、朱文奇教授、赵秀文教授、刘春田教授、郭禾教授等法学院老师的关心、帮助与鼓励，对此一直心存感激。

衷心感谢台湾世新大学法学院院长郑中人教授，我在台湾访学期间，郑老师不吝赐教，将多年来收集的有关资料赠送，并为论文的写作提出了许多宝贵的意见，提供了良好的研究环境。郑老师严谨的治学作风深深影响了我，使我受益匪浅。好友吴尚昆先生在百忙之中为我提供了多方面的帮助，对此深表感谢。

深深感谢德国马普知识产权与竞争法研究所约瑟夫·施特劳斯（Joseph Straus）教授，他是一位在专利法领域非常有影响力、很有造诣的欧洲学者，对本书所涉及的内容也有着深入的研究，并将研究成果发送给我，尽管我们有些观点不同，但丝毫不影响我们的交流。感谢他邀请我到德国马普所进行学术研究，使我得以有机会向他当面请教问题，并有一段宝贵的时光专门用以修改本书稿。

非常感谢北京林业大学人文社会科学学院严耕院长多年来的关心，他对该书的出版给予了极大的支持。感谢许多同事的帮助，在我出国学习、研究期间，他们分担了我的工作任务。感谢本书的编辑王金之女士，她的督促与帮助，使本书能够顺利出版。

最后需要感谢的是我的亲人，敬爱的父母不仅给了我生命并陪我度过了人生许多美好的时光，还为我解除了后顾之忧，亲情永远无可替代，家庭是温暖而幸福的港湾，亲人是我永久的依靠。

谨以此书献给所有关爱我的人。

2013 年 1 月 18 日